ESOTERISCHES
WISSEN

Herausgeber dieser Reihe Michael Görden

GARY ZUKAV
DIE SPUR
ZUR SEELE

Der Autor von
»Die tanzenden Wu-Li-Meister«
auf der Suche nach dem
Sitz der Seele

Deutsche Erstausgabe

WILHELM HEYNE VERLAG
MÜNCHEN

HEYNE ESOTERISCHES WISSEN
08/9560

Aus dem Amerikanischen übersetzt von
Brigitte Peterka

Titel der Originalausgabe:
THE SEAT OF THE SOUL
erschienen bei Simon & Schuster, New York

Copyright © 1989 by Gary Zukav
Copyright © 1990 der deutschsprachigen Ausgabe by
Wilhelm Heyne Verlag GmbH & Co. KG, München
Printed in Germany 1990
Umschlaggestaltung: Atelier Adolf Bachmann, Reischach
Umschlagillustration: Fred Weidmann, München
Satz: Kort Satz GmbH, München
Druck und Bindung: Presse-Druck Augsburg

ISBN 3-453-04033-3

Inhalt

1

Vorwort

In den Jahren, in denen ich ›Die tanzenden Wu Li Meister‹ schrieb, und auch danach, zog es mich immer wieder zu den Schriften von William James, Carl Jung, Benjamin Lee Whorf, Niels Bohr und Albert Einstein. Wiederholte Male griff ich auf sie zurück. Ich fand in ihnen etwas Besonderes, obschon ich erst viel später verstehen sollte, was dieses Besondere eigentlich war: Diese Mitbrüder suchten etwas zu fassen, das größer war, als es sich in Worten oder durch ihre Arbeit hätte ausdrücken lassen. Sie sahen mehr, als sie in der Sprache der Psychologie, der Linguistik oder der Physik zum Ausdruck bringen konnten, und dennoch wollten sie uns an dem, was sie sahen, teilhaben lassen. Und das, was sie uns durch das Medium ihrer Arbeit mitteilen wollten, ist es, was mich zu ihnen hinzog.

Sie waren Mystiker. So nenne ich sie, nie hätten sie sich selber so bezeichnet, doch es war ihnen sehr wohl bewußt. Sie befürchteten, daß ihre Arbeit und ihr Ruf darunter leiden könnten, wenn man sie mit jenen in einen Topf warf, die nicht unter dem Mantel der Wissenschaft arbeiteten, doch in den Tiefen ihrer geheimsten Gedanken sah jeder von ihnen viel zu viel, um auf seine fünf Sinne hätte beschränkt bleiben können. Ihre Werke tragen daher nicht nur zur Entwicklung von Psychologie, Linguistik und Physik bei, sondern auch zur persönlichen Entwicklung eines jeden, der sie liest. Sie haben die Fähigkeit, einen jeden, der mit ihnen in

Berührung kommt, auf eine Weise zu verändern, die sich nicht beschreiben läßt, weder mit psychologischen, noch mit linguistischen oder physikalischen Mitteln.

Später als ich zu verstehen begann, welche magnetische Wirkung diese Worte auf mich ausübten, begriff ich auch, daß es diesen Männern nicht um irgendwelche irdischen Auszeichnungen oder um den Respekt ihrer Kollegen ging, sondern daß sie mit Seele, Verstand und Gemüt nach etwas trachteten und jenen Punkt erreichten, an dem der Verstand nicht mehr die gewünschten Daten liefern konnte, und sie sich somit auf dem Gebiet der Inspiration befanden, auf dem sich ihre Intuition beschleunigte, so daß sie erfuhren, daß es noch etwas mehr gibt als Zeit, Raum und Materie, etwas anderes als die materielle Welt. Sie wußten es, auch wenn sie es nicht klar ausdrücken konnten, da die Voraussetzungen fehlten, über solche Dinge zu sprechen. Sie fühlten es, und dies spiegelt sich in ihren Werken.

Mit anderen Worten, ich fing an zu verstehen, daß das Motiv für diese Männer und für viele andere tatsächlich so etwas wie eine großartige Vision war, die weit über ihre Persönlichkeit hinausreichte. Jeder von uns wird jetzt auf die eine oder andere Weise von derselben großen Vision angezogen. Es ist mehr als eine Vision. Es ist eine Kraftquelle. Es ist der nächste Schritt auf unserer evolutionären Reise. Die Menschheit, die menschliche Gattung, sehnt sich immer stärker danach, mit dieser Kraft in Berührung zu kommen und alles abzuwerfen, was dem noch entgegensteht. Die Hauptschwierigkeit dabei ist, daß das geeignete Vokabular, um diese neue Kraft anzurufen, die in der Tat die ewige Kraft ist, noch nicht gefunden wurde.

Zu dieser Stunde und in diesem Augenblick der menschlichen Evolution geht es um die sprachlichen Mittel und Wege, wie wir uns dem zuwenden können, was uns Religiosität und Spiritualität vermittelt und was die Stelle authentischer Kraft einnehmen will. Es ist notwendig, daß wir dem, womit wir als Gattung nun zum ersten Mal bewußt in Berührung kommen, auch sprachlich in einer Weise Ausdruck verleihen, die nichts verschleiert, so daß es klar aus den Taten und Wertvorstellungen der menschlichen Rasse hervorgeht und von jedem deutlich gesehen werden kann, ohne den Schleier eines Geheimnisses oder Mysteriums, sondern einfach als die authentische Macht, die die Kraftfelder unserer Erde bewegt. Ich hoffe sehr, daß dieses Buch das seine dazu beiträgt.

Um über das, was wir sind und was wir sein werden, sprechen zu können, habe ich die Ausdrücke ›Fünf-Sinne-Mensch‹ und ›multisensorischer‹ Mensch verwendet. Multisensorisch ist nicht besser, sondern einfach passender oder angemessener zum jetzigen Zeitpunkt. Wenn ein System menschlicher Wahrnehmung im Schwinden begriffen ist, während ein anderes, fortgeschritteneres auftaucht, so mag das ältere System vergleichsweise mangelhaft erscheinen, aus der Perspektive des Universums gesehen, kann bei einem solchen Vergleich jedoch nicht von ›besser‹ oder ›schlechter‹ die Rede sein, sondern nur von ›Begrenzung‹ und ›Möglichkeit‹.

Die Erfahrungen des multisensorischen Menschen sind weniger begrenzt als die Erfahrungen des Fünf-Sinne-Menschen. Erstere haben mehr Möglichkeiten bezüglich Wachstum und Entwicklung und mehr Möglichkeiten, unnötige Schwierigkeiten zu vermeiden. Ich habe den Erfahrungen des Fünf-Sinne-Menschen auf jedem Gebiet die Erfahrungen des multisensorischen Menschen gegenübergestellt, um den Unterschied so klar wie möglich zu machen, aber das heißt auf keinen Fall, daß die Fünf-Sinne-Phase unserer Evolution, aus der wir jetzt hervorgehen, im Vergleich zu der multisensorischen Phase, in die wir einzutreten im Begriff sind, negativ sei. Es bedeutet einfach, daß sie nicht länger angemessen ist, so wie es eine Zeit gab, in der der Gebrauch von Kerzen durch die Erfindung der Elektrizität unangemessen wurde, und dennoch das Kerzenlicht nicht negativ erschien.

Wer von uns darf sich als ein Experte auf dem Gebiet menschlicher Erfahrung bezeichnen? Wir haben lediglich die Gabe, andere an unseren Wahrnehmungen teilhaben zu lassen, um ihnen auf ihrer Reise behilflich zu sein. So etwas wie Fachleute für das menschliche Leben gibt es nicht. Die menschliche Erfahrung ist eine Erfahrung in Bewegung, in Gedanken und Form, und in manchen Fällen ein Experiment in Bewegung, in Gedanken und Form. Das einzige, was wir tun können, ist, über die Bewegung, die Gedanken und die Form zu berichten, doch sind diese Berichte sehr wertvoll, wenn sie den Menschen helfen zu lernen, sich anmutig zu bewegen, klar zu denken und ihr Leben zu formen wie ein Künstler, der ein Werk gestaltet.

Wir befinden uns in einer Zeit tiefgreifender Veränderungen. Wir werden uns in diesem Wandel leichter zurechtfinden, wenn wir die Straße sehen können, auf der wir voranschreiten, und unser Ziel erkennen und das, was sich bewegt. Ich biete dieses Buch als ein Fenster an, durch das ich das Leben zu sehen gelernt habe. Dieses Fenster ist ein Angebot, doch ich sage nicht, daß Sie es annehmen müssen. Es gibt so viele Wege zur Weisheit und zum Herzen. Das ist unser größter Reichtum, der mir am meisten Freude bereitet.

Es gibt so vieles gemeinsam zu tun.

Tun wir es in Weisheit, Liebe und Freude, damit dies unsere menschliche Erfahrung werde.

Gary Zukav

EINFÜHRUNG

2

Evolution

Die Evolution, von der wir in der Schule gehört haben, bezieht sich auf die Entwicklung organischer Formen. Es wurde uns zum Beispiel gesagt, daß die im Meer lebenden einzelligen Organismen die Vorgänger aller komplexeren Lebensformen wären. Ein Fisch ist komplexer und daher weiter entwickelt als ein Schwamm; ein Pferd ist komplexer und daher weiter entwickelt als eine Schlange; ein Affe ist komplexer und daher weiter entwickelt als ein Pferd, usw. bis zum Menschen, der die komplexeste und daher am weitesten entwickelte Lebensform auf unserem Planeten darstellt. Mit anderen Worten, wir lernten, daß Evolution nichts anderes bedeutet, als die progressive Entwicklung organisatorischer Komplexität.

Diese Definition beinhaltet die Idee, daß der Organismus, der am besten in der Lage ist, sowohl seine Umgebung, als auch die darin lebenden anderen Organismen zu beherrschen, der am weitesten entwickelte ist. Man spricht vom ›Überleben des Stärkeren‹, was nichts anderes heißt, als daß der in einer gegebenen Umwelt am weitesten entwickelte Organismus an der Spitze der Nahrungskette in dieser Umgebung steht. Gemäß dieser Definition ist daher der Organismus, der am besten dafür gerüstet ist, für sein eigenes Überleben und die Erhaltung seiner Art zu sorgen, der am weitesten entwickelte.

Es ist uns seit langem bekannt, daß diese Evolutionstheorie unzureichend ist, doch wußten wir nicht warum. Wenn zwei Menschen miteinander in Beziehung treten, dann sind sie in bezug auf organisatorische Komplexität gleich weit entwickelt. Sind beide gleich intelligent, jedoch der eine kleinmütig, boshaft und selbstsüchtig, der andere großmütig und selbstlos, so werden wir den, der großmütig und selbstlos ist, als weiter entwickelt bezeichnen. Wenn ein menschliches Wesen bewußt sein oder ihr Leben opfert, um ein anderes zu retten, sei es, daß er oder sie den eigenen Körper als Schild benutzt gegen eine Kugel oder ein heranrasendes Fahrzeug, dann sagen wir, daß dieser Mensch, der sein Leben hingab, in der Tat zu den höchst entwickelten Wesen unter uns zählte. Wir wissen um die Richtigkeit solcher Begebenheiten, doch weichen sie von unserer Definition von Evolution ab.

Von Jesus heißt es, daß er den Anschlag auf sein Leben voraussah, daß er bis in alle Einzelheiten wußte, wie seine Freunde sich verhalten würden und daß er dennoch nicht vor dem floh, was er sah. Die Menschheit als Ganzes wurde durch die Kraft und Liebe des einen geformt, der sein Leben für die anderen gab. Alle, die ihn verehren, und fast alle, denen nur seine Geschichte bekannt ist, stimmen darin überein, daß er eines der höchst entwickelten Wesen der menschlichen Rasse war.

Unser tieferes Verständnis sagt uns, daß ein wahrhaft entwickelter Mensch ein Wesen ist, das andere mehr schätzt, als sich selbst, und das der Liebe größeren Wert beimißt, als der physischen Welt, und allem, was darin ist. Wir müssen nun unsere Auffassung von der Evolution mit diesem tieferen Verständnis in Einklang bringen. Dies ist deshalb so wichtig, weil unsere derzeitige Auffassung von der Evolution jene Phase der Evolution widerspiegelt, die wir gerade im Begriff sind zu verlassen. Bei Überprüfung dieser Auffassung wird sich herausstellen, wie weit wir uns entwickelt haben, und was wir zurücklassen werden. Bei Betrachtung des neuen und erweiterten Verständnisses der Evolution, das unserer tiefsten Wahrheit Rechnung trägt, können wir sehen, in welche Richtung wir uns entwickeln, und was dies bedeutet in bezug auf unsere Erfahrungen, Werte und Handlungen.

Was wir bis jetzt unter Evolution verstanden haben, leitet sich von der Tatsache ab, daß unsere bisherige Entwicklung darauf beruhte, daß wir die physische Realität mittels unserer fünf Sinne erforschten. Gestern noch waren wir Fünf-Sinne-Menschen. Dieser Verlauf der Evolution hat es uns ermöglicht, die Grundprinzipien des Universums konkreter zu sehen. Über unsere fünf Sinne nehmen wir wahr, daß jede Handlung eine Ursache ist, die eine Wirkung hat, und daß jede Wirkung eine Ursache hat. Wir sehen die Resultate unserer Intentionen. Wir sehen, daß Wut tötet: Sie raubt den Atem — die Lebenskraft — und vergießt Blut — den Träger der Lebenskraft. Wir sehen, daß ein freundliches Wort hilft. Wir sehen und fühlen die Wirkung von einem Lächeln und von einem Wutausbruch.

Wir erleben unsere Fähigkeit, uns Wissen anzueignen. Wir sehen zum Beispiel, daß ein Stock ein Werkzeug ist, und sehen die Wirkung unserer Entscheidung, wie wir damit umgehen. Die Keule, die zum Töten dient, kann auch einen Pfahl in den Boden schlagen, der ein Zelt trägt. Aus jedem Speer, der nach einem Leben trachtet, kann ein Hebel werden, der uns die Bürde des Lebens erleichtert. Das Messer, das tief ins Fleisch schneidet, kann dazu verwendet werden, Stoff oder Leder zu zerteilen. Hände, die Bomben herstellen, können dazu benutzt werden, Schulen zu bauen. Gehirne, die den Einsatz von Gewalt planen, können Lösungen zur friedlichen Zusammenarbeit ersinnen.

Wir sehen, daß jede Handlung im Leben, die mit Ehrfurcht erfüllt ist, lebendig wird und Sinn und Zweck erhält. Mangelt es unseren Taten an Ehrfurcht, dann wird das Resultat Grausamkeit, Gewalt und Einsamkeit sein. Die physische Arena ist ein herrliches Übungsgelände. Sie ist eine

Schule, in der wir durch Ausprobieren verstehen lernen, was zu Expansion und was zu Kontraktion führt, was uns wachsen und was uns schrumpfen läßt, was unsere Seele nährt und was sie austrocknet, was wirkt und was nicht.

Wenn die physische Umgebung nur vom Standpunkt des Fünf-Sinne-Menschen aus betrachtet wird, dann erscheint das physische Überleben als fundamentales Kriterium der Evolution, weil keine andere Form der Entwicklung bemerkt werden kann. Es ist dieser Standpunkt, der das ›Überleben des Stärkeren‹ als ein Synonym für Evolution erscheinen läßt, wobei körperliche Überlegenheit als Zeichen fortgeschrittener Entwicklung gilt.

Bleibt die Wahrnehmung der physischen Welt auf die fünf Sinne beschränkt, dann bildet Furcht die Basis des Lebens in der physischen Arena. Macht wird dann zu einem Faktor, der für die Beherrschung des Umfeldes und derer, die in diesem Umfeld leben, wesentlich zu sein scheint.

Das Bedürfnis nach physischer Dominanz erzeugt eine Form des Wettbewerbs, die sämtliche Aspekte unseres Lebens beeinflußt. Sie beeinflußt die Beziehungen zwischen Liebenden und zwischen Supermächten, zwischen Geschwistern und zwischen Rassen, zwischen Klassen und zwischen den Geschlechtern. Sie stört das natürliche Streben nach Harmonie zwischen den Nationen und zwischen Freunden. Dieselbe Energie, die Kriegsschiffe in den Persischen Golf entsandte, sandte Soldaten nach Vietnam und Kreuzfahrer ins Heilige Land. Die Energie, die die Familien von Romeo und Julia entzweite, ist dieselbe Energie, die rassistische schwarze und weiße Familien Einspruch gegen eine Heirat ihrer Kinder erheben läßt. Die Energie, die Lee Harvey Oswald zum Widersacher von John Kennedy werden ließ, ist dieselbe Energie, die Kain veranlaßte, seine Hand gegen Abel zu erheben. Zwischen Brüdern und Schwestern kommt es aus dem gleichen Grund zum Streit wie zwischen Firmen — sie sind bestrebt, Macht über einander zu gewinnen.

Die Macht zur Beherrschung der Umwelt ist Macht über alles, was man ertasten, riechen, schmecken, hören oder sehen kann. Diese Macht ist eine äußerliche Macht. Äußerliche Macht kann erworben oder verloren werden, zum Beispiel an der Börse oder bei Wahlen in der Politik. Man kann sie kaufen oder stehlen, übertragen oder erben. Sie gilt als etwas, das man von irgendwem oder irgendwo bekommen kann. Machtgewinn auf der einen Seite macht sich als Machtverlust auf der Gegenseite bemerkbar. Die Betrachtung von Macht als etwas Äußerlichem hat Gewalt und Zerstörung zur Folge. Unsere sämtlichen staatlichen Einrichtungen, seien sie sozialer, wirtschaftlicher oder politischer Natur, spiegeln unser Verständnis von Macht als etwas Äußerliches.

Ob es sich um Familien oder Kulturen handelt, sie sind entweder patriarchalisch oder matriarchalisch ausgerichtet. Eine Person ›hat die Hosen an‹. Kinder lernen dies sehr früh, und es prägt ihr Leben.

Die Macht von Polizei und Militär wird äußerlich gekennzeichnet. Abzeichen, Stiefel, Rang, Uniform und Waffen sind Symbole der Angst. Die sie tragen, sind furchtsam. Sie fürchten sich, sich mit der Welt einzulassen, ohne gerüstet zu sein. Diejenigen, die diesen Symbolen begegnen, sind auch furchtsam. Sie fürchten die Macht, die diese Symbole verkörpern, oder sie fürchten die, die diese Macht innezuhaben scheinen oder sie fürchten beides. Polizei und Militär, genauso wie patriarchalische und matriarchalische Familien und Kulturen, sind nicht die Urheber unserer Wahrnehmung von Macht als etwas Äußerliches. Sie reflektieren nur die Art und Weise, wie wir als Gattung und als einzelne die Macht zu sehen begonnen haben.

Die Wahrnehmung von Macht als äußerlich hat unsere Wirtschaft geformt. Die Fäden zur Lenkung der Wirtschaft, sei es innerhalb eines Gemeinwesens oder eines Staates oder sei es auf weltweiter Ebene, laufen in den Händen einiger weniger zusammen. Um die Arbeiter vor diesen wenigen zu schützen, wurden die Gewerkschaften gegründet. Zum Schutze der Konsumenten wurden staatliche Organisationen geschaffen. Um die Armen zu schützen, wurden Wohlfahrtssysteme ins Leben gerufen. Dies zeigt uns genau, auf welche Weise wir Macht wahrnehmen, nämlich als den Besitz einiger Privilegierter, denen die große Mehrheit zum Opfer fällt.

Geld ist ein Symbol für äußerliche Macht. Die über das meiste Geld verfügen, haben die größte Möglichkeit, ihre Umwelt und ihre Mitmenschen zu beherrschen, während die mit den geringsten finanziellen Mitteln auch die geringste Möglichkeit zur Einflußnahme auf Umwelt und Mitmenschen haben. Geld wird erworben, verloren, gestohlen, geerbt und erkämpft. Bildung, sozialer Status, Ruhm und Besitztümer sind, sofern wir von ihnen ein Gefühl erhöhter Sicherheit für uns ableiten, Symbole äußerlicher Macht. Alles, was wir zu verlieren fürchten, ob es sich um unser Heim handelt, oder ein Auto, einen attraktiven Körper, einen gewitzten Verstand, eine tiefe Gläubigkeit, ist ein Symbol für äußerliche Macht. Was wir befürchten, ist eine Zunahme unserer Verletzlichkeit. Und dies ist die Folge davon, daß wir Macht als etwas Äußerliches ansehen.

Sobald Macht als äußerlich gesehen wird, erscheint die Hierarchie, die unsere sozialen, wirtschaftlichen und politischen Strukturen beherrscht, und ebenso die Hierarchie des Universums, als ein Indikator dafür, wer Macht hat und wer nicht. Die an der Spitze scheinen die größte Macht zu besitzen und daher am wertvollsten und am wenigsten verletzbar zu sein. Die ganz unten scheinen am wenigsten mächtig und daher am wenigsten wertvoll und am meisten verletzbar zu sein. Aus dieser Perspektive ist der General mehr wert als der Zivilist, der Angestellte mehr als der Chauffeur, der Doktor ist mehr wert als die Empfangsdame, die Eltern mehr als das Kind, und das Göttliche mehr als der Gläubige.

Wir fürchten uns davor, unsere Eltern, unsere Vorgesetzten oder unseren Gott zu überflügeln. Alle Einstufungen nach mehr oder weniger persönlichem Wert beruhen auf der Wahrnehmung von Macht als etwas Äußerliches.

Ein Wettstreit um äußerliche Macht liegt jeder Art von Gewalt zugrunde. Auch bei ideologischen Konflikten, z. B. Kapitalismus gegen Kommunismus; bei religiösen Konflikten, z. B. irischer Katholizismus gegen irischen Protestantismus; bei geographischen Konflikten, z. B. Juden gegen Araber, und bei familiären und ehelichen Konflikten geht es in zweiter Linie immer um äußerliche Macht.

Die Wahrnehmung von Macht als äußerlich spaltet die Psyche, gleichgültig ob es sich dabei um die Psyche des Individuums, der Gemeinschaft, der Nation oder der Welt handelt. Es besteht kein Unterschied zwischen akuter Schizophrenie und einer Welt im Kriegszustand. Es gibt auch keinen Unterschied zwischen der Agonie einer gespaltenen Seele und der Agonie einer gespaltenen Nation. Wenn ein Mann mit seiner Frau um die Macht kämpft, dann ist dabei dieselbe Dynamik im Spiel wie bei den Rassenkämpfen, bei denen eine Rasse Angst vor der anderen hat.

Ausgehend von dieser Dynamik hat sich unser gegenwärtiges Verständnis der Evolution geformt. Wir betrachten sie als einen Prozeß, in dessen Verlauf die Fähigkeit, die Umwelt und andere zu beherrschen, immer stärker zunimmt. Diese Definition spiegelt die Grenzen, die der Wahrnehmung der physischen Welt, basierend auf den fünf Sinnen, gesetzt sind. Sie spiegelt den Wettstreit um äußerliche Macht, ausgelöst durch Furcht.

Nach Jahrtausenden gegenseitiger Brutalität, Mensch gegen Mensch und Gruppe gegen Gruppe, ist jetzt klar, daß die Unsicherheit, die der Wahrnehmung von Macht als äußerlich zugrunde liegt, nicht durch die Anhäufung von äußerlicher Macht geheilt werden kann. Nicht nur durch Zeitungen und jede andere Nachrichtenform, sondern auch durch die eigenen unzähligen leidvollen Erfahrungen als einzelne und als Gattung, wird es für uns alle immer offensichtlicher, daß die Wahrnehmung von Macht als etwas Äußerliches nur Schmerz, Gewalt und Zerstörung mit sich bringt. Auf diese Weise haben wir uns bisher entwickelt, und dies lassen wir jetzt hinter uns.

Unser tieferes Verständnis führt uns zu einer anderen Art von Macht, einer Macht, die das Leben liebt, in jeder Form, in der es erscheint; einer Macht, die keine Werturteile fällt über das, was ihr begegnet; einer Macht, die Sinn und Bedeutsamkeit in jedem Teilchen dieser Erde entdeckt. Das ist authentische Macht. Wenn wir unsere Gedanken, Gefühle und Taten nach dem höchsten Teil von uns selbst ausrichten, werden wir erfüllt sein von Enthusiasmus, Sinn und Bedeutung. Das Leben ist reich und erfüllt. Wir haben keine Gedanken voller Bitterkeit. Wir haben keine Erinnerung an Furcht. Wir befinden uns in freudiger und tiefer Verbundenheit mit unserer Welt. Das ist die Erfahrung von authentischer Macht.

Authentische Macht hat ihre Wurzeln in der tiefsten Quelle unseres Wesens. Authentische Macht kann nicht gekauft, geerbt oder gehortet werden. Eine Person mit authentischer Macht ist unfähig, irgend jemand oder irgend etwas zum Opfer zu machen. Sie ist so stark, so mächtig, daß die Idee der Gewaltanwendung ihrem Bewußtsein völlig fremd ist.

Keine Auffassung von der Evolution wird dieser gerecht, wenn sie die Tatsache nicht miteinbezieht, daß wir uns auf einer Reise zu authentischer Macht befinden, und daß das Erlangen authentischer Macht das Ziel des Entwicklungsprozesses und der Sinn unseres Wesen ist. Wir durchlaufen eine Entwicklung, die aus einer Gattung, die nach äußerlicher Macht strebt, eine Gattung macht, der es um authentische Macht geht. Die Erforschung der physischen Welt als einzigen Aspekt der Evolution lassen wir hinter uns zurück.

Dieser Aspekt der Evolution, zusammen mit einem Bewußtsein, das auf einer auf die fünf Sinne beschränkten Wahrnehmung beruht, wird dem, was wir werden müssen, nicht
mehr gerecht.

Wir entwickeln uns von Fünf-Sinne-Menschen zu multisensorischen Menschen. Unsere fünf Sinne bilden zusammen ein einheitliches sensorisches System, das dazu dient,
die physische Wirklichkeit wahrzunehmen. Die Wahrnehmungen des multisensorischen Menschen erstrecken sich
über die physische Wirklichkeit hinaus bis hin zu den größeren dynamischen Systemen, von denen unsere physische
Wirklichkeit lediglich ein Teil ist. Der multisensorische
Mensch ist fähig, die Rolle, die unsere physische Realität in
dem größeren Gesamtbild der Evolution spielt, zu erkennen
und zu schätzen, so wie die Dynamik, durch welche unsere
physische Wirklichkeit geschaffen und erhalten wird. Dieser
Bereich ist für den Fünf-Sinne-Menschen unsichtbar.

Es ist dieser unsichtbare Bereich, in dem sich die Wurzeln
für unsere tiefsten Werte finden. Aus der Sicht dieses un-
sichtbaren Bereichs ergeben die Motivationen jener, die ihr
Leben bewußt einem höheren Ziel opfern, einen Sinn, die
Macht eines Gandhi wird erklärbar, und die Werke der
Nächstenliebe, die Christus vollbracht hat, werden in ihrer
vollen Bedeutung verständlich, wie sie vom Fünf-Sinne-
Menschen nie erfaßt werden können.

Alle unsere großen Lehrer waren oder sind multisensorische Menschen. Sie sprachen oder handelten in Übereinstimmung mit Wahrnehmungen und Werten, die die größere
Perspektive des multisensorischen Wesens spiegeln, und ihre
Worte und Taten erwecken deshalb in uns die Erkenntnis
der Wahrheit.

Aus der Sicht des Fünf-Sinne-Menschen sind wir nie allein in einem Universum, das physisch ist. Aus der Sicht des
multisensorischen Menschen sind wir nie allein, und das
Universum ist lebendig, bewußt, intelligent und mitfühlend.

Aus der Sicht des Fünf-Sinne-Menschen ist die physische Welt eine gegebene Unbekannte, in der wir uns aus unbekannten Gründen eingefunden haben und die wir zu beherrschen anstreben, damit wir überleben können. Aus der Sicht des multisensorischen Menschen ist die physische Welt eine Schule, die von den Seelen, die dort versammelt sind, gemeinsam gestaltet wird, und alles was sich in ihr ereignet, geschieht zu Lernzwecken. Aus der Sicht des Fünf-Sinne-Menschen haben Vorsätze allein noch keine Wirkung, während Taten eine Wirkung auf der physischen Ebene zeigen, uns oder andere jedoch nicht unbedingt beeinflussen müssen. Aus der Sicht des multisensorischen Menschen ist der Vorsatz, der hinter einer Tat steht, ausschlaggebend für ihre Wirkung. Jede unserer Absichten beeinflußt sowohl uns, als auch die anderen, und ihre Auswirkungen erstrecken sich weit über die physische Welt hinaus.

Was hat es zu bedeuten, wenn man sagt, es existiere ein ›unsichtbares‹ Reich, in dem die Ursprünge unseres tieferen Verstehens zu finden wären? Welche Folgen ergeben sich daraus, wenn wir die Existenz eines Bereichs in Betracht ziehen, der mit Hilfe der fünf Sinne nicht zu entdecken ist, der jedoch durch andere menschliche Fähigkeiten erkannt, erforscht und verstanden werden kann?

Wenn eine Frage gestellt wird, die innerhalb des allgemein gültigen Bezugsrahmens nicht beantwortet werden kann, dann kann man sie als unsinnig klassifizieren oder sie als eine unangemessene Frage abtun, oder die Person, die sie stellt, erweitert ihr Bewußtsein in einem Maße, daß es einen Bezugsrahmen, innerhalb dem die Frage beantwortet werden kann, umfaßt. Die ersten beiden Möglichkeiten machen es einem leicht, man weicht der Konfrontation mit einer Frage, die unsinnig oder unangemessen erscheint, aus, doch der wahre Suchende, der wahre Wissenschaftler, wird eine Erweiterung seines Bezugsrahmens zulassen, die es ihm ermöglicht, die Antworten, die er sucht, zu verstehen.

Unsere menschliche Gattung hat, seit sie imstande ist, Fragen zu formulieren, nicht aufgehört zu fragen: »Gibt es einen Gott?«; »Gibt es göttliche Intelligenz?«; »Gibt es einen Sinn des Lebens?« Und jetzt ist für uns die Zeit gekommen, in einen Bezugsrahmen hineinzuwachsen, der es erlaubt, diese Fragen zu beantworten.

Der größere Bezugsrahmen des multisensorischen Menschen erlaubt es, den bedeutsamen Unterschied zwischen der Persönlichkeit und der Seele zu verstehen. Ihre Persönlichkeit ist jener Teil von Ihnen, der in die Zeit hineingeboren wurde, in ihr lebt und auch in ihr sterben wird. Ein Mensch zu sein und eine Persönlichkeit zu haben ist ein und dasselbe. Ihre Persönlichkeit ist ebenso wie Ihr Körper das Vehikel Ihrer Evolution.

Die Entscheidungen, die Sie treffen, und die Taten, die Sie auf der Erde vollbringen, sind die Mittel, anhand derer Sie sich entwickeln. In jedem Augenblick fassen Sie Vorsätze, die Ihre Erfahrungen gestalten sowie jene Dinge, auf die Sie Ihre Aufmerksamkeit richten werden. Diese Wahl beeinflußt Ihren Entwicklungsprozeß. Dies gilt für jede Person. Treffen Sie Ihre Wahl unbewußt, dann entwickeln Sie sich unbewußt. Treffen Sie Ihre Wahl bewußt, dann entwickeln Sie sich bewußt.

Die angstvollen und heftigen Gefühlsregungen, die für die menschliche Existenz charakteristisch geworden sind, können nur von der Persönlichkeit erlebt werden. Nur die Persönlichkeit kann Zorn, Furcht, Haß, Rache, Kummer, Scham, Bedauern, Gleichgültigkeit, Frustration, Zynismus und Einsamkeit fühlen. Nur die Persönlichkeit kann werten, manipulieren und ausbeuten. Nur die Persönlichkeit kann nach äußerlicher Macht streben. Die Persönlichkeit kann auch liebevoll, mitfühlend und weise in ihren Beziehungen zu anderen sein, aber Liebe, Mitgefühl und Weisheit kommen nicht von der Persönlichkeit. Sie sind Erfahrungen der Seele.

Ihre Seele ist jener Teil von Ihnen, der unsterblich ist. Jede Person hat eine Seele, aber eine Persönlichkeit, die in ihrer Wahrnehmung auf die fünf Sinne beschränkt ist, ist sich ihrer Seele nicht bewußt und kann daher den Einfluß ihrer Seele nicht erkennen. In dem Maße, in dem eine Persönlichkeit multisensorisch wird, beginnt sie ihre Intuition ernst zu nehmen und auf ihre subtilen Ahnungen und Gefühle zu achten. Sie ahnt Dinge über sich selbst und über andere Leute, und über Situationen, in denen sie sich wiederfindet und die auf der Basis der Informationen, die ihr die fünf Sinne liefern, nicht gerechtfertigt erscheinen. Sie fängt an, Intentionen zu erkennen und auf diese zu reagieren, anstatt auf Worte oder Handlungen, die ihr widerfahren. Sie kann zum Beispiel ein warmes Herz unter einer rauhen Schale erkennen und ein kaltes Herz unter glatten und gefälligen Manieren.

Wenn eine multisensorische Persönlichkeit in sich hineinsieht, findet sie eine Vielzahl von verschiedenen Strömungen vor. Durch Erfahrung lernt sie zwischen diesen Strömungen zu unterscheiden und ihre emotionellen, psychologischen und physischen Wirkungen zu erkennen. Sie lernt zum Beispiel, welche Strömungen Zorn, trennende Gedanken und destruktive Handlungen erzeugen, und welche Strömungen Liebe, heilende Gedanken und konstruktive Taten hervorrufen. Mit der Zeit lernt sie, sich mit jenen Strömungen zu identifizieren und sie zu schätzen, die Kreativität, Heilung und Liebe fördern, und sie stellt sich den Strömungen entgegen, die Negativität, Disharmonie und Gewalt erschaffen und beginnt, sich von ihnen zu befreien. So erfährt eine Persönlichkeit die Energie ihrer Seele.

Ihre Seele ist nicht eine passive oder theoretische Wesenheit, die einen Raum in der Nähe Ihres Brustkorbes einnimmt. Sie ist eine positive, sinnvolle Kraft im innersten Kern Ihres Wesens. Sie ist jener Teil von Ihnen, der die unpersönliche Natur der Energie, in die Sie eingebunden sind, versteht und der ohne Vorurteile und Einschränkungen alles annimmt und liebt.

Wenn Sie Ihre Seele kennenlernen wollen, dann ist der erste Schritt anzuerkennen, daß Sie eine Seele haben. Als nächsten Schritt müßten Sie folgende Überlegungen zulassen: »Wenn ich eine Seele habe, was *ist* meine Seele? Was will meine Seele? Welche Beziehung besteht zwischen meiner Seele und mir? Wie beeinflußt meine Seele mein Leben?«

Sobald die Energie der Seele erkannt, bestätigt und geschätzt wird, beginnt sie das Leben der Persönlichkeit zu durchdringen. Und sobald sich die Persönlichkeit voll in den Dienst ihrer Seele stellt, wird sie authentische Macht erlangen. Das ist das Ziel des Entwicklungsprozesses, in den wir eingeschlossen sind, und der Grund für unser Sein. Jede Erfahrung, die Sie auf der Erde machen und noch machen werden, fördert die Übereinstimmung Ihrer Persönlichkeit mit Ihrer Seele. Jeder Umstand und jede Situation gibt Ihnen die Gelegenheit, diesen Weg zu wählen, Ihrer Seele zu erlauben, durch Sie hindurchzuscheinen, damit sie auf diese Weise ihre unendliche Ehrfurcht und Liebe für das Leben in die Welt bringen kann.

Dies ist ein Buch über das Erlangen authentischer Macht — die Übereinstimmung der Persönlichkeit mit der Seele — und was dies erfordert, wie es geschieht und was es erschafft. Um dies zu begreifen, müssen wir Dinge verstehen, die dem Fünf-Sinne-Menschen ungewöhnlich erscheinen, doch sie werden selbstverständlich, sobald wir die Evolution verstehen — die Wahrnehmung unserer fünf Sinne als eine Reise, die zu multisensorischer Wahrnehmung führt, denn nirgendwo ist davon die Rede, daß wir immer auf unsere fünf Sinne beschränkt bleiben sollten.

3

Karma

Die meisten von uns sind es gewohnt zu glauben, daß unsere Teilnahme am Evolutionsprozeß auf die Dauer eines einzigen Lebens beschränkt wäre. Dieser Glaube reflektiert die Perspektive der Fünf-Sinne-Persönlichkeit. Aus der Sicht der Fünf-Sinne-Persönlichkeit überdauert nichts von ihr ihre Lebenszeit, und es gibt nichts in der Erfahrung einer solchen Persönlichkeit, das nicht von ihr wäre. Auch die multisensorische Persönlichkeit begreift, daß von ihr selbst nichts ihre Lebenszeit überdauern wird, aber sie ist sich auch ihrer unsterblichen Seele bewußt.

Die Lebenszeit der Persönlichkeit ist nur eine von Myriaden Erfahrungen der Seele. Die Seele existiert außerhalb der Zeit. Die Perspektive der Seele ist immens, und ihre Wahrnehmung ist den Begrenzungen der Persönlichkeit nicht unterworfen. Seelen, die sich die physische Erfahrung des Lebens, wie wir sie kennen, als ihren Entwicklungsweg wählten, haben im allgemeinen ihre Energien in viele psychologische und physische Formen inkarniert. Für jede Inkarnation schafft sich die Seele eine Persönlichkeit und einen Körper unterschiedlicher Art. Persönlichkeit und Körper bilden für den Fünf-Sinne-Menschen die erfahrbare Gesamtheit seiner Existenz, für seine Seele hingegen sind sie die Instrumente, die einer bestimmten Inkarnation perfekt angepaßt wurden.

Jede Persönlichkeit trägt auf ihre eigene Weise aufgrund ihrer besonderen Begabungen und der Lektionen, die sie zu lernen hat, bewußt oder unbewußt zur Entwicklung ihrer Seele bei. Das Leben einer Mutter, eines Kriegers, einer Tochter, eines Priesters, die Erfahrungen von Liebe, Verletzbarkeit, Furcht, Verlust, Zärtlichkeit, das Ringen mit Zorn, Trotz, Leere und Eifersucht — all dies dient der Evolution der Seele. Jede psychologische und physische Eigenschaft, die eine Persönlichkeit und ihren Körper auszeichnet — starke oder schwache Arme, dumpfer oder durchdringender Intellekt, Anlage zu Fröhlichkeit oder Verzweiflung, gelbe oder schwarze Hautfarbe, ja selbst die Haar- und Augenfarbe — ist für die Zwecke der Seele maßgeschneidert.

Die Fünf-Sinne-Persönlichkeit ist sich der zahlreichen anderen Inkarnationen ihrer Seele nicht bewußt. Eine multisensorische Persönlichkeit kann sich dieser Inkarnationen bewußt sein oder sie in Form vergangener oder zukünftiger Leben erfahren. Sie sind sozusagen ihre Familie, aber es sind keine Leben, die sie selbst gelebt hat. Es sind Erfahrungen ihrer Seele.

Vom Standpunkt der Seele aus erfolgen alle ihre Inkarnationen gleichzeitig. Alle ihre Persönlichkeiten existieren auf einmal. Wenn es daher in einer der Inkarnationen zur Befreiung von Negativität kommt, profitieren auch alle anderen Inkarnationen der Seele davon. Weil die Seele selbst nicht der Zeit unterliegt, wird sowohl die Vergangenheit, als auch die Zukunft einer Persönlichkeit günstig beeinflußt, wenn sie sich von Strömen der Furcht und des Zweifels befreit. Wie wir noch sehen werden, profitieren auch noch eine große Anzahl anderer Kräfte des Bewußtseins von einer solchen Befreiung von Negativität durch die Persönlichkeit. Einige davon können von einem Fünf-Sinne-Menschen wahrgenommen werden, doch erscheinen sie ihm oder ihr weder als Kräfte des Bewußtseins, noch in irgendeiner Weise in Verbindung mit seinen oder ihren inneren Prozessen, wie der Bewußtheit und Entfaltung seines oder ihres Geschlechts oder der Rasse, Nation und Kultur. Andere gehen weit über die Wahrnehmungsfähigkeit des Fünf-Sinne-Menschen hinaus. Ein bewußtes Leben ist daher ein überaus wertvoller Schatz.

Die Persönlichkeit und ihr Körper sind künstliche Aspekte der Seele. Wenn sie ihre Funktion erfüllt haben, dann entläßt die Seele sie am Ende ihrer Inkarnation. Sie sind endlich, die Seele jedoch nicht. Nach einer Inkarnation kehrt die Seele in ihren unsterblichen und zeitlosen Zustand zurück. Sie kehrt wieder zurück in ihren natürlichen Zustand von Klarheit und grenzenloser Liebe.

Das ist der Rahmen, in dem sich unsere Evolution vollzieht: die ständige Inkarnation und Reinkarnation der Energie der Seele in der physischen Arena, der irdischen Schule.

Warum geschieht das? Warum ist es überhaupt notwendig, von Persönlichkeiten und von Seelen zu sprechen?

Die Inkarnation der Seele ist gleichbedeutend mit einer massiven Reduktion ihrer Macht auf einen Umfang, der einer physischen Form angemessen ist. Hierbei wird ein unsterbliches Lebenssystem in einen zeitlichen Rahmen gepreßt, der nur einige wenige Jahre umfaßt. Zudem ist es eine Reduzierung eines Wahrnehmungssystems, das über direkte Erfahrung gleichzeitig an zahllosen verschiedenen Leben teilnimmt — einige davon physisch, andere nicht —, auf die fünf körperlichen Sinne. Die Seele unterzieht sich freiwillig dieser Erfahrung, um heil zu werden.

Die Persönlichkeit setzt sich aus den Teilen der Seele, die eine Heilung erfordern, und Teilen wie Mitgefühl und Liebe, welche die Seele dem Heilungsprozeß in jenem Leben beigesteuert hat, zusammen. Die zersplitterten Aspekte der Seele, die Aspekte, die eine Heilung erfordern, müssen in physischer Materie aufeinander einwirken, so daß jeder Teil der Zersplitterung zu einem Ganzen werden kann. Die Persönlichkeit gleicht einem Mandala, das von diesen zersplitterten Teilen, gemeinsam mit den nicht zersplitterten, geformt wird. Sie leitet sich direkt von den Teilen der Seele ab, an denen in dieser Lebenszeit zu Heilungszwecken gearbeitet werden soll, die aus diesem Grund die physische Materie erfahren müssen, und aus jenen Teilen, die dem Heilungsprozeß von der Seele beigegeben wurden. Aus der Persönlichkeit eines Menschen läßt sich daher sowohl der zersplitterte, leidende Teil der Seele erkennen, aus der sie geformt wurde, als auch die Gnade, die sich die Seele erworben hat, und die den liebenden Teil der Persönlichkeit bildet.

Wie mächtig die Seele ist, läßt sich daran ermessen, daß ein Teil von ihr große Liebe erfahren kann, ein Teil Furcht, ein Teil Schizophrenie, während ein Teil vielleicht neutral ist und ein anderer voll leidenschaftlichem Mitgefühl. Wenn irgendeiner dieser Teile unvollständig ist, dann wird die Persönlichkeit, die die Seele formt, nicht harmonisch sein. Bei der harmonischen Persönlichkeit fließt die Seele mit Leichtigkeit durch jenen Teil ihrer selbst, der mit ihrer physischen Inkarnation in Berührung steht.

Die Seele ist. Sie hat weder Anfang noch Ende, sondern fließt ihrer Ganzwerdung zu. Die Persönlichkeit entspringt als eine natürliche Kraft aus der Seele. Sie ist ein energetisches Werkzeug, das von der Seele adaptiert wurde, damit sie innerhalb der physischen Welt funktionieren kann. Jede Persönlichkeit ist in ihrer Art einmalig, weil die Energieform der Seele, die sie hervorbrachte, einzigartig ist. Sie ist sozusagen die Persona der Seele, die mit der physischen Materie in Verbindung steht. Sie ist ein Produkt, das aus dem Schwingungsaspekt des Namens gebildet wird, dem Schwingungsaspekt der Beziehung zu den Planeten zum Zeitpunkt der Inkarnation, den Schwingungsaspekten des energetischen Umfeldes und den zersplitterten Aspekten der Seele, die mit der physischen Materie in Berührung kommen müssen, um zur Ganzheit zu gelangen.

Die Persönlichkeit arbeitet nicht unabhängig von der Seele. In dem Maße, in dem eine Person mit spirituellen Tiefen in Berührung ist, fühlt sich die Persönlichkeit geborgen, weil die Energie des Bewußtseins auf die Energiequelle gerichtet ist, und nicht auf ihre künstliche Fassade, die Persönlichkeit selbst.

Manchmal scheint die Persönlichkeit eine Kraft zu sein, die in der Welt umherirrt, weil sie die Verbindung zur Energie ihrer Seele verloren hat. Diese Situation kann der Ursprung für etwas sein, was wir gemeinhin ein böses menschliches Wesen nennen oder ein schizophrenes menschliches Wesen. Es ist die Folge einer Persönlichkeit, die nicht in der Lage ist, ihren Bezugspunkt zu finden, die Verbindung zum Urgrund, der ihre Seele ist. Die Konflikte in einem Menschenleben stehen in direktem Verhältnis zu der Distanz, in der eine Energie der Persönlichkeit getrennt von der Seele existiert und sich daher, wie wir noch sehen werden, in einer unverantwortlichen Schöpfungsposition befindet. Bei einer Persönlichkeit, die völlig im Gleichgewicht ist, kann man nicht sehen, wo sie endet und wo die Seele anfängt. In diesem Fall sprechen wir von einem in seiner Ganzheit vollendeten menschlichen Wesen.

Was trägt zum Heilungsprozeß einer Seele bei?

Die meisten von uns sind an die Vorstellung gewöhnt, daß wir für einige unserer Taten zwar verantwortlich sind, aber nicht für alle. Wir betrachten uns zum Beispiel als verantwortlich für die gute Tat, die unseren Nachbarn und uns zusammenbringt oder für unsere wohlwollende Reaktion darauf, aber wir halten uns nicht für verantwortlich, wenn es Streit zwischen uns und unserem Nachbarn gibt und wir entsprechend negativ reagieren. Wir übernehmen die Verantwortung für die Sicherheit einer Fahrt, wenn wir uns die Zeit nehmen, das Auto vor Antritt dieser Fahrt auf seine Fahrtüchtigkeit zu überprüfen, aber wenn wir dann ein anderes Auto überholen, weil wir der Meinung sind, es wäre zu langsam, und dabei fast einen Unfall verursachen, dann geben wir dem anderen Fahrer die Schuld. Wenn wir durch erfolgreiche Geschäfte unseren Lebensunterhalt verdienen, schreiben wir dies unserer eigenen Tüchtigkeit zu. Beschaffen wir uns Nahrung und Kleidung durch Einbrüche in die Häuser anderer, dann machen wir unsere schwierige Kindheit dafür verantwortlich.

Zur Verantwortung gezogen zu werden, heißt für viele nichts anderes, als erwischt zu werden. Ein Freund, der jedes Jahr eine Reise nach Italien macht, wo er geboren wurde, erzählte mir mit verschmitztem Lächeln von einem Restaurantbesuch mit seiner Familie. Als die Rechnung kam, überprüfte sein Vater, der sehr pedantisch ist, sie Punkt für Punkt. Als er nach längerem Studium endlich beim letzten Posten angelangt war, sagte er in etwa: »Wenn es geht, dann geht's.« Er rief den Kellner und fragte: »Was ist das?« Der Kellner zuckte die Achseln. Es ging nicht! Viele glauben, wenn sie einmal zu viel Wechselgeld erhalten und es einfach einstreichen, daß ihr Leben nur in dem Ausmaß davon betroffen worden sei, daß sie eben in den Genuß eines unerwarteten Gewinns gekommen wären. Tatsache aber ist, daß jede unserer Handlungen uns auf sehr weitreichende Weise beeinflußt.

Ob Tat, Gedanke oder Gefühl, allem liegt eine Absicht zugrunde, und diese Absicht ist eine Ursache, die mit einer Wirkung gekoppelt ist. Sind wir an der Ursache beteiligt, ist es unmöglich, nicht auch an der Wirkung beteiligt zu sein. Somit sind wir auf höchste Weise verantwortlich für alle unsere Taten, Gedanken und Gefühle, das heißt für jede Intention. Wir selbst sind es, die von den Früchten jeder unserer Intentionen kosten werden. Daher ist es weise, wenn wir uns der vielen Intentionen bewußt werden, die unsere Erfahrung formen, um herauszufinden, welche Intentionen welche Wirkungen erzeugen, um die Intentionen nach den Wirkungen, die wir hervorzurufen wünschen, auszuwählen.

Auf diese Weise haben wir als Kinder die physische Wirklichkeit erfahren und verfeinern als Erwachsene unser Wissen darüber. Wir lernen, welche Wirkung das Weinen hat, wenn wir hungrig sind, und wiederholen die Ursache, die die gewünschte Wirkung erzielt. Wir lernen die Wirkung kennen, wenn wir einen Finger in eine Steckdose stecken und wiederholen die Ursache, die diese Wirkung erzeugt, nicht mehr.

Durch unsere Erfahrungen in der physischen Wirklichkeit lernen wir auch etwas über Intentionen und ihre Wirkungen. Aber das Erlernen, daß Intentionen bestimmte Wirkungen erzeugen und welche Wirkungen das sind, geht nur langsam vor sich, wenn es sich ausschließlich in der Dichte der Materie vollzieht. Zorn zum Beispiel hat Distanz und Abwehrmaßnahmen zur Folge. Wenn wir dies allein anhand physischer Erfahrung lernen müssen, so werden wir vielleicht zehn, fünfzig oder hundertfünfzig Mal in eine Lage kommen, in der wir Distanz und Abwehrmaßnahmen von anderen am eigenen Leib erfahren, bevor wir begreifen, daß es der Zorn ist, der von uns ausgeht, die Intention von Abwehr und Distanz und nicht irgendeine Handlung, die eine Wirkung hervorruft, die wir nicht wollen. Der Fünf-Sinne-Mensch lernt jedoch vorwiegend auf diese Weise.

Das Verhältnis von Ursache und Wirkung im Bereich der physischen Objekte und Phänomene spiegelt eine Dynamik, die nicht auf die physische Wirklichkeit beschränkt ist. Das ist die Dynamik des Karma. Alles in der physischen Welt, einschließlich uns selbst, ist ein kleiner Teil von dynamischen Wechselwirkungen, die weit umfassender sind, als es von einem Fünf-Sinne-Menschen wahrgenommen werden kann. Zum Beispiel sind Liebe und Furcht, die wir erleben, nur ein kleiner Teil der Liebe und Furcht eines größeren Energiesystems, das wir nicht sehen.

Innerhalb der physischen Wirklichkeit spiegelt sich die Dynamik des Karma im dritten Grundgesetz der Mechanik: »Wirkung ist stets gleich Gegenwirkung (actio = reactio).« Mit anderen Worten, das große Gesetz des Karma, das für den Ausgleich der Energie innerhalb unseres Evolutionssystems sorgt, wird in der Physik durch das dritte Prinzip der drei Grundgesetze der Mechanik reflektiert, die sich in dieser Realität mit dem Ausgleich von Energie befassen.

Das Gesetz des Karma ist ein unpersönliches energetisches Kräftespiel. Wenn seine Wirkungen personalisiert werden, das heißt vom Standpunkt der Persönlichkeit aus erlebt, dann macht diese die Erfahrung, daß es zu einer Umkehr der Richtung kommt, so daß die Energie der Intention zu ihrem Urheber zurückfließt. Auf diese Weise erlebt die Persönlichkeit die unpersönliche Dynamik, die im dritten Grundgesetz als ›actio = reactio‹ beschrieben wird. Eine Person, deren Intention es ist, Haß für andere zu empfinden, erfährt eben diese Intention an sich selbst. Eine Person, deren Intention es ist, Liebe für andere zu empfinden, erfährt die Wirkung dieser Intention an sich selbst, usw. Die Goldene Regel, die sich daraus ableiten läßt, ist ein Kodex, der auf der Dynamik des Karma basiert. Das läßt sich in etwa so ausdrücken: »Was du gibst, bekommst du von der Welt wieder zurück.«

Das Gesetz des Karma ist kein Moralgesetz. Moral ist eine Erfindung des Menschen. Das Universum moralisiert nicht. Das Gesetz des Karma regelt den Energieausgleich sowohl in unserem Moralsystem, als auch in dem unserer Nachbarn. Es dient der Menschheit als unpersönlicher und universaler Lehrer für Verantwortlichkeit.

Jede Ursache, die noch keine Wirkung produziert hat, ist ein noch nicht abgeschlossenes Ereignis. Das gestörte Gleichgewicht der Energie ist im Begriff sich wieder einzupendeln. Dieser Energieausgleich findet nicht immer innerhalb einer einzigen Lebensdauer statt. Das Karma Ihrer Seele wird von vielen Persönlichkeiten gestaltet und im Gleichgewicht gehalten, einschließlich Ihrer jetzigen Persönlichkeit. Oft erlebt eine Persönlichkeit die Wirkungen, die von den anderen Persönlichkeiten ihrer Seele geschaffen wurden, und erzeugt selber, in umgekehrter Weise, ein Ungleichgewicht an Energie, das sie innerhalb ihrer eigenen Lebensspanne nicht mehr ins rechte Lot bringen kann. Deshalb ist es für eine Persönlichkeit, die über ihre Seele, Reinkarnation und Karma nicht Bescheid weiß, nicht immer möglich, die Bedeutung oder den Sinn der Ereignisse in ihrem Leben zu verstehen, beziehungsweise die Wirkungen zu begreifen, die ihre Reaktionen hervorrufen.

Eine Persönlichkeit, die zum Beispiel andere ausnutzt, verursacht eine Störung im Gleichgewicht der Energien, das in der Folge wieder hergestellt werden muß durch die Erfahrung des Ausgenutztwerdens. Wenn sich dies innerhalb der Lebensspanne dieser Persönlichkeit nicht bewerkstelligen läßt, wird eine andere der Persönlichkeiten ihrer Seele diese Erfahrung machen müssen. Wenn diese Persönlichkeit nicht begreift, daß die Erfahrung des Ausgenutztwerdens die Wirkung einer vorhergehenden Ursache ist, und daß diese Erfahrung somit einen unpersönlichen Prozeß zum Abschluß bringt, dann wird sie wahrscheinlich eher aus ihrer persönlichen Sicht heraus reagieren, als vom Standpunkt ihrer Seele aus. Sie wird dann vielleicht zornig werden, rachsüchtig oder deprimiert. Vielleicht schlägt sie zu, oder wird zynisch oder zieht sich in ihrem Kummer von der Welt zurück. Jede dieser Reaktionen erzeugt Karma, ein neues Ungleichgewicht im Energiehaushalt, das seinerseits wieder ausgeglichen werden muß. Auf diese Weise wurde sozusagen eine karmische Schuld beglichen, während eine oder mehrere andere geschaffen wurden.

Wenn ein Kind sehr früh in seinem Leben stirbt, dann wissen wir nicht, welche Vereinbarung zwischen der Seele des Kindes und der seiner Eltern bestand, oder welchem Heilungsprozeß durch diese Erfahrung gedient war. Obschon wir den Schmerz der Eltern nachempfinden können, können wir dennoch dieses Geschehen nicht beurteilen. Wenn wir oder die Eltern des Kindes die unpersönliche Natur der Dynamik, die hier im Spiel ist, nicht verstehen, dann werden wir vielleicht unseren Zorn gegen das Universum richten oder gegeneinander, oder wir werden mit Schuldgefühlen reagieren, wenn wir glauben, daß wir uns nicht richtig verhalten haben. Jede dieser Reaktionen erzeugt Karma, und neue Lektionen, die die Seele lernen muß, treten auf — noch mehr karmische Schulden, die zurückgezahlt werden müssen.

Um ganz zu werden, muß die Seele ihre Energie ausgleichen. Sie muß die Wirkungen erleben, die sie verursacht hat. Die energetischen Unausgewogenheiten in der Seele sind die unvollständigen Teile der Seele, die die Persönlichkeit formen. Persönlichkeiten, die miteinander in eine Wechselwirkung treten, sind Seelen, die Heilung suchen. Ob sich eine Wechselwirkung als heilend erweist oder nicht, hängt davon ab, ob die betroffene Persönlichkeit über sich und über die andere Persönlichkeit hinaussehen und den Einfluß ihrer Seelen erkennen kann. Diese Wahrnehmung ruft automatisch Mitgefühl hervor. Jede Erfahrung und jede Wechselwirkung gibt uns die Gelegenheit, die Dinge vom Standpunkt der Seele oder vom Standpunkt der Persönlichkeit aus zu betrachten.

Was bedeutet das nun in der Praxis? Wie beginnt eine Persönlichkeit über sich selbst hinauszusehen und die Wechselwirkungen zwischen ihrer und den Seelen der anderen wahrzunehmen?

Da wir nicht wissen können, was durch jede Interaktion geheilt wird — welche karmische Schuld damit beglichen wird — können wir uns über das, was wir sehen, kein Urteil bilden. Wenn wir zum Beispiel im Winter eine Person auf der Straße schlafen sehen, können wir nicht wissen, was für jene Seele damit vollendet wird. Wir wissen nicht, ob jene Seele in einem anderen Leben etwas mit Grausamkeit zu tun hatte und nun die Wahl getroffen hat, dieselbe Dynamik von einem völlig anderen Standpunkt aus zu erleben, nämlich als Objekt der Barmherzigkeit anderer. Auf seine oder ihre Lebensumstände mit Mitgefühl zu reagieren, ist durchaus angebracht, sie jedoch als unfair anzusehen, ist nicht angebracht, weil es nicht der Fall ist.

Es gibt Persönlichkeiten, die selbstsüchtig, feindselig und negativ sind, aber selbst in diesen Fällen sind uns die Gründe hierfür weitgehend unbekannt. Sie sind unserer Sicht entzogen. Das heißt nicht, daß wir Negativität nicht erkennen können, wenn wir ihr begegnen, aber wir können nicht darüber urteilen. Das steht uns nicht zu. Wenn wir bei einem Streit intervenieren oder einen Kampf abbrechen, ist es nicht unsere Sache, über die Teilnehmer zu richten. Einer Sache können wir gewiß sein: Eine Person, die sich auf Gewalt einläßt, verletzt und wird verletzt, weil eine gesunde und ausgewogene Seele unfähig ist, anderen zu schaden.

Wenn wir richten, schaffen wir negatives Karma. Richten ist eine Funktion der Persönlichkeit. Wenn wir über eine andere Seele sagen: »Sie ist etwas wert«, oder »Er ist nichts wert«, dann erzeugen wir negatives Karma. Wenn wir über eine Tat sagen: »Das ist richtig«, oder »Das ist falsch«, erschaffen wir ebenfalls negatives Karma. Was aber nicht heißt, daß wir nicht den Umständen, in denen wir uns befinden, entsprechend handeln sollten.

Wenn unser Auto zum Beispiel von einem anderen Auto angefahren wird, dessen Fahrer betrunken ist, ist es nur recht und billig, daß der andere Fahrer zur Verantwortung gezogen wird und gerichtlich zur Wiedergutmachung des Schadens angehalten wird. Es ist völlig angebracht, daß ihm oder ihr das Fahren in betrunkenem Zustand untersagt wird. Nicht angebracht ist, daß wir uns zu Handlungen hinreißen lassen, um unserem Unmut Luft zu machen oder aus dem Gefühl heraus, im Recht zu sein oder unschuldig zum Opfer geworden zu sein. Diese Gefühle sind eine Folge der Urteile, die wir über uns selbst und über die andere Person fällen, und der Bewertungen, durch die wir uns als dem anderen überlegen einschätzen.

Wenn wir aufgrund dieser Gefühle handeln, dann erhöhen wir nicht nur die karmischen Verpflichtungen unserer Seele, sondern wir sind auch nicht in der Lage, in diese Gefühle einzudringen und von ihnen zu lernen. Gefühle sind, wie wir noch sehen werden, die Mittel, durch die wir jene Teile der Seele unterscheiden können, die diese zu heilen versucht, und die es uns ermöglichen, die Aktionen der Seele innerhalb der Materie zu verfolgen. Die Spur zur Seele führt durch das Herz.

Wenn wir den Standpunkt der Seele einnehmen wollen, müssen wir aufhören zu richten, auch über Ereignisse, die unbegreiflich erscheinen, wie die Grausamkeit der Inquisition oder des Holocaust, wie der Tod eines Kleinkindes, das qualvolle langsame Sterben eines Krebskranken oder das Leben eines ans Bett Gefesselten. Wir wissen nicht, was durch diese Leiden geheilt wird, noch kennen wir die energetischen Umstände, die dadurch ins Gleichgewicht gebracht werden sollen. Daß wir das Gefühl des Mitleids zulassen, das solche Umstände in uns hervorruft, ist durchaus angebracht, und auch daß wir dementsprechende Maßnahmen ergreifen, aber wenn wir uns dazu verleiten lassen, über diese Ereignisse und die daran Beteiligten zu richten, dann schaffen wir negatives Karma, das ausgeglichen werden muß, und wir selbst werden dann auch zu jenen Seelen gehören, die solche Umstände, die für einen derartigen Ausgleich notwendig sind, wählen.

Wie kann es Gerechtigkeit geben, ohne zu richten?

Gandhi wurde in seinem Leben mehrere Male geschlagen. Obwohl er in zwei Fällen beinahe daran starb, weigerte er sich, seine Peiniger gerichtlich zu belangen, weil er sah, daß sie das taten, ›was sie für recht hielten‹. Diese Haltung des Nicht-Richtens und des Annehmens stand im Mittelpunkt von Gandhis Leben. Christus richtete nicht einmal jene, die ihm ins Gesicht spuckten und ihn ohne Erbarmen seiner Qual und Erniedrigung unterwarfen. Er bat um Vergebung, nicht um Rache, für die, die ihn peinigten. Wußten Christus und Gandhi nicht, was Gerechtigkeit heißt? Sie kannten nur eine Gerechtigkeit, die nicht richtet.

Was ist das für eine Gerechtigkeit, die nicht richtet?

Gerechtigkeit ohne zu richten ist eine Wahrnehmungsweise, die es erlaubt, alles im Leben zu sehen, ohne negative Emotionen hervorzurufen. Sie enthebt uns der angemaßten Aufgabe eines Richters oder einer Jury, weil wir wissen, daß alles gesehen wird – nichts entgeht dem Gesetz des Karma – und diese Einstellung fördert Verständnis und Mitgefühl. Gerechtigkeit, ohne zu richten, ist die Freiheit zu sehen, was man sieht, und zu erleben, was man erlebt, ohne negativ zu reagieren. Sie erlaubt uns die direkte Erfahrung des ungehinderten Stromes von Intelligenz und Liebe eines Universums, von dem unsere physische Wirklichkeit nur ein Teil ist. Gerechtigkeit, ohne zu richten, fließt naturgemäß aus dem Verständnis der Seele und ihrer Entwicklung.

Dies ist somit der Rahmen für unseren Evolutionsprozeß: Die ständige Inkarnation und Reinkarnation der Energie der Seele in die physische Wirklichkeit zum Zwecke der Heilung und des Energieausgleichs in Übereinstimmung mit dem Gesetz des Karma. Innerhalb dieses Rahmens entwickeln wir uns, als Individuen und als Gattung, durch einen Zyklus, der von äußerlicher zu authentischer Macht führt. Jedoch brauchen die mit diesem Prozeß verknüpften Erfahrungen nicht von der Art zu sein, wie wir sie bis jetzt gemacht haben.

4

Ehrfurcht

Das Netzwerk von Karma und Reinkarnation, in dem wir uns entwickeln, ist neutral. Durch Aktion und Reaktion in der physischen Arena wird Energie in Bewegung gesetzt, die unsere Erfahrungen formt, und in diesem Prozeß enthüllt, welche Lektionen unsere Seele noch zu lernen hat. Verursachen unsere Taten eine Disharmonie in einer anderen Person, dann werden wir diese Disharmonie in diesem oder einem anderen Leben selbst erfahren. In ähnlicher Weise werden wir, wenn unsere Taten in anderen Harmonie erschaffen, diese Harmonie in uns selbst fühlen. Das ermöglicht uns, die Wirkungen, die wir hervorgerufen haben, selbst zu erleben und auf diese Weise zu lernen, verantwortungsvoll vorzugehen.

Das Netzwerk von Karma und Reinkarnation ist unpersönlich und liefert jeder Seele in Entsprechung zu den Taten ihrer Persönlichkeiten die Erfahrungen, die sie für ihre Weiterentwicklung braucht. Das ist der Grund, weshalb die Einstellung oder die Haltung, die eine Persönlichkeit gegenüber dem Evolutionsprozeß einnimmt, die Natur der Erfahrungen bestimmt, die für die Entwicklung ihrer Seele erforderlich sind. So wird zum Beispiel eine zornige Persönlichkeit den Schwierigkeiten des Lebens mit Zorn begegnen, wodurch sie die Notwendigkeit heraufbeschwört, die Folgen des Zorns ertragen zu müssen, eine kummervolle Persönlichkeit wird sich Sorgen machen und daher die Folgen von Kummer und Sorgen erfahren müssen, usw.

Eine Person, die zornig ist, aber Ehrfurcht vor dem Leben hat, wird jedoch den Schwierigkeiten seines oder ihres Lebens anders begegnen als eine zornige Person, die keinerlei Ehrfurcht vor dem Leben hat. Letztere wird nicht zögern, sich am Leben zu vergreifen. Die Gewalt, die beim Töten einer anderen Person oder eines anderen Lebewesens freigesetzt wird, ist viel größer als die Gewalt, die beim Äußern zorniger Worte entsteht. Die karmische Schuld — die Störung des energetischen Gleichgewichts — die beim Töten entsteht, kann nur durch die Erfahrung einer Gewalttat von gleichem Ausmaß ausgeglichen werden. Einer Person, die ehrfürchtig ist, werden daher die ernsten karmischen Konsequenzen, mit denen eine Person, die es nicht ist, zu rechnen hat, erspart bleiben.

Selbst wenn alle aus unserer Gattung sich ehrfürchtig verhielten, hieße das nicht, daß keine Notwendigkeit mehr bestünde für unsere weitere Evolution. Es würde sich aber die Qualität des Lernens innerhalb des Evolutionsprozesses verändern. Mit anderen Worten, wenn wir noch heute Ehrfurcht vor dem Leben bekämen, so würde uns dies nicht von den Anforderungen unserer Evolution entheben, doch die Qualität der Erfahrungen, denen wir begegnen würden, wäre ganz anders. Wir würden das Leben nicht verletzen. Wir würden zwar noch immer dieselbe Sache lernen, doch würden wir in diesem Lernvorgang weder zu schaden noch zu zerstören suchen. Unser Weg von Machtlosigkeit zu authentischer Macht würde sich fortsetzen, aber die Natur dieser Erfahrung würde sich verändern. Wir würden nicht jener Art von Erfahrungen begegnen, die sich aus einer Wahrnehmung der Welt ergeben, der es an Ehrfurcht mangelt.

Das Leben erscheint uns billig. Diese Anschauung durchtränkt alle unsere Wahrnehmungen. Wenn wir zum Beispiel einen Blick auf das Tierreich werfen, so sehen wir die Aktivitäten innerhalb dieses Reiches als eine Bestätigung für unsere Einschätzung des Lebens an. Wir sehen, wie Tiere töten und andere Tiere fressen, und wir ziehen daraus den Schluß, daß schwächere Lebensformen nur existieren, um die stärkeren zu ernähren. Wir rechtfertigen unsere Ausbeutung des Lebens, indem wir auf das Beispiel der Natur verweisen. Wir verstümmeln und töten. Wir schaffen Situationen, in denen Millionen von Menschen verhungern, während wir in unseren Silos Getreide horten und die Milch in den Abfluß schütten. Jeder sieht im anderen eine Beute, um seine emotionalen und physischen Bedürfnisse zu befriedigen. Wir sagen ›Fressen und/oder gefressen werden‹, und um in einer solchen Welt überleben zu können, trachten wir danach, die anderen auszunutzen, bevor sie uns ausnutzen. Wir betrachten das Leben als einen Wettbewerb aus dem Gewinner und Verlierer hervorgehen, und Zurückhaltung liegt uns fern, wenn uns die Bedürfnisse anderer Leute oder Gruppen zu bedrohen scheinen.

Unser Verhalten und unsere Werte sind von Wahrnehmungen, denen es an Ehrfurcht mangelt, derart geformt, daß wir gar nicht wissen, was es heißt, ehrfürchtig zu sein. Wenn wir einen Konkurrenten verfluchen oder eine andere Person zu schwächen versuchen, entfernen wir uns von der Ehrfurcht. Wenn wir arbeiten, um zu nehmen, anstatt zu geben, dann mühen wir uns ab ohne Ehrfurcht. Wenn wir auf Kosten anderer nach Sicherheit für uns selbst streben, bringen wir uns selbst um den Schutz der Ehrfurcht. Wenn wir eine Person als höher und eine andere als niedriger einstufen, nehmen wir Abstand von der Ehrfurcht. Wenn wir über uns selbst urteilen, dann tun wir dasselbe. Geschäft, Politik, Erziehung, Sex, Familiengründung – zwischenmenschliche Beziehungen ohne Ehrfurcht erzielen alle das gleiche Resultat: menschliche Wesen, die andere menschliche Wesen benutzen.

Unsere Gattung ist überheblich geworden. Wir benehmen uns, als ob die Erde unser Eigentum sei, mit dem wir tun und lassen könnten, was uns gefällt. Wir verschmutzen Land, Meer und Luft, um unsere Bedürfnisse zu befriedigen, ohne einen Gedanken an die Bedürfnisse der anderen Lebensformen zu verschwenden, die auf der Erde leben, und ohne an die Bedürfnisse der Erde selbst zu denken. Wir glauben, daß wir ein Bewußtsein haben und das Universum nicht. Wir denken und handeln, als ob unsere Existenz als lebendige Kraft im Universum mit dieser Lebenszeit enden würde, und als ob wir weder anderen noch dem Universum verantwortlich wären.

Einer ehrfürchtigen Person ist es unmöglich, ihre Freunde, Mitarbeiter, Stadt, Land oder Planet auszubeuten. Einer ehrfürchtigen Gattung ist es unmöglich, Kastensysteme, Kinderarbeit, Nervengas oder Atomwaffen zu schaffen. Daher ist es nicht möglich, daß eine ehrfürchtige Person oder Gattung jene Art von Karma anhäuft, das solche Aktivitäten erzeugen.

Warum ist das so? Was ist Ehrfurcht?

Ehrfurcht bedeutet, sich in einer Form und einer Tiefe auf das Leben einzulassen, die über die äußere Schale hinausgeht und zur Essenz vordringt. Ehrfurcht ist der Kontakt mit der Essenz einer jeden Person, eines jeden Dinges, der Kontakt mit der Essenz von Pflanze, Vogel und Tier. Es ist der Kontakt mit dem Inneren ihrer Wesenheit. Selbst wenn wir das Innere nicht spüren können, reicht es aus zu wissen, daß die Form, die Schale bloß eine äußere Hülle ist und daß sich darunter die wahre Kraft und Essenz einer Person befindet. Das ist es, was Ehrfurcht ausmacht.

Das Werden wird von der Ehrfurcht geehrt. Die Entfaltung des Lebens, der Reifeprozeß, das Wachstum, das zur Erlangung authentischer Macht führt, ist ein Prozeß, der der Ehrfurcht bedarf.

Den Zyklen des Lebens darf man sich nur mit Ehrfurcht nähern. Sie finden schon seit Milliarden von Jahren statt. Sie spiegeln den natürlichen Atem der Seele Gaias, des Erdbewußtseins, wie es seine Kraftfelder bewegt und die Zyklen des Lebens leitet. Wenn wir diesen Dingen Ehrfurcht zollen, wie könnten wir dann etwas so Wunderbares wie das ökologische System unserer Erde betrachten und gleichzeitig etwas tun, was dessen Gleichgewicht gefährdet?

Ehrfurcht ist eine Haltung, die das Leben ehrt. Authentische Macht ist nicht nötig, um mit dem Leben sanft umzugehen oder es zu lieben. Es gibt viele Leute ohne authentische Macht, die dennoch sehr ehrfürchtig sind. Nie würden sie etwas verletzen. Oft sind es die mitfühlendsten und liebevollsten Menschen, weil sie selbst so viel gelitten haben.

Ob eine Person ehrfürchtig ist, hängt davon ab, ob er oder sie das Prinzip der Heiligkeit allen Lebens akzeptiert, gleichgültig wie er oder sie diesen Begriff definieren.

Ehrfurcht ist ganz einfach auch die Erfahrung des Annehmens, daß alles Leben an sich und aus sich selbst heraus wertvoll ist.

Ehrfurcht ist nicht Respekt. Respekt ist ein Urteil. Es ist eine Antwort auf die Wahrnehmung von Eigenschaften, die wir selbst bewundern, oder die man uns gelehrt hat zu bewundern. Eigenschaften, die von dem Volk der einen Kultur bewundert werden, müssen von dem Volk einer anderen Kultur nicht unbedingt auch bewundert werden, oder von den Anhängern einer Subkultur, oder einer anderen Generation derselben Kultur. Was von manchen Menschen respektiert wird, braucht daher noch lange nicht von allen respektiert zu werden. Es ist möglich, die eine Person zu respektieren und die andere nicht, aber es ist nicht möglich, einer Person mit Ehrfurcht zu begegnen und nicht allen anderen auch.

Ehrfurcht ist eine Sinnesempfindung, aber es ist eine heilige Sinnesempfindung. Das Wahrnehmungsvermögen der Heiligkeit ist nicht eines, das wir ständig benutzen. Es ist eines, das wir mit Religion verbinden, aber nicht mit dem Evolutionsprozeß oder dem Lernprozeß menschlichen Lebens. Daher sehen wir die Notwendigkeit zu lernen und die Erfahrungen, die wir dabei in unserem Leben machen, nicht in Zusammenhang mit ihrem Sinn vor dem Hintergrund der spirituellen Entwicklung. Eine solche Wahrnehmungsweise entspricht echter Ehrfurcht, weil sie uns erlaubt zu erkennen, welche Entwicklung wir durchlaufen, und sie im Rahmen der Evolution und der Reifung unseres eigenen Geistes zu sehen. Sie entspricht echter Ehrfurcht, weil sie uns ermöglicht, alle Entwicklungen zu sehen, die gleichzeitig mit unserer eigenen in sämtlichen Königreichen des Lebens stattfinden, so daß wir diese voll und ganz zu schätzen wissen, oder zumindest mit sehr unterschiedlichen Augen betrachten, wie sie sich entfalten.

Nur wenn es uns an Ehrfurcht mangelt, wird uns das System, in dem ein Tier das andere auffrißt, voller Grausamkeit erscheinen, anstatt wie ein System, in dem Gattungen einander zu geben lernen, in dem ein natürliches Geben und Nehmen und ein Aufteilen der Energien auf die verschiedenen Reiche stattfindet. Das ist Ökologie: Die natürliche Verteilung von Energie zwischen verschiedenen Königreichen. Es ist nur unser Reich, das menschliche Königreich, das danach trachtet, viel mehr Energie zu verbrauchen, als nötig ist, und was es nicht verbraucht einzulagern, so daß das Gleichgewicht des Zyklus aufs empfindlichste gestört wird. Wenn jeder von uns nur das nehmen würde, was er oder sie für den jeweiligen Tag braucht, wäre alles in bester Ordnung. Tiere legen keine Vorräte an, es sei denn, sie brauchen sie, um zu überwintern.

Die Sichtweise aus dem Blickwinkel der Ehrfurcht ermöglicht uns, die Wechselbeziehungen zwischen den verschiedenen Gattungen von einem einfühlsameren und verständnisvolleren Standpunkt aus zu betrachten. Sie erlaubt uns zu sehen, welche Bedeutung jedes lebende Geschöpf und seine Erfahrungen für die Entfaltung des Universums hat. Bei einer solchen Perspektive ist die Wahrscheinlichkeit der Entstehung gewalttätiger oder zerstörerischer Reaktionen viel geringer, da sie uns, während wir durch unsere Leben heranreifen, in jedem Augenblick den Wert alles Lebendigen offenbart.

Nur wenn wir dem Leben gegenüber eine ehrfurchtsvolle Haltung einnehmen, wird uns das Fehlen authentischer Macht nicht dazu verleiten, grausam zu sein. In dem Maße, in dem wir an dieser Haltung arbeiten, wird unsere Neigung, anderen Menschen und anderen Lebensformen Schaden zuzufügen, abnehmen. Sobald wir einen Sinn für Ehrfurcht bekommen, entwickelt sich die Fähigkeit, über den Wert des Lebens intensiver nachzudenken, ehe wir unsere Energie in Taten umsetzen. Kein wahrhaft Ehrfürchtiger kann ein Leben verletzen, auch wenn er nicht über authentische Macht verfügt. Ansonsten kann dieser Zustand zu einer sehr grausamen Erfahrung werden, weil eine machtlose Person Furcht hat, und wenn eine Person, die sich fürchtet, keinen Sinn für Ehrfurcht hat, wird sie wahllos töten oder verletzen.

Ehrfurcht ist ein Schild aus Schutz und Ehre für den Prozeß des Lebens, so daß, während eine Person auf der Reise zu authentischer Macht heranreift, sie nichts verletzt. Weil wir keine Ehrfurcht haben, schließt unsere Reise zu authentischer Macht oft Erfahrungen ein, denen Leben zum Opfer fällt. Deshalb gibt es Opfer und Täter. Der Lernprozeß des Lebens auf Kosten des Lebens oder einhergehend mit der Zerstörung von Leben, der unsere Evolution kennzeichnet, würde aufhören oder sich zumindest sehr verändern, kämen wir zu einer ehrfurchtsvollen Betrachtungsweise des Lebens.

Nur weil wir keinen Sinn für Ehrfurcht haben, keinen wahren Glauben an die Heiligkeit allen Lebens, kann es dazu kommen, daß Leben zerstört wird, gequält, vergewaltigt, ausgehungert und verstümmelt, während wir uns auf unserer Reise von Ohnmacht zu Macht befinden. Ließe sich ein Sinn für Ehrfurcht in den Prozeß der Evolution einbringen, dann wäre nicht nur jeder einzelne von uns, sondern auch unsere Gattung als Ganzes davor gefeit, Gewalt und Furcht in dem Ausmaß, in dem sie jetzt erlebt werden, innerhalb des Lernprozesses, dem wir unterworfen sind, zu erzeugen.

Die Zerstörungen des Lebens auf der menschlichen, der pflanzlichen und der tierischen Ebene, sowie des ganzen Planeten würden beträchtlich eingedämmt werden oder überhaupt aufhören, wenn es ein aktives Prinzip der Ehrfurcht innerhalb unserer Gattung gäbe, wenn die gesamte Menschheit und innerhalb dieser jeder einzelne von uns fähig wäre wahrzunehmen, daß, obwohl wir Entwicklungsprozessen unterworfen sind, die ein persönliches Lernen erfordern, uns dies nicht ermächtigt, während wir lernen, oder weil wir sind, Leben zu zerstören. Wir hätten dann keine karmische Energie der Zerstörung, sondern nur des Lernens. Obwohl Lernen Zerstörung beinhalten kann, sind die karmischen Konsequenzen, die aus Gewalt und Zerstörung resultieren, ein zu hoher Preis dafür.

Es ist mit anderen Worten unnötig, auf Kosten des Lebens der anderen das zu lernen, was wir lernen müssen. Für den Fortschritt und die Erfahrung des Fortschritts ist es nicht nötig, die Natur zu zerstören. Doch wer ohne Sinn für die Ehrfurcht vor dem Leben nimmt daran Anstoß, daß Leben zerstört wird? Ohne Ehrfurcht wird das Leben zu einer billigen Angelegenheit, wie es im Moment auf unserem Planeten der Fall ist, auf dem der gesamte Prozeß und die Heiligkeit der Evolution weder beachtet, noch akzeptiert, noch geehrt wird.

Könnten wir das Leben voller Ehrfurcht wahrnehmen und unseren Entwicklungsprozeß verstehen, dann würden wir staunend vor dem Wunder des physischen Lebens stehen und mit einem tiefen Gefühl der Dankbarkeit über die Erde wandeln. So aber gibt es Milliarden menschlicher Wesen, die es bedauern, daß sie auf der Erde sind, ausgesetzt den Erfahrungen von Schmerz, Verzweiflung, Entmutigung, Depression, Krankheit und Hunger. Das beruht zum Großteil auf der Tatsache, daß so vieles, was die Menschheit betrifft, ohne Ehrfurcht ist.

Ehrfurcht ist eine Wahrnehmung der Seele. Nur die Persönlichkeit kann das Leben ohne Ehrfurcht wahrnehmen. Ehrfurcht ist ein Aspekt authentischer Macht, weil die Seele jedes Leben ehrt. Wenn daher die Persönlichkeit nach der Seele ausgerichtet ist, kann sie das Leben nicht ohne Ehrfurcht wahrnehmen. Dies bewahrt die Seele nicht nur vor karmischen Verpflichtungen, die von Persönlichkeiten, die das Leben nicht ehren, geschaffen werden, sondern ist auch ein Schritt, der zur Ausrichtung der Persönlichkeit mit der Seele führt, weil er einen Aspekt der Seele direkt in das physische Wirkungsfeld bringt.

Welche praktischen Folgen hat die Entscheidung, dem Leben mit Ehrfurcht zu begegnen?

Sie bedeutet, sich den Wahrnehmungen und den Werten einer Fünf-Sinne-Welt zu stellen, der es an Ehrfurcht mangelt. Das ist nicht immer leicht, besonders wenn es sich um männliche Wesen handelt, die Werte gelehrt wurden, die der Anhäufung von äußerer Macht dienen. Ein Mann, der authentische Macht erreicht hat, wird weder Beschämung noch eine Beeinträchtigung seiner Männlichkeit empfinden, wenn er zeigt, welches Anliegen ihm das Leben und die vielen Geschöpfe auf unserem Planeten sind. Dies ist der Energie der Ehrfurcht zu verdanken. Daher erfordert die Entscheidung, dem Leben mit Ehrfurcht zu begegnen, oft großen Mut, nicht nur von Männern, sondern auch von Frauen, die sich zu diesen Werten bekennen.

Die Entscheidung, eine ehrfürchtige Person zu werden, ist im wesentlichen die Entscheidung, eine spirituelle Person zu werden. Doch gibt es gegenwärtig keinen Platz für Spiritualität innerhalb der Wissenschaft, Politik und Wirtschaft, auch nicht innerhalb der akademischen Welt. Für eine

Fünf-Sinne-Persönlichkeit, der es an Ehrfurcht mangelt, hat es den Anschein, als wäre ein ehrfürchtiger Geschäftsmann seinen Konkurrenten gegenüber im Nachteil, weil die Reihe seiner Aktivitäten nicht unbegrenzt ist, während ein ehrfürchtiger Politiker für ein führendes Amt ungeeignet zu sein scheint in einer Welt, in der die einzige anerkannte Macht die äußere Macht ist. Für den multisensorischen Menschen hingegen ist ein ehrfürchtiger Geschäftsmann eine Persönlichkeit, die den Archetypus des Unternehmers mit einer neuen Energie erfüllt, die einen Wechsel bewirkt von einer Dynamik, die auf Profit beruht, der durch den Dienst des Nächsten entsteht, zu einer Dynamik des Dienstes am Nächsten, der durch Profit ermöglicht wird, während ein ehrfürchtiger Politiker eine Persönlichkeit ist, die das Konzept von äußerer Macht in Frage stellt und die Belange des Herzens in die politische Arena einführt. Die Entscheidung, dem Leben mit Ehrfurcht zu begegnen, bedeutet daher, wie eine spirituelle Person zu denken und in einer Welt zu agieren, die Geist nicht anerkennt, und es bedeutet, sich bewußt der Wahrnehmungsweise eines multisensorischen Menschen anzunähern.

Ehrfurchtsvoll zu leben, heißt, gewillt zu sein zu sagen: »Das ist Leben, wir dürfen ihm keinen Schaden zufügen«; und »Das sind unsere Mitmenschen, wir dürfen sie nicht zerstören«, und es auch zu meinen. Es bedeutet, die Art und Weise neu zu überprüfen, wie wir die dem Tierreich angehörenden Wesen behandeln, die uns so geduldig dienen. Es bedeutet, die Rechte der Erde anzuerkennen. Daß die Erde Rechte hat, ist ein Konzept, das unserer Gattung noch ziemlich fremd ist.

Eine ehrfürchtige Haltung schafft die Atmosphäre und das Umfeld, in dem sich die multisensorische Persönlichkeit entwickeln kann. Es ist ein Sinn für den Reichtum und die Fülle des Seins und für seine Vertrautheit und Nähe. Mitgefühl und Akte der Nächstenliebe resultieren daraus. Ohne

Ehrfurcht, ohne die Heiligkeit aller Dinge wahrzunehmen, wird die Welt kalt und öde, mechanisch und willkürlich zur gleichen Zeit, und dies führt zu Erfahrungen der Entfremdung und zu Gewalttakten. Es ist unnatürlich für uns, ohne Ehrfurcht zu leben, weil uns dies von der Grundenergie unserer Seele trennt.

Ehrfurcht führt automatisch zu Geduld. Ungeduld ist das Verlangen, die eigenen Bedürfnisse zuerst zu befriedigen. Sind sie einmal zufriedengestellt, haben wir dann nicht auch Geduld mit den Wünschen der anderen? Eine ehrfürchtige Person ehrt das Leben in allen seinen Formen und in allen seinen Aktivitäten. Sie denkt nicht in Begriffen, die Ungeduld hervorrufen.

Ehrfurcht führt zu Gerechtigkeit, die nicht richtet. Die Seele maßt sich nicht an, über andere zu urteilen, und die Persönlichkeit trifft daher die Wahl, eine weitere Eigenschaft ihrer Seele in die physische Realität zu bringen, wenn sie sich dafür entscheidet, dem Leben mit Ehrfurcht zu begegnen. Eine ehrfürchtige Person ist nicht fähig, eine Überlegenheit zu empfinden gegenüber anderen Menschen oder anderen Lebensformen, weil sie die Göttlichkeit in allen Formen des Lebens sieht und ehrt.

Eine ehrfürchtige Haltung erleichtert den Übergang von der Logik und dem Verständnis des Fünf-Sinne-Menschen zu der höheren Stufe der Logik und des Verständnisses des multisensorischen Menschen, weil diese höhere Form von Logik und Verstehen ihren Ausgang vom Herzen nimmt, wie wir noch sehen werden.

Ohne Ehrfurcht sind unsere Erfahrungen brutal und destruktiv. Mit Ehrfurcht werden unsere Erfahrungen von dem Mitgefühl und der Sorge für andere bestimmt. Es wird früher oder später dazu kommen, daß wir das Leben in allen seinen Formen ehren. Wir haben die Wahl, wann dies geschehen soll, und wir können die Qualität der Erfahrungen wählen, durch welche wir lernen wollen.

5

Herz

Die Logik, die unserer auf den fünf Sinnen basierenden Erforschung der physischen Wirklichkeit zugrunde liegt, kann die Evolution nicht ohne Zeit oder den Einfluß der Gegenwart auf die Vergangenheit erfassen. Sie kann die Existenz der Seele oder eine Dynamik des Energieausgleichs, die viele Leben hervorbringt und verbindet, nicht auf bedeutungsvolle Weise darlegen. Sie geht nicht über die Bezugspunkte der Fünf-Sinne-Persönlichkeit hinaus, deshalb ist jetzt die Zeit gekommen für eine Logik und ein Verständnis höherer Ordnung.

Die Logik und das Verständnis der Fünf-Sinne-Persönlichkeit haben ihren Ursprung im Geist. Sie sind Produkte des Intellekts. Die Logik und das Verständnis höherer Ordnung, die in der Lage sind, die Seele bedeutungsvoll zu spiegeln, kommen aus dem Herzen. Um zu dieser Logik und zu diesem Verständnis höherer Ordnung zu gelangen, ist es daher erforderlich, auf die Gefühle zu achten.

Die zentrale Stellung, die das Herz in der Logik und dem Verständnis höherer Ordnung des multisensorischen Menschen einnimmt, sowie die Empfindsamkeit gegenüber emotionalen Strömungen, die für den multisensorischen Menschen charakteristisch ist, erscheinen der Fünf-Sinne-Persönlichkeit fremd, weil sie nicht der Anhäufung von äußerer Macht dienen. In dem Maße, in dem wir begonnen haben, äußere Macht bewußt zu suchen und auszuüben, sind wir zu der Ansicht gelangt, daß Gefühle unnötige Anhängsel wären, gleich den Mandeln — nutzlos, doch imstande Schmerz und Dysfunktion zu verursachen. Aus diesem Grund hat das Streben nach äußerer Macht zu einer Unterdrückung der Gefühle geführt. Dies trifft sowohl für den einzelnen als auch für die Gattung zu.

Die Bedeutungslosigkeit, die wir den Gefühlen beimessen, bestimmt unser Denken und unsere Werte. Wir bewundern den ›kaltschnäuzigen‹ Geschäftsmann, der seine Angestellten zugunsten äußerer Macht feuert. Wir belohnen den Offizier mit einer Auszeichnung, der um äußerer Macht willen sich oder andere in den Tod schickt. Wir ehren den Staatsmann, der nicht von Mitleid überwältigt wird.

Wenn wir die Tür zu unseren Gefühlen schließen, schließen wir das Tor zu den vitalen Strömen, die unsere Gedanken und Taten beleben und anregen. Wir können den Prozeß nicht beginnen, der uns die Auswirkungen verstehen läßt, die unsere Emotionen auf uns, auf unsere Umgebung und auf andere Leute haben, noch die Auswirkungen der Emotionen anderer Leute auf diese selbst, auf deren Umgebung und auf uns. Wenn wir uns unserer Emotionen nicht bewußt sind, können wir die Auswirkungen von Zorn, Trauer, Kummer und Freude — in uns selbst oder in anderen — nicht in Zusammenhang mit ihren Ursachen bringen. Wir können nicht zwischen jenem Teil von uns unterscheiden, der Persönlichkeit ist, und jenem Teil, der Seele ist. Ohne uns unserer Gefühle bewußt zu sein, können wir kein Mitleid empfinden. Wie können wir die Freuden und Leiden anderer teilen, wenn wir unsere eigenen nicht fühlen?

Wenn wir mit unseren Emotionen nicht vertraut sind, können wir die Dynamik, die dahinter liegt, nicht wahrnehmen, noch die Art und Weise, in der diese arbeitet, noch den Zweck, dem sie dient. Emotionen sind Energieströme, die durch uns hindurchfließen. Ein Gewahrsein dieser Ströme ist der erste Schritt in dem Lernprozeß, wie unsere Erfahrungen ins Sein treten und warum.

Emotionen spiegeln Intentionen. Daher führt das Gewahrsein von Emotionen zum Gewahrsein von Intentionen. Jede Diskrepanz zwischen einer bewußten Intention und den Emotionen, die sie begleiten, verweist auf einen gespaltenen Aspekt des Selbst, der nach Heilung verlangt. Wenn zum Beispiel die Absicht zu heiraten bei Ihnen Schmerz anstatt Freude hervorruft, dann wird ein Verfolgen dieses Schmerzes Sie zu unbewußten Intentionen führen. Wenn die Absicht, beruflich weiterzukommen, Sorgen statt Befriedigung verursacht, so wird ein Eingehen auf diese Sorgen Sie zu unbewußten Intentionen führen.

Wenn Sie sich Ihrer Emotionen nicht bewußt sind, sind Sie nicht imstande, Ehrfurcht zu empfinden. Ehrfurcht ist keine Emotion. Sie ist eine Seinsweise, aber der Weg zur Ehrfurcht führt durch Ihr Herz, und nur ein Gewahrsein der Gefühle kann dieses öffnen.

Die Logik und das Verständnis höherer Ordnung der multisensorischen Persönlichkeit enthüllt Verbindungen, wo für die Fünf-Sinne-Persönlichkeit dem Anschein nach keine Verbindungen vorhanden sind, und Sinn, wo es für die Fünf-Sinne-Persönlichkeit scheinbar keinen Sinn gibt. Eine Fünf-Sinne-Persönlichkeit ist nicht imstande, die Sinnesdaten vollständig auszuwerten. Ihre Wahrnehmung der Wirklichkeit ist bruchstückhaft. Ihre Erfahrung des Universums ist fragmentarisch.

Die Fünf-Sinne-Persönlichkeit kann lernen, daß die innere Dynamik die Wahrnehmung beeinflußt, und dies als Volksweisheit oder Gemeinplatz formulieren, wie zum Beispiel: »Lächle und die Welt wird mit dir lächeln.« Sie kann Regelmäßigkeiten innerhalb der physischen Wirklichkeit entdecken und diese dann als Gesetze formulieren, wie zum Beispiel: »Jeder Körper verharrt im Zustand der Ruhe oder der gleichförmigen, geradlinigen Bewegung, solange keine Kräfte auf ihn einwirken.« Doch ist die Fünf-Sinne-Persönlichkeit nicht imstande, die Beziehungen zwischen diesen

Bereichen zu erfahren, und daher auch nicht fähig, von dem einen über den anderen zu lernen. Sie ist nicht in der Lage, durch jeden Bereich dieselbe Fülle zu erleben.

Wissenschaft, zum Beispiel, reflektiert den göttlichen Impuls, Beziehungen bewußt zu machen, die offensichtlich verschiedene Aspekte der Erfahrung verbinden. Sie ist die Haupterrungenschaft der Fünf-Sinne-Persönlichkeit, doch wenn die Früchte der Wissenschaft nur mit der Logik und dem Verständnis des Fünf-Sinne-Menschen erfaßt werden, gibt es zwischen innerer Dynamik – Gefühlen und Intentionen – und der Welt der Materie scheinbar keinen Zusammenhang. Weder Supernovas, noch subatomarer Zerfall, noch irgend etwas dazwischen, scheint von dem, was Menschen fühlen oder denken, beeinflußt zu werden.

Wenn die Entdeckungen der Wissenschaft mit der Logik und dem Verständnis des multisensorischen Menschen erfaßt werden, treten zwischen innerer Dynamik und den Gesetzmäßigkeiten, die unter physischen Phänomenen herrschen, enge Beziehungen auf. Für den multisensorischen Menschen spiegelt beispielsweise das Grundgesetz »Jeder Körper verharrt im Zustand der Ruhe oder der gleichförmigen, geradlinigen Bewegung, solange keine Kräfte auf ihn einwirken« nicht nur eine Dynamik, die für den Bereich von Zeit und Raum und Materie gilt, sondern auch eine tiefere Dynamik, die ebensogut innerhalb der nicht physischen Realität wirkt.

Wie geht dies vor sich?

Einer meiner Freunde in der Heeresinfanterieschule für Offiziersanwärter war ein großer, freundlicher junger Mann aus Kentucky namens Hank. Hank und ich mochten uns von Anfang an. Er lieh mir einige Male seine körperlichen Kräfte, als mir meine Last zu schwer wurde, und ich half ihm bei der Bewältigung intellektueller Hürden wie der Berechnung von Geschoßbahnen. Gemeinsame Abenteuer ließen unsere Freundschaft wachsen.

Nach der Graduierung wurden wir verschiedenen Einheiten zugeteilt. Ich verlor jede Spur von Hank, bis ich ihm eines Tages zufällig in Saigon begegnete. Er war verwundet worden und wurde durch die Intervention eines befreundeten Generals einer Einheit zugeteilt, mit der ich sehr oft zu tun hatte. Während er in Saigon diente, machte er die Bekanntschaft einer beliebten Radiosprecherin, und die beiden verlobten sich. Sie schienen perfekt zueinander zu passen — ein großer, gutaussehender Captain und eine schöne und bewunderte Persönlichkeit des öffentlichen Lebens.

Dann hörte ich erst wieder von Hank, als ich bereits aus der Armee ausgetreten war. Er rief mich an, um mir zu sagen, daß seine Frau in einem nahegelegenen Kurort auftreten würde, und bat mich, ihn dort zu treffen. Bei diesem Wiedersehen mit Hank, der nun ebenfalls Zivilist war, fiel mir auf, daß er gedrückt wirkte und seine leichtlebige Art gedämpft. Er nannte sich nun ›Hal‹, wie er mir mitteilte, und entschuldigte sich für die Abwesenheit seiner Frau, die verhindert war. Wir unterhielten uns eine Weile, und als ich ihn fragte, was er nun mit sich anfinge, antwortete er: »Ich halte nach einem Platz an der Sonne Ausschau.«

Die nächsten Neuigkeiten, die ich über Hank/Hal erfuhr, lauteten, daß er sich das Leben genommen hätte. Als ich später einmal Gelegenheit hatte, mit seiner Witwe zu sprechen, erzählte sie mir über eheliche Schwierigkeiten, Hanks Abhängigkeit und seinen Selbstmord. Seit dem Ende des Vietnamkrieges haben sich dreimal so viele Veteranen das Leben genommen, wie die Zahl der Männer und Frauen ausmacht, die während des Krieges getötet wurden. Es besteht daher die Wahrscheinlichkeit, daß auch Hank von den Erfahrungen während seiner Kriegszeit beeinflußt wurde. Aber es war noch eine andere Dynamik in meinem Freund am Werk, die viel gewöhnlicher ist.

Hank gehörte nicht zu jener Art von Menschen, die sich tiefere Fragen über ihr Leben stellen. Er fragte nicht nach dem tieferen Sinn seiner Existenz hier auf Erden, sonst hätte er sein Leben ändern müssen und das wollte er nicht. Er lebte sein Leben ohne viel darüber nachzudenken, und als er eines Tages aufwachte, wurde er von seiner Leere und Machtlosigkeit überwältigt.

In welchem Bezug steht das Leben meines Freundes zu dem ersten Grundgesetz der Mechanik: »Jeder Körper verharrt im Zustand der Ruhe oder der gleichförmigen, geradlinigen Bewegung, solange keine Kräfte auf ihn einwirken«? Was bedeutet ›gleichförmige Bewegung‹ in der Terminologie des menschlichen Lebens, und welche ›Kräfte‹ bewirken eine Änderung dieser Bewegung?

Die äußeren Ereignisse in Hanks Leben waren durchaus nicht gleichförmig. Er wuchs auf einer Farm in Kentucky auf, wurde Offizier, reiste Tausende Meilen weg von der Heimat, heiratete eine Berühmtheit und setzte seinem Leben mit eigener Hand ein Ende. Gleichförmig in seiner Bewegung war der Verlauf von Hanks Leben deshalb, weil er sich seiner nicht bewußt war. Weder die Erfahrungen aus seiner Kindheit, noch aus seiner Militärzeit, noch aus seiner Ehe bewirkten, daß Hank sich mit der Bedeutung seiner Existenz auseinandersetzte. Leiden und Freuden, die ihn durchströmten, hatten keinen Einfluß auf das Bewußtsein, wer er war oder zu wem er sich entwickeln würde.

Hank erlaubte sich selbst nicht, die Erfahrungen seines Lebens bis zu ihren Wurzeln zu verfolgen. Im Gegenteil, er fürchtete sich vor einem solchen Vorgehen. Die Folge davon war, daß sein Leben gleichförmig und unbewußt verstrich, von seiner Inkarnation bis zu seiner Befreiung. Er durchlebte die Situationen, die für das Ausgleichen der Energie seiner Seele nötig waren, er verhielt sich darin gemäß der Konditionierung, die er durch das Karma seiner Seele und durch die Umwelt, in die er hineingeboren worden war, erworben hatte, und er schuf unbewußt mit jeder Reaktion mehr Karma.

Das Mitgefühl, das Hank in die Welt brachte, war vielen Leuten rund um ihn, einschließlich mir selbst, eine Stütze, aber er ließ nicht zu, daß es zu seinem Schwerpunkt wurde. Hank unternahm keine Anstrengung, um sich seiner Seele zu nähern. Er verbrachte sein Leben mit dem Versuch, die Wünsche seiner Persönlichkeit zu erfüllen, und seine Verhaftung mit diesen Wünschen wurde zu stark, als daß er sie zu verändern gesucht hätte. So gesehen war Hanks Leben ein ›Körper in gleichförmiger Bewegung‹, der nie auf ›Kräfte‹ traf.

Welche ›Kräfte‹ sind das, denen Hank in seinem Leben nie begegnete?

Gregory war ein weißer Angehöriger der Mittelklasse mit College-Erziehung aus dem Nordosten. Seine Kindheit war von emotionalen Schwierigkeiten begleitet, die ihn zu einem zornigen und bitteren Mann werden ließen, der andere gerne manipulierte. Er war unfähig, Beziehungen einzugehen, und sein heftiges Temperament zusammen mit seiner streitsüchtigen Natur ließ die Leute Abstand halten. Dies führte dazu, daß Gregory das Leben und die Menschen noch mehr verachtete, doch hielt er niemals inne, um sich zu fragen, welche Rolle er selbst in seinen Erfahrungen spielte.

Als schließlich sein Naturell und seine zu Widerspruch neigende Veranlagung der Grund dafür waren, daß die Frau, mit der er lebte, ihn verließ, stürzte Gregory in tiefe Seelenqualen, und zwar nicht nur wegen seines Verlustes, sondern auch weil er in diesem letzten Ereignis die Wiederholung eines seit langem bestehenden Musters erkannte, das ihn immer wieder Zurückweisung erleiden ließ. Er beschloß sich sowohl mit seinem Schmerz, als auch mit diesem Verhaltensmuster auseinanderzusetzen. Er traf Vorkehrungen für ein Leben in Einsamkeit, während er in sich selbst nach den tiefsten Gründen für sein schmerzvolles Leben suchte.

Als er Wochen später wieder auftauchte, hatten sich seine Wahrnehmungen und seine Wertvorstellungen verändert.

Er wurde weicher, und langsam begannen seine alten Gepflogenheiten von ihm abzufallen. In den darauffolgenden Jahren entwickelte er eine einfühlsamere Art des Umgangs mit Leuten. Sein Zynismus machte einer aufkeimenden Freude Platz, sein Zorn schmolz, und andere Menschen wurden zum Mittelpunkt seines Lebens. Er ist jetzt eine produktive Person, und er bezieht seine Stärke aus den Beiträgen, die er für das Leben seiner Mitmenschen leistet.

Diese Veränderungen fielen Gregory nicht leicht. Seine Verwandlung von einer zornigen Person, die andere manipulierte und verachtete, zu einem verständnisvolleren und liebevolleren Menschen war eine Reise durch großen Schmerz, die viel Mut erforderte. Doch indem er diese Reise antrat, änderte er sein Leben. Von Gregorys Bewußtsein aus betrachtet, erfuhr der gleichförmige Fluß seines Lebens einen bedeutsamen Einschnitt, als er beschloß, sich seinem Schmerz zu stellen, und einen weiteren durch die Pflege seiner neuen Einstellungen. Die ›Kräfte‹, die die ›gleichförmige Bewegung‹ von Gregorys Leben veränderten, waren die Entscheidung, bewußt in sein Leben einzutreten. Ohne diese Entscheidung hätte Gregory, wie Hank, sein Leben auf dem unbewußten Kurs fortgesetzt, den ihm sein Karma und seine Reaktionen auf die Situationen, die es erzeugte, vorgeschrieben hätte.

Ist es angebracht, das erste Grundgesetz der Mechanik, das den idealisierten Bewegungsablauf eines physikalischen Objektes darstellt, auf diese Weise zu interpretieren? Ist das erste Grundgesetz der Mechanik, wenn es auf diese Weise interpretiert wird, eine bloße Metapher, durch die auf bequeme Art eine nicht-physische Dynamik beschrieben werden kann? Es ist mehr als das. Es ist die Spiegelung einer größeren nicht-physischen Dynamik, die in nicht-physischen Bereichen wirkt, in der physischen Wirklichkeit − in der Welt der physikalischen Objekte und Phänomene. Das ist die Physik der Seele. Wenn die Wissenschaft und ihre

Entdeckungen mit der Logik und dem Verständnis höherer Ordnung des multisensorischen Menschen erfaßt werden, enthüllen sie den gleichen Reichtum, den auch das Leben selbst überall und ohne Unterlaß zur Schau stellt.

Die Wahrnehmung der multisensorischen Persönlichkeit ist nicht bruchstückhaft. Der multisensorische Mensch sieht zum Beispiel, daß die Paradigmen, die die Geschichte der Wissenschaft formen, auch eine Geschichte erzählen über die Art, wie unsere Gattung sich in bezug zum Universum gesehen hat: Die ptolemäische Astronomie reflektiert eine Spezies, die sich selbst als Mittelpunkt des Universums sieht, die kopernikanische Astronomie gibt die ausgeklügeltere und vernetztere Perspektive einer Spezies wieder, die sich selbst als Teil der Bewegung des Universums erkennt, die Newtonsche Physik spiegelt dagegen eine Gattung, die auf ihre Fähigkeit vertraut, die Dynamik der physischen Welt durch den Intellekt zu erfassen, in der Relativitätstheorie spiegelt sich eine Spezies, die begreift, daß es Grenzen zwischen der absoluten und der persönlichen Wahrnehmung gibt, und die Quantenphysik führt uns eine Gattung vor Augen, die sich der Beziehung ihres Bewußtseins zur physischen Welt bewußt wird.

Mit anderen Worten, aus der Sicht des multisensorischen Menschen erhellen die Entdeckungen der Wissenschaft sowohl innere wie auch äußere Erfahrungen, physische und nicht-physische Abläufe. Eine grundlegende Entdeckung der Optik ist zum Beispiel, daß Weiß und Schwarz keine Farben wie Blau, Grün und Rot sind. Weiß ist eine Kombination aller Farben aus dem sichtbaren Spektrum des Lichts, und Schwarz ist die Abwesenheit dieses Spektrums und daher auch von Weiß. Mit anderen Worten, Weiß ist eine Integration aller sichtbaren Formen von Strahlung, und Schwarz ist eine Abwesenheit von Strahlung.

Welche nicht-physische Dynamik erhellt diese Entdeckung?

Wir assoziieren mit Weiß Eigenschaften wie rein, gut und richtig. Weiß ist das Symbol für positive und beschützende Energie. Wir kleiden Helden und Heldinnen in Weiß. Weiß verkörpert die Ganzheit des Geistes. Wir assoziieren Gott, seine Botschafter und den Himmel mit Weiß. Wir stellen Engel auf Bildern in weißen Gewändern dar. Wir assoziieren Schwarz mit böse. Bösewichte kleiden wir in Schwarz. Schwarz ist das Symbol der Zerstörung. Tritt eine Katastrophe ein, so sprechen wir von einem schwarzen Tag. Schwarz verkörpert Verzweiflung, Zorn und Wut, also das Fehlen von Liebe, Mitgefühl und Vergebung.

Mit den dunklen Zeitaltern der Menschheit meinen wir eine Zeit, in der das ›Licht der Vernunft‹ noch nicht leuchtete. Wir nennen das Leiden einer gespaltenen Psyche, einer Psyche ohne Strahlkraft, die ›dunkle Nacht der Seele‹. Wir nennen den Teufel den Fürsten der Finsternis und stellen uns die Hölle als einen Ort vor, den das Licht Gottes nicht erreicht.

Ist daher die Vorstellung von Weiß als Integration oder Vollendung und von Schwarz als Abwesenheit in ihrer Anwendung oder Genauigkeit begrenzt auf die physikalischen Phänomene von weißem Licht und Schwärze? Nein. Sprache, Mythologie, Religion und Wissenschaft erkennen in Weiß eine Spiegelung von Integration, Ganzheit oder Vollendung und in Schwarz eine Spiegelung der Abwesenheit derselben. Die multisensorische Persönlichkeit sieht auf direktem Wege, daß jede dieser Auffassungsarten dieselbe Sache spiegelt.

Die multisensorische Persönlichkeit sieht das Göttliche, oder Gott, oder die göttliche Intelligenz, oder welchen Begriff Sie auch immer dafür verwenden wollen, als Licht. Sie sieht jene, durch die das Göttliche bewußt fließt, wie zum Beispiel Christus, Buddha und Krishna, als Lichtwesen, als Wesen der Ganzheit, der Integration und Vollendung. Daher sieht sie in dem Weiß der Wissenschaft eine Spiegelung in Zeit, Raum und Materie von der Ganzheit, der Integration und der Vollkommenheit von zeitloser Göttlichkeit. Sie sieht das Böse, wie Zorn, Verzweiflung, Zerstörung und Wut, als die Abwesenheit von Licht. Deshalb sieht sie in dem Schwarz der Wissenschaft eine Spiegelung der Abwesenheit von Licht in der Welt der physikalischen Phänomene der Unvollkommenheit.

Die multisensorische Persönlichkeit sieht dieselben Beziehungen, von denen jede dieselbe Welt reflektiert, überall dort, wohin sie blickt. Die Fünf-Sinne-Persönlichkeit kann nicht auf diese Weise sehen, und deshalb sind ihre Logik und ihr Verständnis nicht so umfassend. Die Natur der Ganzheit und das Fehlen einer solchen, sowie die Auswirkungen der beiden Phänomene, sind durch das Studium der physikalischen Phänomene für eine Persönlichkeit nicht unterscheidbar, die nicht imstande ist zu sehen, daß sowohl die physikalischen Phänomene, als auch die Beziehungen zwischen ihnen, in gleicher Weise Teile und Spiegelungen von größeren Lebensmustern sind.

Eine Persönlichkeit, die nicht ganz ist, lebt in einem Zustand der Zersplitterung, wie sie durch die einzelnen Farben oder deren Kombinationen verkörpert wird. Eine Persönlichkeit, die nicht aufgespalten ist, lebt in einem Zustand der Ganzheit, wie er durch das weiße Licht verkörpert wird. Eine Persönlichkeit, die die Verbindung zu ihrer Seele verliert, den Zugang zur Quelle ihres Lichts, ist eine Persönlichkeit, die zu dem fähig geworden ist, was wir das Böse nennen und was durch die Dunkelheit verkörpert wird.

Was wir das Böse nennen, ist in allen Fällen die Abwesenheit von Licht, von Liebe. Wenn wir auf dichterische Weise von Licht sprechen, assoziieren wir es mit Reinheit, Einsicht und göttlicher Inspiration. Wie wir noch sehen werden, ist diese Art von Licht nicht bloß poetisch. Sie ist real.

Einer Seele kann es schwierig erscheinen, während des Verlaufs einer Inkarnation auf dem Pfad des Lichtes zu wandeln. Sie mag finden, daß es ein schwieriges Unterfangen ist zu lernen, im Licht zu leben. Durch die Entscheidungen, die sie während ihrer Inkarnation auf der Erde trifft, wenn sie anstelle von Verzeihen Rache, oder anstelle von Verständnis Verurteilung wählt, sammelt die Seele negatives Karma. Wenn sie ihren Körper verläßt, bleibt sie in die Qualität des Lichts eingehüllt, das sie durch ihre Entscheidungen während ihres Aufenthalts auf der Erde erworben hat. Wenn diese Seele eine andere Persönlichkeit zu bilden hat, wird sie eine Persönlichkeit schaffen müssen, die aus dieser Quelle gespeist wird. Deshalb wird sie eine Persönlichkeit mit noch mehr Einschränkungen schaffen.

Eine Persönlichkeit mit eingeschränktem Bewußtsein wird das sogenannte ›Böse‹ attraktiver finden, als eine Persönlichkeit, deren Bewußtsein erweitert ist. Die Versuchung, den Weg des Bösen zu gehen, wird für eine solche Persönlichkeit sehr stark sein. Alle Seelen unterliegen der Versuchung, aber ein Individuum mit eingeschränktem Bewußtsein wird stärker von dem Magnetfeld der Angst angezogen, weil es nicht erkennen kann, was Angst eigentlich ist. Es wird sie als irgend etwas anderes akzeptieren, als etwas Normales.

Es ist daher sehr bedeutsam, wie wir das Böse verstehen. Das Böse muß als das begriffen werden, was es ist: die Abwesenheit von Licht. Es ist nicht etwas, das bekämpft oder vor dem geflüchtet oder das für ungesetzlich erklärt werden sollte. Das Böse als die Abwesenheit von Licht zu verstehen, bedingt automatisch, daß wir nach diesem Ding, das wir Licht nennen, greifen.

Bewußtes Licht gleicht der Göttlichkeit, der göttlichen Intelligenz. Wo die göttliche Intelligenz fehlt, regiert die Finsternis. Es ist einfach so, daß es Dunkelheit gibt, und daß wir im Dunkeln stolpern. Die Existenz in der Dunkelheit ist nicht von Dauer. Jede Seele wird irgendwann einmal völlig erleuchtet sein. Auch eine Seele ohne Licht ist gezwungen, das Licht kennenzulernen, weil jeder Seele zu jeder Zeit so viel Hilfe geleistet wird. Wir werden sehen, daß es viel Licht gibt, von dem eine solche Seele ständig umgeben ist, auch wenn es sie nicht direkt durchdringen kann, und daß es viel Hilfe für Seelen gibt, die darauf bestehen, in der Dunkelheit zu leben. Die Ermutigung, auch nur einen Gedanken zu fassen, der ins Licht führt, ist immer vorhanden. Schließlich geschieht es dann auch immer.

Was ist die angemessene Antwort auf das Böse?

Das Gegenmittel für eine Absenz ist eine Präsenz. Das Böse ist eine Absenz und kann daher nicht mit einer Absenz geheilt werden. Durch Haß auf das Böse oder auf jemanden, der darin verstrickt ist, verstärken wir noch die Abwesenheit von Licht und tragen nicht zu seiner Anwesenheit bei. Der Haß auf das Böse verringert es nicht, sondern vermehrt es.

Das Fehlen von Licht bewirkt, daß die Persönlichkeit leidet. Sie empfindet Schmerz. Wenn wir hassen, laden wir uns dasselbe Leiden auf. Der Haß auf das Böse fällt auf den, der haßt, zurück. Er macht aus ihm oder ihr eine hassenswerte Person, eine Person, die sich gleichfalls vom Licht entfernt hat.

Das Böse als die Abwesenheit von Licht zu begreifen, bedeutet nicht, eine passive Haltung einzunehmen oder schlechte Taten oder schlechtes Benehmen zu übersehen. Wenn wir sehen, wie ein Kind mißhandelt oder ein Volk unterdrückt wird, ist es nur recht und billig, daß wir unternehmen, was in unserer Macht steht, um das Kind zu schützen oder dem Volk zu helfen, doch wenn sich dabei nicht auch Mitgefühl in unserem Herzen regt für die Mißhandelnden oder die Unterdrücker — für jene, die kein Mitleid haben — werden wir dann nicht wie sie? Mitleid haben, heißt, daß wir uns von und zu Taten des Herzens anregen lassen, daß wir von der Energie der Liebe bewegt werden. Wenn wir ohne Mitleid gegen die Dunkelheit ankämpfen, begeben wir uns dann nicht selbst in die Dunkelheit?

Das Böse als die Abwesenheit von Licht zu begreifen, bedeutet, sich der Wahrnehmung von Macht als etwas Äußerliches entgegenzustellen. Kann eine Abwesenheit besiegt werden? Eine böse Person kann verhaftet werden, aber kann das Böse verhaftet werden? Eine böse Gruppe kann ins Gefängnis geworfen werden, aber kann das Böse eingekerkert werden? Ein mitfühlendes Herz ist gegen das Böse wirksamer als eine Armee. Eine Armee kann die Truppen einer anderen Armee binden, aber sie kann nicht das Böse binden. Ein mitfühlendes Herz kann das Böse direkt binden — es kann Licht in die Finsternis bringen.

Zu verstehen, daß das Böse die Abwesenheit von Licht ist, macht es erforderlich, daß wir in jedem Augenblick prüfen, ob die Entscheidungen, die wir treffen, uns zum Licht hinführen oder weg von ihm. Dies erlaubt uns, voller Mitleid auf jene zu blicken, die sich in böse Taten verstricken, selbst wenn wir ihre Taten bekämpfen, und schützt uns auf diese Weise vor der Erschaffung von negativem Karma. Es ermöglicht uns zu sehen, wo wir mit unserer Aufgabe, das Böse zu beseitigen, beginnen müssen, nämlich in uns selbst. Das ist die angemessene Antwort auf das Böse.

Die Logik und das Verständnis höherer Ordnung, die für den multisensorischen Menschen kennzeichnend sind, ermöglichen ihm, schneller zu lernen als der Fünf-Sinne-Mensch, der auf das angewiesen ist, was ihm allein seine Sinne sagen und was sein Intellekt daraus macht. Wir sind in unserer Evolution so weit fortgeschritten, wie dies aufgrund unseres Intellekts möglich war. Wir haben den Bereich der Fünf-Sinne-Wirklichkeit in seiner gesamten Tiefe erforscht, und wir haben die Grenzen entdeckt, die der äußeren Macht auferlegt sind.

Die nächste Phase unserer Evolution wird uns in die Erfahrungen des multisensorischen Menschen und in die Natur authentischer Macht einführen.

Dazu bedarf es des Herzens.

SCHÖPFUNG

6

Intuition

Der multisensorische Mensch ist sich bewußt, daß er nicht allein ist. Dies bildet den Mittelpunkt seiner Wahrnehmung. Er braucht sich nicht ausschließlich auf seine eigenen Wahrnehmungen und Interpretationen von Ereignissen zu Führungszwecken zu verlassen, weil er in bewußter Kommunikation mit anderen fortgeschritteneren Intelligenzen steht. Dies heißt nicht, daß der multisensorische Mensch hierdurch davon befreit wäre, in jedem Augenblick den Kurs seines Lebens zu bestimmen, aber es bedeutet sehr wohl, daß er bewußten Zugang hat zu mitfühlender und unpersönlicher Hilfe in der Analyse seiner Wahlmöglichkeiten, deren wahrscheinlichen Konsequenzen und in der Erforschung der verschiedenen Teile seiner selbst.

Der Fünf-Sinne-Mensch ist ebenfalls nicht allein, aber er ist sich der Hilfe, die ihm ständig gewährt wird, nicht bewußt und kann sie daher auch nicht bewußt nutzen. Der Fünf-Sinne-Mensch muß in erster Linie durch seine physischen Erfahrungen lernen, und dieses Lernen braucht länger, weil die Lektionen, die auf diese Art gelernt werden, durch die Dichte der physischen Materie dringen müssen. Eine Person, die beispielsweise die Lektion über Vertrauen zu lernen hat, wird Mißtrauen gegenüber anderen empfinden. Dieses Mißtrauen wird Mißverständnisse schaffen, und diese werden zu Spannungen und unerfreulichen Erfahrungen führen. Ein Fünf-Sinne-Mensch wird so lange die Unerfreulichkeiten erleben, die aus seinem Mißtrauen den anderen gegenüber resultieren, bis er in diesem oder einem anderen Leben durch seine zwischenmenschlichen Beziehungen die Quelle dafür erkennt und Schritte zu einer Veränderung unternimmt.

Wenn jemand nicht fähig ist zu vertrauen, dann wird er oder sie die Worte und Taten anderer Menschen irrtümlich auslegen. Eine Frau erzählt zum Beispiel ihrem Mann, sie müsse zu einer geschäftlichen Verabredung, doch sie würde lieber bei ihm bleiben. Wenn ihr Mann kein Vertrauen hat, könnte er darin eine Zurückweisung sehen oder ein Zeichen, daß ihr die Arbeit wichtiger sei als er. Dieses Mißverständnis resultiert aus seiner Unfähigkeit, das zu akzeptieren, was ihm seine Frau gesagt hat, aus seiner Unfähigkeit, ihr zu vertrauen. Da die Frau ständig den Mißverständnissen ihres Gatten ausgesetzt ist, rufen diese in ihr Gefühle hervor, die sich von Überraschung, Sorge, Frustration bis zu Zorn und Ablehnung erstrecken, die der Mann anfangs irrtümlich zu bemerken glaubte. Auf diese Weise erzeugt der Mann durch die Dynamik des Mißtrauens die für ihn bezeichnendste Art von Furcht.

Der Verlust eines Partners, Freundes oder Mitarbeiters durch Mißtrauen ist keine Bestrafung für unseren Argwohn. Er ist das Ergebnis unserer Weigerung, bewußt in uns zu gehen und uns mit dem Prinzip des Vertrauens zu befassen. Er ist eine Erfahrung, die daraus resultiert, daß wir uns wiederholt für Mißtrauen anstatt für Vertrauen entschieden haben. Eine mißtrauische Person wird so lange unerfreuliche oder schmerzliche Situationen herbeiführen, bis diese sie schließlich zum Prinzip des Vertrauens führen. Dazu mögen fünf schmerzliche Erfahrungen nötig sein, oder fünf Leben voller schmerzlicher Erfahrungen, oder fünfzig, doch zu guter Letzt wird dieser Pfad zur großen Lektion des Vertrauens führen.

Dieselbe Dynamik läßt sich auf jede persönliche Eigenschaft anwenden, die nicht ein Ausdruck von Mitgefühl und

Harmonie ist. Eine zornige Persönlichkeit zum Beispiel wird unerfreuliche oder sogar tragische Situationen herbeiführen, bis sie ihren Zorn erkennt und diese Blockade für Mitgefühl und Liebe, für die Energie ihrer Seele, entfernt. Dasselbe gilt auch für geizige, selbstsüchtige oder herrschsüchtige Persönlichkeiten, usw. Das ist die Art und Weise, wie wir uns bis jetzt entwickelt haben.

Ein multisensorischer Mensch lernt schneller als ein Fünf-Sinne-Mensch. Mit den ihr zur Verfügung stehenden Mitteln kann die multisensorische Persönlichkeit schneller die Bedeutung ihrer Erfahrungen erfassen, wie diese entstehen, was sie verkörpern und welche Rolle sie selbst bei ihrer Erschaffung spielt. Sie braucht nicht erst zwölf oder zwanzig oder zweihundert schmerzliche Erfahrungen durchzustehen, um eine Grundlektion in Verantwortlichkeit oder Demut zu lernen. Daraus läßt sich nicht unbedingt ableiten, daß multisensorische Persönlichkeiten keine schmerzlichen Erfahrungen machen, sie haben jedoch die Fähigkeit, aus diesen schneller zu lernen als die Fünf-Sinne-Persönlichkeiten und sind daher schneller imstande, weisere und mitfühlendere Entscheidungen zu treffen.

Es ist nicht notwendig, die Fähigkeit zu besitzen, sozusagen eine Kommunikation von Ohr zu Ohr zu führen, um sich der Quellen für Führung und Hilfe, die uns umgeben, bedienen zu können. Dieser Weg steht nur dem fortgeschrittenen multisensorischen Menschen zur Verfügung, doch kann jeder von uns das Bewußtsein entwickeln, daß eine weise und mitfühlende Lenkung immer vorhanden ist, und lernen, diese bewußt in sein Leben zu integrieren.

Wie geschieht das?

Die Fünf-Sinne-Persönlichkeit betrachtet jeden Impuls und jede Einsicht als ihre eigene, als etwas, das aus ihrer Psyche kommt. Die multisensorische Persönlichkeit weiß, daß dies nicht immer der Fall ist. Impulse, Ahnungen, plötzliche Erkenntnisse und subtile Einsichten haben uns seit der

Entstehung unserer Art auf dem Pfad unserer Evolution begleitet. Daß wir die Führung, die uns auf diese Weise zuteil geworden ist, nicht erkannt haben, ist die Folge davon, daß wir die Wirklichkeit mittels unserer fünf Sinne wahrnehmen. Aus der Sicht der Fünf-Sinne-Persönlichkeit gibt es keinen anderen Ursprungsort, aus dem Einsichten und Ahnungen kommen können.

Aus der Sicht der multisensorischen Persönlichkeit sind Einsicht und Intuition, Ahnungen und Inspirationen Botschaften der Seele oder fortgeschrittener Intelligenzen, die der Seele auf ihrer Entwicklungsreise beistehen. Deshalb respektiert die multisensorische Persönlichkeit die Intuition in einer Weise, die der Fünf-Sinne-Persönlichkeit fremd ist. Der Fünf-Sinne-Persönlichkeit erscheinen Intuitionen als etwas Kurioses. Für die multisensorische Persönlichkeit sind es Eingebungen und Bindeglieder zu einer Perspektive des Verstehens und des Mitgefühls, die größer als die eigene ist.

Für die Fünf-Sinne-Persönlichkeit sind intuitive Einsichten oder Ahnungen nicht vorhersehbar und daher nicht zuverlässig. Für die multisensorische Persönlichkeit sind intuitive Einsichten Meldungen einer liebenden Führung, die ihr ständig beisteht und sie in ihrem Wachstum unterstützt, innerhalb ihres Bewußtseins. Deshalb trachtet die multisensorische Persönlichkeit danach, ihre Aufmerksamkeit gegenüber dieser Führung zu erhöhen.

Der erste Schritt dazu ist, daß wir uns dessen bewußt werden, was wir fühlen. Unseren Gefühlen zu folgen, wird uns zu deren Quelle führen. Nur durch Gefühle können wir auf das Kraftfeld unserer eigenen Seele stoßen. Das ist der menschliche Weg.

Der Gatte, der nicht fähig war zu vertrauen, mag zum Beispiel Zorn gefühlt haben, oder Beschämung, oder Groll, oder Kälte gegenüber seiner Frau, als sie ihm von ihrer geschäftlichen Verabredung erzählte. Wäre er imstande gewesen, seine Gefühle bewußt zu erleben und sie losgelöst als Energieströme zu betrachten, die durch sein System fließen, so hätte er sich die Frage stellen können: »Warum übt die Nachricht von dieser geschäftlichen Verabredung eine solche Wirkung auf mich aus?« Dies hätte ihm dann die Entdeckung ermöglicht, daß seine Emotionen das Gefühl spiegelten, abgelehnt zu werden oder seiner Frau weniger wichtig zu sein als ihre Verabredung.

Bei einer nochmaligen Überprüfung der Botschaft seiner Frau hätte er dann festgestellt, daß sie ihm gesagt hatte, daß sie lieber mit ihm zusammen wäre, was aber nicht möglich sei. Dies hätte ihm die Frage ermöglicht: »Warum fühle ich mich eigentlich noch immer so verstört?«, was ihn zu der Antwort hätte führen müssen: »Weil ich kein Vertrauen habe, daß sie tatsächlich lieber mit mir zusammen wäre.« Wäre er sich auf diese Weise seiner Gefühle bewußt geworden, statt sie unbewußt einfach auszuagieren, so hätte ihn dies zu der Frage seines Vertrauens geführt.

Da er nun schon so viel ausgegraben hätte, wäre es naheliegend gewesen zu fragen: »Unterstützt meine Erfahrung mit meiner Frau den Verdacht, daß sie nicht aufrichtig zu mir ist?« Hätte die Antwort auf diese Frage gelautet: »Nein, meine Erfahrung zeigt, daß kein Grund vorliegt, an ihrer Rechtschaffenheit zu zweifeln«, dann hätte er zu der Einsicht kommen können, daß die Dynamik, die in ihm wirkte, nichts mit seiner Frau zu tun hatte, obwohl ihre Worte sie ausgelöst hatten. Dies hätte es ihm ermöglicht, die tatsächliche Intention seiner Frau zu erkennen, was seine aufgebrachten Gefühle besänftigt hätte. Die Reaktion und die Gefühle seiner Frau wären dann von Liebe für ihren Gatten bestimmt worden und nicht von dem Schmerz, den ihr die ablehnende Haltung ihres Mannes zugefügt hatte.

Hätte er diesen Kurs verfolgt, dann hätte er sich weder den Nachmittag verdorben, noch wäre seine Ehe in die Brüche gegangen. Er wäre imstande gewesen, durch seine Gefühle und seine Fragen dieselbe Lektion zu lernen, die er nun durch die unerfreulichen Erfahrungen würde lernen müssen, die durch seinen Mangel an Vertrauen verursacht wurden. Er hätte im Rahmen eines Augenblicks die Auswirkungen von Mißtrauen und Vertrauen erkennen können.

Jede Frage, die wir stellen, z. B.: »Warum hat die Nachricht von dieser Angelegenheit eine solche Wirkung auf mich?«; »Warum fühle ich mich so verwirrt?«; »Rechtfertigt meine Erfahrung meinen Verdacht?«, läßt uns Führung zuteil werden. Jedes Mal, wenn wir um Führung bitten, erhalten wir sie. Jedes Mal, wenn wir uns selbst fragen: »Was ist meine Motivation?«, fragen wir das Universum. »Hilf mir zu sehen!«, und die Hilfe kommt. Wir mögen vielleicht nicht immer imstande sein, die Antworten auf unsere Fragen zu hören, auch können sie in einer Art und Weise kommen, die wir nicht erwarten, aber sie kommen immer. Manchmal kommt eine Antwort in Form eines Gefühls – eines bejahenden oder verneinenden Gefühls –, manchmal in Form einer Erinnerung oder eines Gedankens, der uns in jenem Augenblick einzufallen scheint, manchmal in einem Traum und manchmal in Form einer Verwirklichung, die uns durch eine Erfahrung eingegeben wird, die sich am nächsten Tag zutragen wird.

Keine Frage bleibt ungehört, und keine Frage bleibt unbeantwortet. »Fragt und ihr werdet empfangen«, lautet die Regel, aber wir müssen lernen zu fragen und zu empfangen.

Der Intellekt ist dazu bestimmt, die Wahrnehmungen zu erweitern, uns zu helfen, unsere Wahrnehmungsfähigkeit zu steigern, doch er ist nicht dazu bestimmt, Böses zu tun. Die Erfahrungen des Intellekts sind Erfahrungen des Wissens. Wissen ist Macht, und wir werden dafür verantwortlich gemacht, wie wir es nutzen, unabhängig davon, welchen Wissensstand wir erreicht haben. Wissen, das sich nur einfach in uns ansammelt und nicht in irgendeiner Weise verarbeitet und zum Nutzen anderer verwendet wird, kann eine schädliche Wirkung auf unseren Körper haben. Karmische Verpflichtungen, die durch den willkürlichen Mißbrauch von Wissen geschaffen werden, indem wir andere wissentlich schädigen oder Zwietracht säen, sind größer als jene, die durch Unwissenheit entstehen.

In einer Welt, die Macht als etwas Äußerliches betrachtet, wird der Intellekt oft ohne den Einfluß des Herzens gebraucht. Dies führt zu Situationen, in denen die intellektuelle Kraft als Waffe benutzt wird, um anderen zu schaden oder ihnen einen fremden Willen aufzuzwingen. Wenn der Intellekt beispielsweise für die Entwicklung oder die Produktion von Waffen eingesetzt wird, dann widerspricht dies der ursprünglichen Absicht. Wenn eine Industrie oder ein Elektrizitätswerk geplant, errichtet oder betrieben wird, ohne daß die Auswirkungen auf die Erde, auf die Menschen und die Umwelt, berücksichtigt wurden, dann wird der Intellekt nicht so genutzt, wie es beabsichtigt war. Wenn wir uns auf Kosten anderer bereichern wollen, dann gebrauchen wir unseren Intellekt nicht so, wie es ursprünglich gedacht war.

In einer Welt der Fünf-Sinne-Menschen, die unter Macht etwas Äußerliches verstehen, wird intuitives Wissen nicht als Wissen betrachtet und daher nicht verwertet. Es wird nicht dem Intellekt zugeordnet. Es wird nicht erweitert oder studiert, auch nicht technisch zugänglich gemacht oder trainiert. So wie wir gelernt haben, unsere Denkkraft zu entwickeln und anzuwenden – Dinge durchzudenken – so können wir auch lernen, die Intuition zu entwickeln und anzuwenden, um Führung zu bitten und sie zu empfangen. So wie es Techniken gibt, um den Verstand zu trainieren, z. B. analytisches Denken, Studieren, Auswendiglernen, so gibt es auch Techniken, um die Intuition zu trainieren und zu gebrauchen.

Die erste Technik ist, jederzeit großen Wert auf die emotionale Reinigung zu legen. Wenn wir emotional blockiert sind und nicht fühlen können oder nicht wissen, was wir fühlen, oder wenn wir das, was wir fühlen, so wirksam blockiert haben, daß wir gefühllos werden, dann werden wir negativ und unser Körper wird krank. Indem wir unsere Emotionen rein halten, setzt sich keine emotionale Negativität in uns ab, und wir werden lichter und lichter. Dies öffnet unseren intuitiven Zugang, weil es uns die Spur zur Liebe zeigt. Es bringt uns der bedingungslosen Liebe näher und macht uns ›harmlos‹. Es läßt sozusagen die Qualität unserer Frequenz heller werden, und daher ist die Führung, die wir empfangen, klar und kann ungehindert in unser System eintreten.

Das erfordert, daß wir uns täglich von unseren emotionalen Eindrücken reinigen. Genauso wie wir uns der körperlichen Ausscheidungen und Gifte entledigen, müssen wir auch die emotionalen Ausscheidungen und Gifte beseitigen, indem wir emotional Unerledigtes zu Ende führen, nicht voller Zorn schlafen gehen, darauf achten, daß wir uns nicht emotional vergiftet fühlen, und indem wir lernen, mit den Gefühlsströmen der Energie zu arbeiten und sie zu achten.

Die zweite Technik ist ein Reinigungs- und Ernährungsprogramm. Ist unser Körper vergiftet, wird dadurch die Intuition beeinträchtigt.

Die dritte Technik ist, die Führung, die wir empfangen, zu achten. Emotionale und physische Reinigung führt zur Intuition, und diese bewirkt, daß wir lernen, uns entsprechend zu verhalten. Wir müssen gewillt sein zu hören, was unsere Intuition uns sagt und demgemäß handeln. Viele Leute wollen nicht hören, was so leicht gehört werden kann und leugnen deshalb, daß sie etwas hören.

Die vierte Technik ist zuzulassen, sich dem Leben und dem Universum zu öffnen, um auf die Fragen unseres Lebens mit dem Glauben und dem Vertrauen einzugehen, daß es für alles, was geschieht, einen Grund gibt, und daß dieser Grund in seinem Kern immer von Mitgefühl geprägt wird

71

und gut ist. Das ist ein wesentlicher Gedanke, der in uns Wurzeln schlagen muß, um die Intuition zu aktivieren und zu pflegen.

Was ist Intuition und wie arbeitet sie?

Intuition ist Wahrnehmung, die über die physischen Sinne hinausgeht und dazu bestimmt ist, uns Beistand zu leisten. Sie ist das Wahrnehmungssystem, das ohne die Daten der fünf Sinne arbeitet. Unser Intuitionssystem ist ein Teil unserer Inkarnation. Wenn wir unseren Körper verlassen, lassen wir das Intuitionssystem zurück, das für uns entwickelt wurde, so wie wir auch unsere Persönlichkeit zurücklassen, weil wir sie nicht mehr brauchen.

Die Intuition dient vielen Zwecken. Sie dient dem Überleben. Sie flüstert uns etwas ein, was in keinem offensichtlichen Zusammenhang mit unserem Überleben zu stehen scheint. Warnungen vor Gefahren, z. B. was riskant ist und was nicht, in welcher Straße wir sicher sind und wo nicht, oder wann wir einen Blick unter die Motorhaube unseres Wagens werfen sollten, helfen uns, hier in dieser physischen Welt zu leben.

Die Intuition dient der Kreativität. Sie sagt uns, welches Buch wir für unser Vorhaben kaufen sollen. Sie sagt uns, wo wir den Kollegen treffen können, den wir brauchen, und welche Ideen aus dem einen Gebiet sich mit den Ideen aus einem anderen ergänzen. Sie ist das Gefühl, daß wir ein bestimmtes Bild in Grau malen sollten und ein anderes in Lila. Sie ist die Ahnung, daß eine Idee, die noch nie zuvor ausprobiert worden ist, funktionieren könnte.

Die Intuition dient der Inspiration. Sie ist die plötzliche Antwort auf eine Frage. Sie ist der Sinn, der im Nebel der Verwirrung Gestalt annimmt. Sie ist das Licht, das durch die Dunkelheit dringt. Sie ist die Gegenwart des Göttlichen.

Die Intuition kann man sich als eine Art Vernetzung vorstellen, die von verschiedenen Quellen benutzt werden kann. Eine dieser Quellen ist die Seele. Intuition ist sozusagen ein Kommunikationsmittel zwischen Persönlichkeit und Seele. Diese geschieht durch das Höhere Selbst.

Das Höhere Selbst dient als Verbindungsglied, wenn die Seele zu ihrer Persönlichkeit spricht. Es ist der Dialog zwischen der Persönlichkeit und ihrem unsterblichen Selbst. Die Kommunikation zwischen Persönlichkeit und Seele ist die Erfahrung des Höheren Selbst, aber die Persönlichkeit kann nicht mit dem Gesamtkomplex ihrer Seele kommunizieren.

Die gesamte Energie der Seele gelangt nicht zur Inkarnation. Um zu inkarnieren, erschafft die Seele eine Persönlichkeit aus jenen Teilen ihrer selbst, die sie in der physischen Umwelt heilen möchte, und aus den Teilen, die sie zu dem Heilungsprozeß in dem betreffenden Leben beisteuert.

Die Energie der Seele ist so mächtig, daß sie nicht in eine physische Form vordringen könnte, ohne diese buchstäblich zu sprengen. Bei der Erschaffung einer Persönlichkeit bemißt die Seele Teile von ihr selbst und reduziert sie, um Menschengeschick auf sich zu nehmen. Unser Höheres Selbst ist der Aspekt unserer Seele, der in uns ist, doch es ist nicht die gesamte Seele. Es ist ein kleineres Seelenselbst. Daher ist ›Höheres Selbst‹ ein anderer Ausdruck für ›Seele‹, doch die Seele ist mehr als das Höhere Selbst.

Stellen wir uns eine Schale, einen Kanister und einen Wassertank vor. Der Wassertank ist die Seele. Ein Aspekt der Seele ist der Kanister. Er ist jener Teil der Seele, der sich auf Mission befindet. Die Persönlichkeit ist die Schale. Die Schale kontaktiert den Kanister, die Höhere Selbst-Seele, aber nicht den Wassertank, die Seele in ihrer vollen Größe.

Die Kommunikation zwischen der Persönlichkeit und ihrer Seele ist ein intuitiver Prozeß. Sie ist ein Prozeß, der in unserem eigenen internen System organisch ist. Entscheidungen zu treffen, was unser Prozeß ist, kann zum Beispiel ein intuitiver Prozeß sein, in dem wir Daten aus unserem Verstand, unserem Herzen und unserer Intuition abrufen und uns dabei der Führung durch unser Höheres Selbst anvertrauen. Jede dieser Quellen ist ein Teil unseres eigenen Energiesystems. Unsere Persönlichkeit und unser Höheres Selbst entstammen unserer Seele.

Die Intuition kann es der Persönlichkeit erlauben, durch ihr Höheres Selbst Informationen von anderen Seelen höherer Ordnung zu empfangen. Fremde Führungsquellen, also nicht unser eigenes Höheres Selbst, können sozusagen die gleiche Radiostation benutzen. Das ist nicht dasselbe wie ein intuitiver Prozeß. Es ist ein Prozeß, bei dem Führung über intuitive Kanäle empfangen wird.

Das Empfangen von Informationen über intuitive Kanäle unterscheidet sich grundlegend von dem Empfangen von Informationen durch intuitive Prozesse. Letzteres läßt sich mit dem Kochen zu Hause vergleichen, ersteres mit dem Bestellen von Speisen in einem Restaurant.

Die Führung, die ein multisensorischer Mensch durch intuitive Prozesse und über intuitive Kanäle erhält, ist für sein Wohlergehen und sein Wachstum ebenso wichtig wie Sonnenschein und saubere Luft. Durch Intuition beginnt der multisensorische Mensch Wahrheit zu verstehen und bewußt zu erleben.

Was ist Wahrheit?

Wahrheit ist das, was uns nicht verunreinigt, sondern stark macht. Deshalb gibt es verschiedene Grade von Wahrheit. Generell jedoch ist Wahrheit das, was nichts Böses tun kann. Sie kann nicht schaden.

Wenn das Höhere Selbst mit nicht-physischen Lehrern Kontakt aufnimmt, so ergibt sich ein Wahrheitsgrad, der nicht nur für einen selbst, sondern für jeden der damit in Berührung kommt, Gültigkeit hat. Wenn wir alles Persönliche von der Führung, die wir durch intuitive Kanäle empfangen, abziehen, bleibt ein Kern von Wahrheit erhalten, der auch für andere gilt, oder zumindest die Anwesenheit von bedingungsloser Liebe, wogegen viel von der Information, die wir durch den eigenen intuitiven Prozeß erlangen, nur für uns selbst wirksam ist. Das ist der Unterschied zwischen persönlicher Wahrheit und unpersönlicher Wahrheit. Sie sind beide wahr, aber die persönliche Wahrheit gehört uns, während die unpersönliche Wahrheit allem, was ist, gehört, jedem Menschen. Wir brauchen Wahrheit für unser Wachstum genauso wie wir Vitamine, Zuneigung und Liebe brauchen.

Es kann vorkommen, daß die Wahrheit, die durch intuitive Prozesse oder über intuitive Kanäle kommt, durch unsere eigene Angst verunreinigt ist. Hier ist es angebracht, unseren Intellekt einzusetzen. Mit anderen Worten, wir glauben vielleicht, daß wir eine klare Intuition empfangen, aber wenn wir sie rational überprüfen, werden wir imstande sein zu sehen, daß wir es mit einer Unsicherheit zu tun haben. Genauso wie die Frage »Rechtfertigt meine Erfahrung mit meiner Frau meinen Verdacht?« dem Gatten die Einsicht erlaubt haben würde, daß der Ursprung seiner emotionalen Reaktion eher Unsicherheit war, als die energetische Dynamik seiner Frau. Antworten, die durch intuitive Prozesse oder über intuitive Kanäle kommen, können dem widerstreben, was wir gerne tun würden. Unser niedrigeres Selbst, unsere Persönlichkeit, wird nicht widerstreben, sondern rationalisieren.

Es ist natürlich, daß wir zu einem Grad aufsteigen, wo wir lernen können, zwischen den Quellen der Führung, die wir empfangen, zu unterscheiden. Die Vorstellung, durch Wahrheit geleitet zu werden, die intuitiv empfangen wird, erscheint der Fünf-Sinne-Persönlichkeit ungewöhnlich. Die Psychologie, die auf den Erfahrungen der Fünf-Sinne-Persönlichkeit errichtet wurde, erkennt Intuition nicht einmal in dem Sinne an, in dem sie Wahrnehmung, Gemütsbewegung und Erkenntnisvermögen anerkennt, studiert und zu verstehen versucht. Für die multisensorische Persönlichkeit ist es ungewöhnlich, *nicht* auf Wahrheiten zurückzugreifen, die sie von und durch ihr Höheres Selbst empfängt und von Seelen, die weiter fortgeschritten sind.

Die Persönlichkeit ist nie von ihrer Seele getrennt. Die Seele und ihre Persönlichkeiten werden ständig unterstützt und geleitet von unpersönlicher Liebe und Weisheit. Das ist sowohl bei der Fünf-Sinne-Persönlichkeit der Fall, als auch bei der multisensorischen Persönlichkeit, doch die Fünf-Sinne-Persönlichkeit ist sich ihrer Seele und der Führung, die sie von ihrem Höheren Selbst und von weiter fortge-schrittenen Seelen empfängt, nicht bewußt. Die multisenso-rische Persönlichkeit ist sich ihrer Seele bewußt — sie ist be-strebt, sich nach ihrer Seele zu richten, um zur physischen Verkörperung ihres Höheren Selbst zu werden — und sie er-fleht und erhält bewußt den liebenden Beistand ihrer eige-nen und anderer Seelen, die ihr helfen.

7

Licht

Die Seele ist nicht physisch, doch sie ist das Kraftfeld unseres Wesens. Das Höhere Selbst ist nicht physisch, doch es ist die lebendige Schablone des entwickelten Menschen, der voll erwachten Persönlichkeit. Die Erfahrung der Intuition kann nicht auf der Basis der fünf Sinne erklärt werden, weil sie die Stimme der nicht-physischen Welt ist. Daher ist es nicht möglich, die Seele, das Höhere Selbst oder die Intuition zu verstehen, ohne die Existenz der nicht-physischen Wirklichkeit zu akzeptieren.

Wissen im Sinne des Intellekts kann für die nicht-physische Wirklichkeit ebensowenig einen Beweis liefern wie für die Existenz Gottes. In der Dimension, in der der rationale Verstand arbeitet, existiert kein Beweis für die nicht-physische Wirklichkeit. Wenn wir daher aus der Perspektive der Fünf-Sinne-Persönlichkeit fragen: »Existiert eine nicht-physische Realität?«, dann lautet die Frage in Wirklichkeit: »Wenn ich die Existenz einer nicht-physischen Wirklichkeit nicht beweisen kann, erkläre ich sie dann für unsinnig? Beschließe ich, daß es keine Antwort auf diese Frage gibt, oder begebe ich mich auf eine Stufe, auf der eine Antwort möglich ist?«

Wenn der Verstand eine Frage stellt, die eine andere Wahrheitsstufe bedingt, dann hat der Wissenschaftler, der Wahrheitssucher, gleichgültig um welche Frage es sich handelt, immer mit einer Erweiterung geantwortet. Zu einem bestimmten Zeitpunkt in unserer Entwicklung wurde zum

Beispiel die Frage gestellt: »Gibt es Lebensformen, die so klein sind, daß sie mit bloßem Auge nicht wahrgenommen werden können?« Aus der Sicht der Fünf-Sinne-Persönlichkeit lautete die Antwort: »Nein.« Jemand akzeptierte diese Antwort nicht, und das Mikroskop wurde erfunden. Dann tauchte die Frage auf: »Gibt es Partikel in der Natur, die noch kleiner sind als die, die man durch das Mikroskop sehen kann?«, und wieder lautete die Antwort vom Standpunkt der Fünf-Sinne-Persönlichkeit aus: »Nein.« Aber wir machten nicht halt, sondern entdeckten und entwickelten ein reiches Verständnis für die atomaren und subatomaren Vorgänge.

Als wir die Werkzeuge zur Erweiterung des Sehvermögens erzeugten, wurde das als nicht existent Geltende sichtbar, doch mußten wir uns zuerst weiterentwickeln. Die Herausforderung und die Aufgabe für den fortgeschrittenen und fortschreitenden Verstand ist die Erreichung eines Niveaus, von dem aus Fragen, die nicht innerhalb der bestehenden Auffassung von Wahrheit beantwortet werden können, zu beantworten sind.

Was ist nicht-physische Wirklichkeit?

Nicht-physische Wirklichkeit ist unser Zuhause. Von dort kamen wir, dorthin werden wir zurückkehren, und der größere Teil von uns weilt ständig in nicht-physischer Wirklichkeit und entwickelt sich dort. Das gilt für jeden der Milliarden Menschen auf diesem Planeten. Deshalb findet die Mehrheit unserer Interaktionen mit anderen menschlichen Wesen in der nicht-physischen Wirklichkeit statt. Wenn wir zum Beispiel für jemanden, der uns gefühlsmäßig nahesteht, wie etwa ein Familienmitglied, liebevolle Gedanken hegen, dann verändern wir die Qualität unseres Bewußtseins, und dies trägt zu seinem oder ihrem Energiesystem bei.

Wenn beispielsweise eine Tochter, die ihrem Vater einiges übelnimmt, zu einem tieferen Verständnis für ihre Beziehung zu ihm kommt, weil sie die karmische Rolle begreift, die er gespielt hat, indem er in ihr eine Grundlektion von Liebe oder Verantwortlichkeit auslöste, und wenn ihre Intention, sich und die Beziehung zu ihrem Vater zu heilen, tief und klar ist, dann dürfen wir keinen Augenblick daran zweifeln, daß ihr Vater sich dessen nicht bewußt sei, selbst wenn sie mit ihm nicht darüber spricht. Es mag ihm vielleicht nicht bewußt sein, was vorgeht, aber sein ganzes Wesen fühlt, was sie tut. Dies könnte sich in Form sentimentaler Gefühle für Dinge äußern, an die er nie zuvor gedacht hat; er mag vielleicht plötzlich den Wunsch verspüren, sich Bilder von seiner Tochter als kleines Mädchen anzusehen und dabei einen Stich im Herzen fühlen, obgleich er sich nicht bewußt ist, warum er fühlt, was er fühlt oder warum er tut, was er tut.

Wir stehen über eine Art ›Datenbank‹ mit allen Seelen in Beziehung, die uns nahestehen, und in gewissem Maße mit jeder Seele, die in unser Leben tritt. Wechseln wir den Inhalt unserer Datenbank und die Information, die wir einer Seele senden, so wird dies in deren eigenem System verarbeitet. Das ist die Ebene, auf der die Ursache und Wirkung unserer Intentionen, die Art und Weise, in der wir unsere Energie formen, andere beeinflußt.

Wie kommt dies zustande?

Wir sind ein Lichtsystem, so wie alle anderen Wesen auch. Die Frequenz unseres Lichts hängt von unserem Bewußtsein ab. Wenn wir die Stufe unseres Bewußtseins verändern, wechseln wir auch die Frequenz unseres Lichts. Entscheiden wir uns dafür, jemandem zu vergeben, der uns betrogen hat, anstatt diese Person zu hassen, so wird sich die Frequenz unseres Lichts verändern. Wählen wir Zuneigung und Freundschaft im Umgang mit einer Person, anstelle von Distanz oder Kälte, so wird auch die Frequenz unseres Lichts wechseln.

Gefühle sind Energieströme mit unterschiedlicher Frequenz. Emotionen, die wir als negativ bezeichnen, wie Haß,

Neid, Verachtung und Angst haben eine niedrigere Frequenz und weniger Energie als Emotionen, die positiv sind, wie Zuneigung, Freude, Liebe und Mitgefühl. Wählen wir anstelle eines Energiestroms mit niedrigerer Frequenz, wie zum Beispiel Zorn, einen Energiestrom mit höherer Frequenz, wie zum Beispiel Vergebung, so erhöhen wir damit die Frequenz unseres Lichts. Wenn wir es zulassen, daß Energieströme mit höherer Frequenz durch unser System strömen, spüren wir mehr Energie. Eine Person, die verzweifelt oder ängstlich ist, fühlt sich physisch erschöpft, weil sie sich mit einem Energiestrom mit niedriger Frequenz verbunden hat. Eine Person, die sich in dieser Lage befindet, wird schwer und dumpf, während eine fröhliche Person vor Energie überfließt und sich voller Schwung fühlt, weil sie einen Energiestrom mit höherer Frequenz durch ihr System strömen läßt.

Unterschiedliche Gedanken erzeugen unterschiedliche Emotionen. Gedanken an Rache, Gewalt, Habgier oder Machtmißbrauch erzeugen Emotionen wie Zorn, Haß, Eifersucht und Angst. Es sind Energieströme mit niedriger Frequenz, und sie setzen daher die Frequenz unseres Lichts oder Bewußtseins herab. Schöpferische, liebende oder fürsorgliche Gedanken bewirken Emotionen mit hoher Frequenz, wie Anerkennung, Vergebung und Freude, und steigern die Frequenz unseres Systems. Wenn wir Gedanken hegen, die Energieströme mit niedriger Frequenz anziehen, wird sich dies auf unsere physische und emotionale Haltung niederschlagen und eine physische oder emotionale Erkrankung zur Folge haben, wogegen Gedanken, die Energieströme mit hoher Frequenz anziehen, physische und emotionale Gesundheit bewirken.

Systeme mit niedrigerer Frequenz beziehen Energie aus Systemen mit höherer Frequenz. Wenn wir uns unserer Emotionen und Gedanken nicht bewußt sind, wird unsere Frequenz von einem System mit einer niedrigeren Frequenz als der unseren herabgesetzt werden, das heißt, es wird uns von ihm Energie entzogen werden. Wir sagen zum Beispiel, daß eine deprimierte Person Energie ›aufsauge‹. Ein System, dessen Frequenz hoch genug ist, wirkt wie Balsam, es beruhigt oder erfrischt uns durch die Wirkung, die die Qualität seines Lichts auf unser System hat. Solch ein System ›strahlt‹.

Durch die Wahl unserer Gedanken und durch die Entscheidung, von welchen emotionalen Strömen wir uns befreien und welche wir verstärken, bestimmen wir die Qualität unseres Lichts. Wir bestimmen den Eindruck, den wir auf andere Menschen machen, und die Natur der Erfahrungen in unserem Leben.

›Licht‹ bedeutet Bewußtsein. Wenn wir etwas nicht verstehen, sagen wir, wir müssen ›Licht in eine Sache bringen‹, oder wir sagen »Es geht mir ein Licht auf«, wenn wir plötzlich etwas begreifen. Wir sprechen von ›Erleuchtung‹, wenn Menschen volle Bewußtheit erlangt haben. Wenn wir uns von einem negativen Gedanken oder einem negativen Gefühl befreien, dann befreien wir unser System von Energieströmen mit niedriger Frequenz, wodurch eine Erhöhung der Frequenz unseres Bewußtseins möglich wird.

Über das Universum in Kategorien von Licht, Frequenzen und Energien mit verschiedenen Frequenzen zu denken — in Kategorien, die uns durch das Studium des physischen Lichts vertraut geworden sind — ist nicht bloß metaphorisch zu verstehen. Es ist eine natürliche und machtvolle Art und Weise, sich das Universum vorzustellen, weil das physische Licht eine Reflexion des nicht-physischen Lichts ist.

Physisches Licht ist nicht das Licht unserer Seele. Physisches Licht pflanzt sich mit einer bestimmten Geschwindigkeit fort. Es kann sich nicht schneller fortpflanzen. Das Licht unserer Seele ist instantan. Es gibt keinen Zeitunterschied zwischen der auf den Vater gerichteten liebenden Intention der Tochter und dem Verstehen dieser Intention durch die Seele des Vaters. Dieser Synchronismus ist ein Teil unseres Lebens. In der nicht-physischen Wirklichkeit haben die Entscheidungen, die wir bezüglich der Verwendung unserer Energie treffen, Auswirkungen, die synchron sind. Sie sind mit dem, wer und was wir sind, eins.

Energien, die von unserer Seele ausgehen, unterliegen diesem Synchronismus. Energien, die von unserer Persönlichkeit ausgehen, folgen dem Weg des physischen Lichts. Furcht ist zum Beispiel eine Erfahrung der Persönlichkeit. Die Seele kann verwirrt und vom Licht entfernt sein, aber sie empfindet keine Furcht. Wenn die Seele unter der Abwesenheit von Licht leidet, erlebt die Persönlichkeit diese Abwesenheit von Licht als Furcht. Diese Furcht gehört zur Persönlichkeit und unterliegt daher Raum und Zeit. Bedingungslose Liebe entstammt der Seele und wirkt synchron, universal und nicht gebunden.

Genauso wie das sichtbare Licht gleich einer Oktave ein Teil aus einem Energiekontinuum abgestufter Frequenzen ist, die sich über und unter dem für das Auge sichtbaren Teil fortsetzen, so setzt sich auch das Kontinuum des nicht-physischen Lichts über und unter dem Frequenzbereich fort, der dem Menschen vorbehalten ist. Das menschliche Dasein ist ein bestimmter Frequenzbereich innerhalb des Kontinuums des nicht-physischen Lichts, genauso wie das sichtbare Licht ein bestimmter Frequenzbereich in dem Kontinuum des physischen Lichts ist.

Andere Intelligenzen bewohnen andere Frequenzbereiche. Diese Lebensformen existieren nicht getrennt von uns. Genauso wie infrarotes Licht, ultraviolettes Licht, Mikrowellen und viele, viele andere Frequenzen und Frequenzbereiche mit dem sichtbaren Lichtspektrum koexistieren, aber für uns unsichtbar sind, leben auch die Lebensformen, die sich durch unterschiedliche Frequenzbereiche des nicht-physischen Lichts auszeichnen, mit uns in Koexistenz, sind jedoch für uns unsichtbar. An der Stelle, wo wir jetzt sitzen, existieren viele verschiedene Wesen, oder Gruppen von Wesen, jedes oder jede ist aktiv und entwickelt sich in seiner eigenen Wirklichkeit und auf seine eigene Weise. Diese Wirklichkeiten vermischen sich mit der unseren in derselben Weise, wie die Mikrowellenstrahlung neben dem sichtbaren Licht existiert, aber für das menschliche Auge unentdeckt bleibt.

Unsere Gattung steht im Begriff, von einem Frequenzbereich im Spektrum des nicht-physischen Lichts in einen anderen, höheren Frequenzbereich überzuwechseln. Das ist die Evolution von der Fünf-Sinne-Persönlichkeit zu einer multisensorischen Persönlichkeit. Die multisensorische Persönlichkeit ist strahlender und energetischer als die Fünf-Sinne-Persönlichkeit. Sie ist sich des Lichts ihrer Seele bewußt und ist imstande, andere Lebensformen zu entdecken und mit ihnen zu kommunizieren, die für die Fünf-Sinne-Persönlichkeit unsichtbar sind.

Das Universum ist eine Hierarchie, die nach oben und nach unten unbegrenzt ist. Zwischen den verschiedenen Ebenen der Hierarchie herrscht Einverständnis darüber, daß höhere Wahrnehmungen ein Teil der Erfahrung von Wesen aus niedrigeren Ebenen sein können und sollen, wenn diese bestrebt sind, ihre eigene Bewußtheit zu erweitern. Aus diesem Grund ist immer Hilfe aus höheren Ebenen vorhanden. Wir sind in diesen Prozeß eingebunden, obwohl sich unsere Persönlichkeit dessen nicht bewußt ist, weil es auf der Ebene unserer Seele geschieht.

Es gibt vieles, was für die Fünf-Sinne-Persönlichkeit unbewußt bleibt, und vieles, woran sich nicht einmal die zu authentischer Macht gelangte, multisensorische Persönlichkeit erinnert, bevor sie nicht am Ende ihres Lebens zur nicht-physischen Wirklichkeit zurückkehrt. Wir sind uns zum Beispiel der vielen Leben der früheren und zukünftigen Persönlichkeiten unserer Seele nicht bewußt, doch die Intensität bestimmter Teile unseres Wesens leitet sich direkt von diesen

Leben ab, so wie manche unserer Beziehungen. Wenn sich ein Aspekt unseres Wesens physisch manifestiert, wie der Aspekt des Lehrer-Seins oder des Krieger-Seins, dann sind nicht-physische Aspekte damit verbunden, die ebenfalls aktiv sind und an der Lehrer- oder Kriegerdynamik aus dem nicht-physischen Bereich teilnehmen, dem wir angehören und verbunden sind. Der Aspekt des Selbst, den wir in einem physischen Moment zum Tragen bringen, stellt eine Kraft dar, die um vieles bezeichnender und komplexer ist.

Unsere nicht-physische Unterstützung kommt aus Bereichen des nicht-physischen Lichts, deren Frequenz höher ist, als unsere eigene. Die Intelligenzen, die uns beistehen und führen, und zwar unbewußt im Falle der Fünf-Sinne-Persönlichkeit und bewußt im Falle der multisensorischen Persönlichkeit, nehmen einen höheren Rang in der Schöpfung ein als wir, so daß ihre Führung und Hilfe alles übertrifft, was wir füreinander tun können.

Die Fünf-Sinne-Persönlichkeit verbindet mit ›Rang‹ innerhalb einer Hierarchie wertmäßige Abstufungen, und ein niedrigerer Rang innerhalb einer Hierarchie ist daher für sie gleichbedeutend mit ›weniger wert‹, geringerer Fähigkeit, andere zu beherrschen und stärkerer Verletzbarkeit. Vom Standpunkt des Universums aus gesehen, sind alle Ränge innerhalb der Schöpfung von gleichem Wert, sie sind alle gleich kostbar. Mit den Augen authentischer Macht betrachtet, ist ein Wesen, das einen höheren Rang innerhalb der Schöpfung einnimmt, besser dazu in der Lage, unbehindert zu sehen, in Liebe und Weisheit zu leben und verfügt über ein stärkeres Verlangen, anderen zu helfen, sich auf gleiche Weise in Licht und Liebe zu entwickeln.

Jede menschliche Seele hat sowohl Führer als auch Lehrer. Ein Führer ist kein Lehrer. Die Führer könnte man mit Experten auf bestimmten Gebieten vergleichen, die zu Beratungszwecken herangezogen werden. Wenn wir zum Beispiel ein Buch schreiben, an einem Projekt arbeiten oder etwas organisieren, steht uns ein Führer zur Verfügung, dem die Wärme, Kreativität oder Einsicht zu eigen ist, die wir unserem Werk einverleiben wollen.

Lehrer arbeiten auf einer persönlicheren Ebene der Einmischung, obwohl sie unpersönliche Energien sind, die wir personalisieren und zu denen wir eine persönliche Beziehung unterhalten. Ein nicht-physischer Lehrer bringt uns unserer Seele näher. Er lenkt unsere Aufmerksamkeit auf den vertikalen Pfad und auf den Unterschied zwischen dem vertikalen und dem horizontalen Pfad.

Der vertikale Pfad ist der Pfad der Gewahrsamkeit. Es ist der Pfad des Bewußtseins und der bewußten Wahl. Der Mensch, der beschließt, sein spirituelles Wachstum voranzutreiben und das Bewußtsein seines Höheren Selbst zu pflegen, ist auf dem vertikalen Pfad. Der vertikale Pfad ist der Pfad der Klarheit. Das Potential für die Schaffung von Klarheit und die Erfahrung der Zusammenarbeit mit unseren nicht-physischen Lehrern sind ein und dasselbe.

Der horizontale Pfad ist der Pfad, der unsere Persönlichkeit befriedigt. Ein Unternehmer oder eine Unternehmerin, zum Beispiel, die ihr Leben der Anhäufung von Geld widmen, befinden sich auf dem horizontalen Pfad. Gleichgültig wie verschieden seine oder ihre Geschäfte auch sein mögen, im Grunde genommen sind sie alle gleich. Bringen sie Geld ein, so gefallen sie der Persönlichkeit, kommt es zu Geldverlusten, so bestürzt dies die Persönlichkeit, doch sie dienen in keinem Fall dem Höheren Selbst. Sie dienen nicht seinem oder ihrem spirituellen Wachstum.

Eine Person, die Beziehungen nur zur Befriedigung ihrer eigenen Bedürfnisse einzugehen sucht, egal ob es sich um emotionale oder sexuelle Bedürfnisse handelt, wird feststellen müssen, daß jede Beziehung im wesentlichen identisch ist, daß die Leute in ihrem Leben austauschbar sind, daß sich die Erfahrungen mit dem einen Partner nicht von den Erfahrungen mit dem anderen Partner unterscheiden. Das ist der horizontale Pfad. Jede neue Erfahrung ist nicht wirklich neu. Es ist etwas mehr von derselben Sache. Beziehungen von Substanz und Tiefe zu erleben, erfordert, daß wir bewußt auf den anderen eingehen. Das ist der vertikale Pfad.

Das bedeutet nicht, daß nicht in allen Situationen ein Lernprozeß stattfindet und daß die Seele den horizontalen Pfad nicht hinter sich läßt, wenn er ihr nicht mehr genügt. Früher oder später wird jede Seele nach authentischer Macht streben. Jeder Umstand dient diesem Ziel, das jede Seele erreichen wird. Der vertikale Pfad beginnt mit der Entscheidung, dies bewußt zu tun.

Führer und Lehrer stehen der Seele in jeder Phase ihrer Evolution bei. Die Anzahl der Führer und Lehrer, die einer Seele zur Verfügung steht, hängt davon ab, was sie zu erreichen sucht, sowie vom Niveau ihres Bewußtseins. Seelen, die Projekte von größerer Wichtigkeit auf sich nehmen, erhalten auch mehr Beistand.

Unsere Seele kennt ihre Führer und Lehrer. Sie machte sich deren Weisheit und Mitgefühl zunutze, als sie den Plan für die Inkarnation entwarf, zu der wir geworden sind, und jener Teil unserer Seele wird dann von ihren wartenden Armen empfangen werden, wenn die Inkarnation, die wir jetzt sind, endet, und wir nach Hause zurückkehren. Wir empfangen in jedem Augenblick liebevolle Führung und Hilfe. In jedem Augenblick werden wir unterstützt und ermutigt, ins Licht zu treten.

Die Entscheidungen, die wir treffen, müssen wir selber treffen. Ein nicht-physischer Lehrer kann nicht und würde auch nicht unser Leben für uns leben. Er wird uns nur bei den Lernprozessen unseres Lebens beistehen. Die Antworten, die er uns geben kann, hängen von den Fragen ab, die wir stellen — ob wir nun unsere eigenen Motivationen hinterfragen, ob wir beten oder meditieren und für Antworten offen bleiben oder ob wir direkt fragen, wie es beim multisensorischen Menschen der Fall ist. Wenn wir eine bestimmte Reihe von Fragen stellen, öffnet sich eine bestimmte Reihe von Türen vor uns, und wenn wir andere Fragen stellen, öffnen sich andere Türen.

Unser Lehrer (oder unsere Lehrer) wird uns in jedem Augenblick mit unpersönlichem Mitgefühl und Klarheit beraten. Er wird uns helfen, die möglichen Folgen einer jeden Wahl, die wir treffen, zu prüfen. Er wird unsere Gefühle auf eine Weise ansprechen, daß wir unsere Aufmerksamkeit auf Bereiche lenken, die der Heilung bedürfen. Er wird unsere Fragen beantworten, doch wir müssen sie stellen, unserer Energie also eine Richtung geben. Er wird uns in der Frage beraten, welcher Kurs höchstwahrscheinlich zu welchem Ergebnis führt, und er wird uns weiter mit seinem Rat, seiner Weisheit und seinem Mitgefühl beistehen, unabhängig von den Entscheidungen, die wir treffen.

Ein Lehrer kann für uns Karma weder schaffen noch beseitigen. Kein Wesen, nicht einmal ein nicht-physischer Lehrer, kann die Verantwortung für unser Leben übernehmen, für die Art und Weise, wie wir beschließen, mit unserer Energie umzugehen, aber ein nicht-physischer Lehrer kann uns helfen zu verstehen, was unsere Entscheidungen und Erfahrungen darstellen. Er kann uns mit dem Wissen versorgen, das nötig ist, damit wir eine verantwortungsbewußte und hoffentlich auch weise Wahl treffen. Daher ist die Fähigkeit, sich bewußt nicht-physische Führung und Hilfe zu holen und mit dem nicht-physischen Lehrer in Verbindung zu treten, ein Schatz, der nicht beschrieben werden kann, dessen Wert mit Worten nicht auszudrücken ist.

Jede Entscheidung, die wir treffen, führt entweder in Richtung Persönlichkeit oder in Richtung Seele. Jede Entscheidung, die wir treffen, ist eine Antwort auf die Frage: »Auf welche Weise möchte ich zu lieben lernen?«, »Auf welche Weise möchte ich das Erlangen authentischer Macht lernen — durch Zweifel und Angst oder durch Weisheit?«

Das ist das Herz der Geschichte, die im Garten des Paradieses spielt. Der Baum der Wahrheit, der der gesamten Menschheit gegeben wurde, sagte: »Lernt! Auf welche Weise wollt ihr lernen?«

Das ist der allererste Akt freien Willens: Auf welche Weise wollen wir lernen? Diese Frage kehrt in allen Situationen unseres Lebens wieder. Es ist die ewige Frage. Gleichgültig, in welcher Lage wir uns befinden, gleichgültig, um welchen Augenblick es sich handelt, die Frage aus dem Garten Eden besteht fort. Jedes Mal, so gering der Anlaß auch sein mag, haben wir die Wahl zwischen dem Weg des Zweifels und der Furcht und dem Baum der Weisheit. Wofür werden wir uns entscheiden?

Der Baum des Lebens, der Erkenntnis, der Wahrheit, der Weisheit, ist eine Gelegenheit, eine archetypische Frage. Adam und Eva, die Verkörperungen des männlichen und des weiblichen Prinzips im Garten Eden, nahmen den Apfel symbolisch und mißbrauchten das Wissen. Ihre Wahl fiel auf den Mißbrauch von Wissen, und deshalb brachten sie die Schande ins Leben. Bis zu diesem Zeitpunkt war dies kein Teil der menschlichen Bestimmung. Der Mißbrauch von Wissen, von Wahrheit und von Weisheit erzeugte Beschämung und Schande. Diese riefen Schuldgefühle hervor, und diese wiederum die Furcht, und so begann die Evolution der menschlichen Spezies.

Die Entscheidung, den Apfel zu nehmen, war eine Entscheidung höchsten Grades im Rahmen der Evolution, deren Bedeutung sich in dem Maßstab, den wir anlegen würden, um eine menschliche Entscheidung zu verstehen, weder erfassen, noch erahnen läßt. Ob wir von Entscheidungen in bezug auf ein einzelnes Menschenleben oder eine größere Gruppe von Menschenleben sprechen, oder ob wir davon sprechen, wie die Rolle der Evolution und des Lernens der Gattung Mensch vor Milliarden von Jahren begann, ist sehr verschieden.

Die Entscheidung, die in der Geschichte vom Garten Eden zugunsten des Apfels fällt, bezieht sich nicht auf eine Entscheidung, die von zwei Menschen getroffen wurde, die tatsächlich in einer solchen Szenerie existierten. Es handelt sich nicht um eine Entscheidung, wie Sie oder ich sie im Sinne von ›Wähle ich dies oder das?‹ treffen würden. Die Paradiesgeschichte beschreibt den Beginn der Erfahrung der Erde und der menschlichen Rasse in ihrer Gesamtheit. Sie bezieht sich auf Energieprinzipe, die auf größere Formationen von Gruppenbewußtsein angewandt wurden, die unter Spannung standen und über Bildungs- und Schöpfungsenergien verfügten. In ihrem Prozeß der Formung ihrer eigenen Polaritäten, die zu den Polaritäten der menschlichen Erfahrung werden sollten, standen Zweifel und Furcht im Gegensatz zu Vertrauen und Licht und wurden auf diese Weise ins Leben gerufen. Jedoch ist es nicht unangebracht, die Paradiesgeschichte von der menschlichen Wahl zwischen Zweifel und Furcht auf der einen und Weisheit auf der anderen Seite her zu verstehen, weil die Wahl des Lernens durch Weisheit oder durch Zweifel und Furcht zu der Herausforderung gehört, der sich jeder Mensch in jeder Minute seines Daseins stellen muß, und diese Herausforderung spiegelt die Dynamik wider, die sich in einem größeren Rahmen auf unsere Evolution auswirkt.

Das bringt uns zu der Beziehung zwischen Wahl, Licht und physischer Wirklichkeit.

8

Intention I

Nicht alle Formen sind physischer Natur. Ein Gedanke, zum Beispiel, ist eine Form. Woraus wird ein Gedanke geformt?

Ein Gedanke ist Energie oder Licht, das durch Bewußtsein geformt worden ist. Keine Form existiert ohne Bewußtsein. Es gibt Licht, und es gibt das Formen von Licht mittels Bewußtsein. Dies ist Schöpfung.

Energie fließt ständig durch uns hindurch, sie tritt am Scheitelpunkt unseres Kopfes ein und sinkt durch unseren Körper hinunter. Wir sind kein statisches System. Wir sind dynamische Wesen aus Licht, die in jedem Moment die Energie, die durch sie hindurchfließt, beseelen. Dies geschieht mit jedem Gedanken, mit jeder Intention.

Das Licht, das durch unser System fließt, ist die Energie des Universums, es ist das Licht des Universums. Wir geben diesem Licht eine Form. Was wir fühlen, was wir denken, wie wir uns verhalten, welche Werte wir haben und wie wir unser Leben leben, all dies spiegelt die Art, in der wir das Licht formen, das uns durchfließt. Dies sind die Gedankenformen, die Emotions- und Aktionsformen, die wir dem Licht gegeben haben. Sie reflektieren die Struktur unserer Persönlichkeit, unser raum-zeitliches Wesen.

Indem wir unser Bewußtsein verändern, verändern wir auch die Art und Weise, in der wir das Licht formen, das durch uns hindurchfließt. Wir tun dies beispielsweise dann, wenn wir uns mit einem negativen Verhaltensmuster, wie

Zorn oder Ärger, auseinandersetzen und bewußt als Ersatz hierfür Mitgefühl wählen, oder wenn wir unsere Ungeduld bekämpfen und an ihrer Stelle bewußt versuchen, die Nöte der anderen zu verstehen und auf sie einzugehen. Dies erzeugt andere Formen von Gedanken, Gefühlen und Aktionen. Es verändert unsere Erfahrung.

Jede Erfahrung und jede Veränderung in unserer Erfahrung reflektiert eine Intention. Eine Intention ist nicht nur ein Wunsch. Es ist der Gebrauch unseres Willens. Wenn uns die Beziehung, die wir mit unserem Gatten oder unserer Gattin haben, nicht gefällt und wir lieber eine andere hätten, dann wird dieser Wunsch allein unsere Beziehung nicht verändern. Wenn wir sie wahrhaftig ändern wollen, so beginnt die Verwandlung mit der Intention, sie ändern zu wollen. Welche Veränderung eintreten wird, hängt von der Intention ab, die wir haben.

Beabsichtigen wir, daß unsere Beziehung mit unserem Mann oder unserer Frau harmonisch und liebevoll wird, so wird uns diese Intention neue Wahrnehmungsmöglichkeiten eröffnen. Sie wird uns erlauben, die Liebe zu sehen, die unser Mann oder unsere Frau auf ihre eigene Weise ausdrücken, falls dies der Fall ist. Wenn nicht, wird sie uns erkennen lassen, daß keine Liebe vorhanden ist. Sie wird uns wieder nach Harmonie und Liebe ausrichten, so daß wir aus dieser Perspektive klar erkennen können, was zur Veränderung unserer Beziehung nötig ist, und ob eine solche bewirkt werden kann.

Beabsichtigen wir, unsere Beziehung zu beenden, so beginnt ihr Ende bereits mit dieser Intention. Diese Intention wird eine Ruhelosigkeit in uns erzeugen. Wir werden uns immer weniger erfüllt fühlen von unserem Partner. Wir werden anderen gegenüber eine Offenheit empfinden, die wir vorher nicht hatten. Unser Höheres Selbst hat die Suche nach einem neuen Partner begonnen. Wenn dieser Partner erscheint, werden wir uns zu ihm oder zu ihr hingezogen fühlen, und wenn wir diesen Partner akzeptieren, was auch eine Intention ist, wird sich ein neuer Weg für uns auftun.

Wenn wir widersprüchliche Intentionen hegen, werden wir zwischen diesen hin- und hergerissen werden, weil die Dynamik, die mit jeder Intention verbunden ist, zu arbeiten beginnt, so daß ein Konflikt entsteht. Sind wir uns nicht aller unserer Intentionen bewußt, so wird die stärkste gewinnen. Vielleicht haben wir einerseits die bewußte Absicht, unsere Ehe zu verbessern, hegen jedoch eine unbewußte Intention, sie zu beenden. Wenn die unbewußte Intention, die Ehe zu beenden, stärker ist als die bewußte Absicht, sie zu verbessern, wird die Dynamik von Ruhelosigkeit, Mangel an Erfülltheit usw. schließlich die bewußte Intention überwinden, eine liebevolle und harmonische Ehe zu führen. Am Ende wird die Ehe scheitern.

Wenn die bewußte Intention, die Ehe zu verbessern, stärker ist als die unbewußte Intention, sie zu beenden, und wenn unser Partner unsere Bemühungen unterstützt, werden wir Erfolg haben, aber die Dynamik der gegensätzlichen Intentionen wird in uns Verwirrungen und Ängste hervorrufen und vielleicht auch in unserem Partner, da wir uns einerseits neuen Wahrnehmungen der Liebe und Harmonie innerhalb unserer Ehe öffnen, gleichzeitig aber Ruhelosigkeit, mangelnde Erfülltheit und Offenheit gegenüber anderen Partnern empfinden.

Das ist die Erfahrung einer zersplitterten Persönlichkeit. Eine zersplitterte Persönlichkeit kämpft mit sich selbst. Die Werte, Wahrnehmungen und Verhaltensweisen einer zersplitterten Persönlichkeit sind nicht integriert. Eine zersplitterte Persönlichkeit ist sich nicht all ihrer Teile bewußt. Eine zersplitterte Persönlichkeit hat Angst. Sie fürchtet sich vor Aspekten ihrer selbst, die das, was sie sucht und was sie erreicht hat, bedrohen.

Eine zersplitterte Persönlichkeit empfindet die Umstände innerhalb ihres Lebens mächtiger als sich selbst. Eine zersplitterte Persönlichkeit, die auf der einen Seite die bewußte Intention hat, ihre Ehe zu verbessern, und auf der anderen Seite eine stärkere unbewußte Intention, sie zu beenden, wird zum Beispiel nach dem Scheitern ihrer Ehe das Gefühl haben, daß trotz ihrer Bemühungen, ja sogar trotz größter Anstrengungen, die Dinge sich nicht so entwickelten, wie sie beabsichtigte. Dem ist nicht so. Die Dinge entwickelten sich genau so, wie sie es beabsichtigte, doch weil ihre Intentionen miteinander in Widerspruch standen, traten Turbulenzen in dem Strom ihres Lichtes auf.

Wenn die widersprüchlichen Intentionen sich beinahe die Waage halten, und wenn eine Persönlichkeit nicht gewillt oder nicht fähig ist zuzugeben, daß ein Aspekt oder Aspekte von ihr sich im Gegensatz zu ihrer bewußten Intention befinden, so kommt es zu starkem Streß und emotionalem Schmerz. Dies kann sogar zu schizophrenen Zuständen und körperlicher Erkrankung führen. In weniger schweren Fällen kann die Seelenqual genauso peinigend sein.

Eine zersplitterte Persönlichkeit ist eine Persönlichkeit, die der Heilung bedarf. In dem Maße, in dem eine Persönlichkeit bewußt und integriert wird, heilt sie jene Teile ihrer Seele, die wegen ihrer Heilung inkarnierten. Das Licht, das durch eine ganzheitliche Persönlichkeit strömt, wird zu einem einzigen klaren Strahl gebündelt. Seine Intentionen sind mächtig und wirksam. Es wird zu einem Laser, einem phasen-kohärenten Lichtstrahl, in dem jede Welle jede andere verstärkt.

Eine ganzheitliche Persönlichkeit ist nicht wie ein Laser, sondern ein Laser ist wie eine ganzheitliche Persönlichkeit. Laser sind die Spiegelung einer Energiedynamik in der physischen Wirklichkeit, die bis vor kurzem noch nicht im Mittelpunkt der menschlichen Erfahrung stand. Die Entwicklung der Laser in der Mitte dieses Jahrhunderts reflektiert eine Dynamik innerhalb der physischen Arena, die bezeichnend ist dafür, wohin sich unsere Gattung entwickeln wird.

Wir entwickeln uns zu einer Spezies von ganzheitlichen Individuen, Individuen, die sich ihrer Natur als Lichtwesen bewußt sind, und die ihr Licht bewußt, weise und mitfühlend formen. Das ist der Grund, warum das physikalische Phänomen von phasen-kohärentem Licht, Licht, das sich sozusagen nicht selbst bekämpft, in Erscheinung trat. Es ist ein neues Phänomen in der menschlichen Erfahrung, und es reflektiert die neue Energiedynamik des ganzheitlichen Menschen. Das heißt mit anderen Worten, daß die Errungenschaften der Wissenschaft nicht das Laborwissen einzelner Personen oder ganzer Nationen widerspiegeln, sondern die spirituellen Fähigkeiten unserer Gattung.

Der Einfluß von Intentionen ist größer als der Einfluß von Beziehungen. Intentionen setzen Prozesse in Gang, die jeden Aspekt unseres Lebens beeinflussen. Wenn wir zum Beispiel den Wunsch haben, unsere Stelle zu wechseln, so beginnt diese Veränderung mit der Intention, sie wechseln zu wollen. Sobald die Intention, die derzeitige Stelle aufzugeben, in unser Bewußtsein dringt, beginnen wir uns der Möglichkeit zu öffnen, woanders zu arbeiten oder etwas anderes zu tun. Wir fangen an, uns immer weniger heimisch in unserer Arbeit zu fühlen. Unser Höheres Selbst hat die Suche nach einer neuen Arbeit eingeleitet.

Sobald sich eine passende Gelegenheit ergibt, sind wir bereit, sie zu ergreifen. Wir brauchen vielleicht etwas Zeit, um uns in der neuen Stellung zurechtzufinden und sie uns bewußt anzueignen, weil es in der Natur des Menschen liegt, jedem Wechsel zu widerstreben, aber wenn wir sie akzeptieren, wird sich unsere Intention physisch manifestieren. Sie wird eine physische Form annehmen.

Entscheidungen, die unsere Arbeit, unsere Partner oder unseren Wohnort betreffen, sind nicht die einzige Art von Entscheidungen, die wir treffen, auch handelt es sich dabei nicht um Entscheidungen, die den größten Einfluß auf unser Leben haben. Wir treffen in jedem Augenblick Entscheidungen in Form unserer Anschauungen über das Universum, über andere Leute und über uns selbst. Wir treffen diese Entscheidungen ständig, und unsere Erfahrungen werden in jedem Augenblick durch sie geschaffen. Wir sind entscheidungsfreudige Wesen.

Die einmalige Entscheidung, unseren Zorn zu bekämpfen und durch Verständnis zu ersetzen, bewirkt keine sofortige Veränderung unserer Einstellungen, aber sie macht sie uns durch unsere Gefühle bewußt, und wenn wir die Entscheidungen in unserem Leben auf weise, verantwortungsvolle und bewußte Art treffen, so werden unsere Einstellungen unsere Entscheidungen zu spiegeln beginnen. Schließlich werden die tiefsten Entscheidungsprozesse in uns – jene, die von Moment zu Moment das Licht formen, das durch uns fließt – mit unserer bewußt getroffenen Wahl übereinstimmen, so wie sie, bevor wir uns für Bewußtheit entschieden haben, mit dem unbewußt Gewählten übereinstimmten.

Wir schaffen unsere Wirklichkeit mit unseren Intentionen.

Wie geht dies vor sich?

Intentionen formen das Licht. Sie setzen Licht in Bewegung. Jede Intention – Zorn, Geiz, Eifersucht, Mitgefühl, Verständnis – setzt Energie in Bewegung, setzt Lichtmuster in Bewegung. Physische Materie ist die dichteste oder schwerste Stufe von Licht.

Die physische Wirklichkeit ist keine tote und leere Bühne, auf der sich das Leben entwickelt. Jede physische Form, genauso wie jede nicht-physische Form, ist Licht, das durch Bewußtsein geformt worden ist. Keine Form existiert getrennt von Bewußtsein. Es gibt keinen einzigen Planeten im Universum, der nicht ein aktives Maß an Bewußtsein hat, obwohl es nicht das sein mag, was wir als Bewußtsein erkennen.

Die physische Wirklichkeit und die Organismen und Formen innerhalb der physischen Wirklichkeit sind Lichtsysteme innerhalb von Lichtsystemen, und dieses Licht ist dasselbe Licht wie das Licht unserer Seele. Jedes dieser Lichtsysteme wird durch Bewußtsein geformt. Die physische Wirklichkeit der Erdenschule wird von den Entscheidungen ihrer Schüler geformt.

Welche Beziehung besteht zwischen der physischen Wirklichkeit und den Entscheidungen, die wir in unserem Leben treffen?

Die Wirklichkeit ist eine vielschichtige Schöpfung. Selbst für zwei Leute ist sie nicht dieselbe.

Die erste Schicht unserer Wirklichkeit ist unsere persönliche Wirklichkeit. Das ist unser persönliches Leben, unsere persönliche Einflußsphäre. Hier sind unsere Entscheidungen am wirksamsten, und ihre Auswirkungen direkt spürbar. Wählen wir Freundlichkeit anstelle von Gefühlskälte, so verändern wir damit die Frequenz unseres Bewußtseins, und dies verändert unsere Erfahrungen. Innerhalb unserer persönlichen Wirklichkeit können wir uns aussuchen, ob wir selbstsüchtig oder selbstlos sein wollen, ob wir auf uns und andere voller Härte oder mit Mitleid blicken und ob wir uns selbst oder unseren Mitmenschen und der Erde dienen wollen.

Jede dieser Entscheidungen formt das Licht, das durch uns hindurchfließt und erschafft die Wirklichkeit, die in uns ist. Diese Wirklichkeit fließt über, hinein in die Wirklichkeit derer, die um uns sind.

Die zweite Schicht unserer Wirklichkeit ist unsere Familie. Wenn einzelne menschliche Seelen zusammenkommen, bilden sie ein Gruppenenergiefeld, eine Vereinigung von Seelenenergie innerhalb einer Gruppe. Deshalb tragen die Entscheidungen, die wir innerhalb unserer persönlichen Wirklichkeit treffen, wie beispielsweise die Entscheidung zu geben oder selbstsüchtig zu sein, oder die Entscheidung zornig oder verständnisvoll zu sein, zur Gestaltung der Wirklichkeit bei, die wir mit unserer Familie teilen. Dasselbe gilt für jedes Mitglied innerhalb unserer Familie. Die Zuverlässigkeit oder die Trunksucht des Vaters trägt zu dem Niveau unserer Wirklichkeit genauso bei, wie die Schüchternheit oder Selbstsicherheit unserer Mutter und die Eifersucht oder die Hilfe unserer Schwester. Sobald wir uns in diese Schicht unserer Wirklichkeit begeben, begeben wir uns in eine Atmosphäre, die andere in unser Leben mit einschließt. Zwar ist sie auch persönlich, doch wir beginnen uns nach außen zu bewegen, weg von der intimen Sphäre unserer persönlichen Wirklichkeit.

Die nächste Schicht unserer Wirklichkeit ist unsere Schule oder unser Arbeitsplatz. Diese Ebene der Wirklichkeit ist gleichfalls eine gemeinsame Schöpfung, doch ist sie unpersönlicher als die Wirklichkeit, die wir mit unserer Familie teilen. Nicht alle Wahrnehmungen, die im Mittelpunkt unserer persönlichen Wirklichkeit stehen, nehmen diese Stellung auch in dieser Wirklichkeit ein. Wir mögen zum Beispiel entdeckt haben, daß wir Antworten bekommen, wenn wir beten, aber diese Wahrnehmung ist für das Funktionieren unserer Universität oder unseres Geschäftes nicht notwendig. Es wird wahrscheinlich nicht angebracht sein, an dieser Wahrnehmung die Person, die im Hörsaal neben uns sitzt, teilhaben zu lassen, oder die Empfangsdame in der Eingangshalle.

Die nächste Schicht unserer Wirklichkeit umfaßt die Menschen, mit denen wir im Laufe unseres Lebens in Berührung kommen, dazu zählen die Angestellten der Fluglinie, bei der wir unser Flugticket kaufen, die Leute im Lebensmittelladen um die Ecke und die Busfahrer und Kaufleute unserer Stadt. Die Anschauungen, die wir in dieser und anderen noch unpersönlicheren Wirklichkeitsschichten vertreten, sind nicht so persönlich und vertraulich wie die Anschauungen, die wir in unserer persönlichen Wirklichkeit hegen. Auf diesen Schauplätzen geben wir nur jene persönlichen Überzeugungen preis, von denen wir das Gefühl haben, daß sie mit den allgemein auf unserem Planeten verbreiteten Ansichten übereinstimmen.

Mit anderen Worten, sobald wir uns von unserer persönlichen Wirklichkeit nach außen bewegen, begeben wir uns in Energiebereiche, an denen mehr und mehr Individuen teilhaben, mit denen wir schwingungsmäßig vieles gemeinsam haben. Den meisten Leuten ist zum Beispiel ›Stadt‹ und ›Stadtgebiet‹ ein Begriff. Die meisten Menschen verstehen ›Europa‹ und ›Vereinigte Staaten‹. Das sind gemeinsame kollektive Wahrnehmungen, die jedoch nicht so weit verbreitet sind wie die Wahrnehmungen von ›Wasser‹ und ›Luft‹, die auf unserem Planeten universelle Wahrnehmungen sind.

Nicht alle Menschen auf unserem Planeten wissen, daß es ein Gebiet gibt, das ›Europa‹ genannt wird. ›Europa‹ ist eine mehrheitliche Wahrnehmung auf unserem Planeten, aber keine universelle Wahrnehmung wie ›Luft‹. Bewußt Antworten auf Gebete zu empfangen, ist keine mehrheitliche Wahrnehmung auf unserem Planeten, deshalb bleibt es jedem selbst überlassen, ob er den Leuten im Lebensmittelladen erzählt, daß er Antworten auf seine Gebete bekommt, oder aus Gründen der eigenen Sicherheit darauf verzichtet, diese Wahrnehmung weiterzugeben, weil er erkennt, daß ihr Bewußtsein möglicherweise nicht fähig ist, dies zu akzeptieren.

Die nächste Schicht unserer Wirklichkeit ist unsere Stadt, die nächste der Bundesstaat oder das Bundesland, in dem sie liegt, und die nächste ist unsere Kultur oder Nation. Eine Nation ist ein Aspekt der Persönlichkeit Gaias, der Erdenseele, die selber im Begriff ist, ihre Persönlichkeit und ihre Seele zu entwickeln. Die Gruppendynamik, die die Vereinigten Staaten bildet, ist ein Persönlichkeitsaspekt von Gaia, wie auch die Gruppendynamik von Kanada, von Grönland und von jeder Nation. Die einzelnen menschlichen Seelen, die an der Evolution dieser Aspekte von Gaia teilnehmen, formen die jeweilige Gruppenenergiedynamik, und gleichzeitig wird ihre eigene Entwicklung von den karmischen Energieanteilen dieser Nationen gefördert.

Betrachten wir z. B. die Vereinigten Staaten einfach als eine Energieeinheit, die sich mit einem bestimmten Bewußtsein entwickelt. Die einzelnen Seelen, die dieses kollektive Bewußtsein passieren, tragen zu seiner Erweiterung bei, setzen Handlungen, erzeugen Gedankenformen, schaffen Ursachen und Wirkungen, und auf diese Weise entsteht Karma. Die Beziehung dieser Seelen zu ihrer Nation gleicht der Beziehung von Zellen zu ihrem Körper. Unser Bewußtsein beeinflußt jede Zelle in unserem Körper, und jede Zelle in unserem Körper beeinflußt unser Bewußtsein. Es besteht eine Wechselwirkung. Jedes Einzelwesen in dem kollektiven Bewußtsein, das als Vereinigte Staaten bezeichnet wird, kann als Zelle innerhalb dieser Nation betrachtet werden.

Die Erdenschule und die Erde sind nicht dasselbe. Die Erde ist ein Planet. Mit oder ohne Menschheit wäre sie das. Der Zweck des Planeten ist sozusagen ein doppelter. Er hat seine eigene Evolution, und ein Teil seiner Evolution schließt die Beheimatung einer Spezies, die Mensch genannt wird, mit ein. Die Erde hat einer Interaktion mit der menschlichen Gattung zugestimmt, so daß eine Verschmelzung zwischen ihrem eigenen Bewußtsein und der Entwicklung dieser Spezies möglich ist. Ein Teil von diesem Übereinkommen kann als eine Abmachung verstanden werden, daß Materie gemeinsam mit dem Bewußtsein der Erde auf diesem Planeten erzeugt werden wird. Da die Erde nun schöpferische Einwohner hat, reagiert sie auf deren Energie. Unsere Spezies und die Erde bilden ein vernetztes System. Dies geschieht auf die gleiche Weise, in der die Natur existiert und ist ebenfalls ein gemeinsames schöpferisches Abenteuer.

Wenn wir die Bewegung durch die Schichten unserer Wirklichkeit nach außen fortsetzen, werden diese Schichten immer unpersönlicher. Die nächste Schicht unserer Wirklichkeit ist unsere Rasse. Sind wir schwarz, so haben wir — unsere Seele — die Wahl getroffen, an der Evolution dessen, was es bedeutet, ein schwarzer Mensch zu sein, teilzunehmen. Unsere Erfahrungen von Heiterkeit, Zorn, Weisheit oder Freundlichkeit tragen zur Formung dieser unpersönlichen Energiedynamik bei.

Die nächste Schicht ist unser Geschlecht. Wenn wir dem weiblichen Geschlecht angehören, haben wir uns für die Teilnahme an der Entwicklung der Weiblichkeit innerhalb der menschlichen Gattung entschieden.

Wir können uns diese Struktur als eine umgekehrte Pyramide vorstellen: Die Spitze, auf der sie steht, ist unsere persönliche Wirklichkeit, und jede darüber liegende Schicht unserer Wirklichkeit ist umfassender und unpersönlicher, die oberste Schicht aber, die die größte Fläche aufweist und am unpersönlichsten ist, stellt die Menschheit dar, die Erfahrung des Menschseins.

Jeder von uns nimmt an Gruppenerfahrungen teil und ist gleichzeitig ein Individuum, genauso wie wir gleichzeitig ein Mann, ein Vater und ein Gatte oder eine Frau, eine Mutter und eine Gattin sein können. Diese Erfahrungen sind alle gleichzeitig. Einige davon sind kollektiv und einige sind individuell. Wir können zum Beispiel eine individuelle Erfahrung als Vater machen und als Baseballspieler in einem Team mitwirken. Dort nehmen wir an einem Gruppenenergiesystem teil.

Wir tragen zur Erschaffung und Entwicklung jeden kollektiven Bewußtseins bei, an dem wir teilnehmen. Ein Franzose oder eine Französin trägt zur Entwicklung des Gruppenbewußtseins bei, das ›französisch‹ genannt wird. Eine Person, die katholisch ist, trägt zum katholischen Gruppenbewußtsein bei.

Mit anderen Worten, die Dynamik der Erschaffung von Wirklichkeit ist auf mehr als einer Ebene wirksam. Während unseres hiesigen Aufenthaltes nehmen wir sowohl an der Erzeugung persönlicher, als auch unpersönlicher Wirklichkeit teil. So wie wir am Bau eines Gebäudes teilnehmen können, das noch lange bestehen wird, auch wenn wir nicht mehr hier sind, sind wir an der Entwicklung von Gruppenenergiedynamik beteiligt, die nach uns noch fortbestehen wird.

Der Bau eines Hauses ist eine Gruppenarbeit. Mehrere Seelen nehmen an der Konstruktion dieser Realität teil. Es wird mit Gruppenenergie errichtet und nicht mit individueller Energie. Deshalb hat es eine Existenz, die von jedem der Individuen, die es erbauten, unabhängig ist. In der gleichen Weise nehmen wir zum Beispiel an der Evolution der Vereinigten Staaten oder eines anderen Landes teil, doch wenn wir sterben, wird dieses Land weiterbestehen.

Wir sind in Schichten und durch Schichten mit unserer Erfahrung verbunden. Sobald wir aus der individuellen Erfahrung unseres eigenen Lebens zur größeren Erfahrung der Familie fortschreiten, von der wir ein Teil sind, und darüber hinaus, begeben wir uns in die Dynamik von Gruppenenergien. Die Gruppendynamik der Familie ist ein Teil der größeren Gruppendynamik der Gesellschaft, die wiederum ein Teil der größeren Gruppendynamik der Nation ist. Diese Formen von Gruppendynamik breiten sich durch das System aus, und das gesamte System — die ganze umgekehrte Pyramide — ist die Seele der menschlichen Gattung.

Die Seele der menschlichen Gattung wird manchmal das kollektive Unbewußte genannt, aber das ist sie nicht. Es ist die Seele der Menschheit. Unsere Seele ist eine Miniaturausgabe der menschlichen Gattungsseele. Sie ist ein ›Mikro‹ von einem ›Makro‹. Sie hat genausoviel individuelle Energie wie Macht. Als Teil des ›Mikro‹ verfügen wir über die Macht des ›Makro‹, geeicht auf die individuelle Form bestimmter Frequenzen. Wir bilden kollektive Energien, die zur Entwicklung des Ganzen beitragen, obschon sie selbst keine Seelen sind und keine Seelen haben. Zwischen dem Mikro und dem Makro liegen die verschiedenen Erfahrungen, die der einzelnen menschlichen Seele das Lernen innerhalb einer Gruppe ermöglichen, die Teilnahme an der Gruppenentwicklung, wie zum Beispiel der Entwicklung unseres Landes, unserer Religion und die einzelnen persönlichen Erfahrungen, die die gesamte Menschheitsentwicklung umfaßt.

Wenn wir uns von der obersten Schicht der umgekehrten Pyramide in die darunterliegende Schicht begeben, ist unsere Erfahrung nicht mehr ein Teil der gesamten menschlichen Evolution, sondern reduziert sich auf die Evolution der männlichen oder weiblichen Energie. Eine Schicht weiter unten werden wir ein Teil der Evolution der weißen, schwarzen oder gelben Rasse. In der Schicht darunter haben wir Anteil an der Entwicklung des Energiefeldes der Vereinigten Staaten. In der nächsten Schicht nehmen wir teil an der Entwicklung eines Individuums, dessen Erfahrungen einen Aspekt umfassen, der an der militärischen Entwicklung partizipiert, einen Aspekt, der an der Entwicklung als Lehrer und einen Aspekt, der an der Entwicklung als Vater teilhat, usw. Schicht um Schicht – so sieht die Wirklichkeit eines jeden Menschen aus.

Angefangen bei der obersten Schicht, die die gesamte Menschheit und Menschlichkeit verkörpert, werden unsere Erfahrungen mit jeder weiteren Schicht abwärts spezifischer und persönlicher. Das unpersönlichste Bewußtsein, die menschliche Gattung, ist die erste Schicht. In der Folge nimmt das Bewußtsein persönliche Eigenschaften an. Es ist beispielsweise etwas Persönliches, ein Teil der Vereinigten Staaten zu sein. Es ist etwas Persönliches, ein weißer männlicher Teil der Vereinigten Staaten zu sein, oder ein brauner weiblicher Teil. Dies sind Teile unserer persönlichen Erfahrungen und Eigenschaften, die der Evolution des Ganzen dienen.

Analog dazu ist eine Universität eine Gruppendynamik. Jede ihrer Fakultäten — Medizin, Jura, Wirtschaft — ist gleichfalls ein Gruppenenergiesystem, ein weniger umfassendes Kollektiv von Gruppenenergie, das von Seelen, die sich auf dem Wege der Evolution befinden, gebildet wird. Was innerhalb der einzelnen Fakultäten geschieht, wirkt sich auf die Universität als Ganzes aus. Innerhalb jeder Fakultät gibt es weitere Unterteilungen bis zum einzelnen Studenten selbst, dessen Erfahrungen am persönlichsten sind.

Die Wirklichkeit eines jeden Individuums wird von seinen eigenen Intentionen und von den Intentionen der anderen geschaffen. Was wir für eine gemeinsame physische Wirklichkeit halten, ist eine Vernetzung, eine Struktur oder eine massive Überlappung von gegebenen Wirklichkeiten. Es ist ein Bewußtsein, das fluid und massiv ist, und in dem jeder von uns unabhängig von den anderen existiert und dennoch in Wechselwirkung mit allen anderen steht.

Worüber wir uns als Gattung und als Individuen jetzt bewußt werden, ist die Wirkung des Bewußtseins auf diesen Prozeß.

9

Intention II

Wir sind das Produkt des Karma unserer Seele. Die Neigungen, Talente und Haltungen, mit denen wir geboren wurden, dienen dem Lernprozeß unserer Seele. In dem Maße, in dem unsere Seele die Lektionen lernt, die für den Ausgleich ihrer Energie notwendig sind, werden diese Eigentümlichkeiten unnötig und durch andere ersetzt. Auf diese Weise wachsen wir. Sobald wir beispielsweise erkennen, daß Zorn zu nichts führt, beginnt unser Zorn zu verschwinden, und wir nehmen eine reifere und integriertere Haltung gegenüber unseren Erfahrungen ein. Was uns einst erzürnte, löst jetzt ein völlig anderes Verhalten in uns aus.

Solange wir uns der Auswirkungen unseres Zornes nicht bewußt sind, fahren wir fort, eine zornige Person zu sein. Wenn wir diese Bewußtheit nicht bis zum Zeitpunkt unserer Heimkehr erreicht haben, wird unsere Seele diese Lektion in einem nächsten Leben fortsetzen. Sie wird wieder eine Persönlichkeit mit ähnlichen Eigenschaften zur Inkarnation bringen. Was nicht in dem einen Leben gelernt wird, wird auf andere Leben übertragen, zusammen mit neuen Lektionen, die auftauchen und von der Seele gelernt werden müssen, neue karmische Verpflichtungen, die sich aus dem Verhalten der Persönlichkeit in den Situationen ergeben, die ihr begegnen. Die Lektionen, die die Seele gelernt hat, werden jedoch auch in andere Leben mit übernommen, und auf diese Weise entwickelt sich die Seele. Persönlichkeiten reifen in der Zeit, und die Seele entwickelt sich in Ewigkeit.

Unsere Neigungen, Talente und Haltungen spiegeln unsere Intentionen. Wenn wir zornig, ängstlich, nachtragend oder rachsüchtig sind, haben wir die Absicht, die Leute unserer Umgebung auf Distanz zu halten. Das emotionale Spektrum des Menschen kann auf zwei Grundelemente reduziert werden: Liebe und Angst. Zorn, Groll und Rache sind ein Ausdruck von Angst, genauso wie Schuld, Bedauern, Beschämung, Schande und Kummer. Dies sind Energieströme mit niedrigerer Frequenz, die Gefühle der Schwäche, der Erschöpfung und der Unfähigkeit, sich zu behaupten, hervorrufen. Liebe ist der Energiestrom mit der höchsten Frequenz. Er bewirkt überschäumende, strahlende Lebensfreude, Licht und Frohsinn.

Unsere Intentionen schaffen die Wirklichkeit, die wir erleben. Dies geschieht so lange unbewußt, bis wir uns dessen bewußt werden. Überlegen wir uns deshalb, was wir planen. Dies ist der erste Schritt in Richtung authentischer Macht.

Vielleicht sehnen wir uns nach Freundschaft und Wärme, wenn jedoch die unbewußte Intention vorhanden ist, die Leute auf Distanz zu halten, werden die Erfahrungen von Trennung und Schmerz so lange immer wieder auftauchen, bis wir endlich begreifen, daß wir selber sie erzeugen. Schließlich werden wir uns für die Schaffung von Harmonie und Liebe entscheiden. Unsere Wahl wird auf die Energieströme mit der höchsten Frequenz fallen, die jede Lage zu bieten hat. Zu guter Letzt werden wir verstehen, daß Liebe alles heilt und daß es außer Liebe nichts gibt.

Diese Reise kann sich über viele Leben erstrecken, aber wir werden sie vollenden. Es ist unmöglich, sie nicht zu vollenden. Es ist nur die Frage, wann wir sie vollenden werden. Jede Lage, die wir schaffen, dient diesem Zweck. Jede Erfahrung, der wir begegnen, dient diesem Zweck.

Die heilende Reise der menschlichen Seele durch ihre Inkarnationen in der physischen Welt ist ein Prozeß von Schöpfungszyklen:

Karma → Persönlichkeit → Intentionen + Energie →
Erfahrungen → Reaktionen → Karma → etc.

Das Karma der Seele bestimmt die charakteristischen Merkmale der Persönlichkeit. Es bestimmt die physischen, emotionalen, psychologischen und spirituellen Umstände, in die die Persönlichkeit hineingeboren wird. Es bestimmt die Art, wie die Persönlichkeit ihre Erfahrungen aufzufassen geneigt ist. Es bestimmt die Intentionen, mit denen die Persönlichkeit ihre Wirklichkeit formen wird. Diese Intentionen schaffen die Wirklichkeit, die die Seele in jedem Augenblick mit den Erfahrungen versorgt, die zum Ausgleichen ihrer Energie nötig sind, und die Persönlichkeit mit der klarsten Wahl zwischen Lernen durch Weisheit oder Lernen durch Zweifel und Angst. Durch diese Intentionen formt die Persönlichkeit das Licht, das durch sie hindurch in die Wirklichkeit fließt, die für ihr Wachstum und für die Evolution ihrer Seele optimal ist.

Die Reaktionen der Persönlichkeit auf die Erfahrungen, die sie geschaffen hat, erzeugen mehr Karma. Reaktionen drücken Intentionen aus. Sie bestimmen die Erfahrungen, die in der Folge gebildet werden, und die Reaktionen der Persönlichkeit auf diese Erfahrungen erzeugen mehr Karma, und so weiter, bis die Seele diese Persönlichkeit und diesen Körper entläßt.

Wenn die Seele heimkehrt, werden die in diesem Leben gesammelten Erfahrungen unter dem liebevollen Beistand ihrer Lehrer und Führer beurteilt. Die neuen Lektionen, die aufgetaucht sind und gelernt werden müssen, und die neuen karmischen Verpflichtungen, denen nachzukommen ist, werden erwogen. Die Erfahrungen der soeben vollendeten Inkarnation werden im vollen Licht des Verstehens betrachtet. Ihre Geheimnisse sind jetzt keine Geheimnisse mehr. Ihre Ursachen, ihre Gründe und ihre Beiträge zur Evolution der Seele und zur Entwicklung der Seelen, mit denen die

Seele ihr Leben verbrachte, werden enthüllt. Was ausgeglichen und was gelernt worden ist, bringt die Seele ihrer Heilung, Integration und Ganzheit näher.

Wenn die Seele sieht, daß es notwendig ist, wird sie sich zu einer weiteren Inkarnation entschließen, bei der sie wieder die Hilfe ihrer Lehrer und Führer in Anspruch nehmen wird. Sie wird jene Lehrer und Führer wählen, die für die zu erfüllende Aufgabe in Frage kommen. Sie wird sich mit anderen Seelen beraten, deren Entwicklung durch die gemeinsamen Interaktionen auf der physischen Ebene ebenso gefördert werden wird wie die ihre. Dann wird sie wieder die massive freiwillige Reduzierung ihrer Energie vornehmen, das Einfließen ihrer Energie in Materie, die Eichung ihrer Energie auf eine bestimmte Skala, einen bestimmten Frequenzbereich, die eine Inkarnation in dem erzieherischen Umfeld der Erdenschule darstellt, und der Prozeß beginnt von neuem.

Die Welt, die wir kennen, ist ohne Bewußtsein der Seele erbaut worden. Sie ist mit dem Bewußtsein der Persönlichkeit erbaut worden. Alles innerhalb unserer Welt reflektiert Persönlichkeitsenergie. Wir glauben, daß es nur das auf der Welt gibt, was wir sehen, schmecken, riechen, fühlen und berühren können. Wir glauben, daß wir für die Folgen unserer Taten nicht verantwortlich sind. Wir handeln so, als ob es uns nichts ausmachen würde, wenn wir nehmen und nehmen. Wir streben nach äußerer Macht, und durch dieses Streben entsteht ein zerstörerischer Wettbewerb.

Die Einführung von Bewußtsein in den zyklischen Schöpfungsprozeß, durch den sich die Seele entwickelt, ermöglicht die Erschaffung einer Welt, die auf dem Bewußtsein der Seele aufbaut, einer Welt, die die Werte, Wahrnehmungen und Erfahrungen der Seele spiegelt. Sie erlaubt uns, die Energie unserer Seele bewußt in die physische Umwelt zu bringen. Sie erlaubt dem Bewußtsein des Heiligen, mit der physischen Materie zu verschmelzen.

Die Welt, in der wir leben, wurde unbewußt durch unbewußte Intentionen geschaffen. Jede Intention setzt Energie in Bewegung, ob wir uns dessen bewußt sind oder nicht. Wir kreieren in jedem Augenblick. Jedes Wort, das wir sprechen, ist ein Träger von Bewußtsein — mehr noch, ein Träger von Intelligenz — und daher eine Intention, die Licht formt.

Wenn wir zum Beispiel von einer ›Ehe‹ sprechen, beschwören wir ein bestimmtes Bewußtsein, eine besondere Energie. Wenn zwei Menschen heiraten, wird der Mann, wie das englische Wort ›Husband‹ zum Ausdruck bringt, zum Herrn des Hauses, zum Vorstand eines Haushalts. ›Wife‹, das englische Wort für ›Ehefrau‹ oder ›Eheweib‹, bezieht sich auf eine Frau, die durch die Ehe mit einem Mann verbunden ist und die sein Haus als ›Hausfrau‹ zu hüten hat. Die Beziehung der beiden beruht nicht auf Gleichheit. Wenn zwei Menschen sich ›verehelichen‹, und in den Begriffen ›Ehemann‹ und ›Ehefrau‹ von sich denken und sprechen, dann treten sie in dieses bestimmte Bewußtsein ein.

Mit anderen Worten, die archetypische Struktur der ›Ehe‹ kann man sich als einen ›Planeten‹ vorstellen. Wenn zwei Seelen heiraten, fallen sie in den Orbit oder das Gravitationsfeld dieses Planeten und nehmen daher trotz ihrer eigenen individuellen Intentionen die Eigentümlichkeiten dieses Planeten namens ›Ehe‹ an. Sie werden Teil der Evolution der Struktur selbst aufgrund ihrer Beteiligung an einer Ehe.

Ein Archetypus ist eine kollektive menschliche Idee. Der Archetypus der Ehe wurde geschaffen, um das physische Überleben zu gewährleisten. Wenn zwei Menschen heiraten, beteiligen sie sich an einer Energiedynamik, in der sie ihre Leben verschmelzen, um einander zu helfen, physisch zu überleben. Der Archetypus der Ehe hat seine Funktion verloren. Er wird durch einen neuen Archetypus ersetzt, der dazu bestimmt ist, das spirituelle Wachstum zu fördern. Das ist der Archetypus der spirituellen oder heiligen Partnerschaft.

Die einer spirituellen Partnerschaft zugrunde liegende Voraussetzung ist eine heilige Verpflichtung zwischen den Partnern, einander bei der spirituellen Entwicklung zu helfen. Spirituelle Partner erkennen ihre Gleichheit an. Spirituelle Partner sind in der Lage, Persönlichkeit und Seele zu unterscheiden und sind deshalb imstande, ihre Interaktionen auf einer weniger emotionsgebundenen Grundlage zu diskutieren als Ehepartner. Diese Grundlage existiert innerhalb des ehelichen Bewußtseins nicht. Sie existiert nur innerhalb des Bewußtseins einer spirituellen Partnerschaft, weil spirituelle Partner in der Lage sind, klar zu erkennen, daß es in der Tat einen tieferen Grund für ihr Zusammensein gibt und daß dieser Grund mit der Evolution ihrer Seelen zusammenhängt.

Weil spirituelle oder heilige Partner ihre Verbindung aus dieser Perspektive sehen können, entwickelt sich zwischen ihnen eine Dynamik, die sich grundlegend von der zwischen Ehepartnern bestehenden Dynamik unterscheidet. Die bewußte Evolution der Seele ist nicht Teil der strukturellen Dynamik der Ehe. Sie existiert innerhalb dieser Entwicklung nicht, denn als der Archetypus der Ehe für unsere Gattung geschaffen wurde, war die Dynamik des bewußten spirituellen Wachstums ein viel zu fortschrittliches Konzept, um mit einbezogen zu werden. Was eine Partnerschaft spirituell oder heilig macht, ist, daß die Seelen innerhalb der Partnerschaft verstehen, daß sie einander verpflichtet sind, aber diese Verpflichtung bezieht sich nicht auf physische Sicherheit, sondern eher darauf, mit dem physischen Leben des anderen verbunden zu sein, weil es das spirituelle Bewußtsein reflektiert.

Der Bund, der zwischen spirituellen Partnern besteht, ist so wirklich, wie der Bund zwischen Ehepartnern, doch die Gründe hierfür sind überaus verschieden. Spirituelle Partner sind nicht zusammmen, um sich gegenseitig ihrer Geldsorgen zu entheben, oder weil sie es gemeinsam zu einem Haus im Grünen bringen können und dergleichen mehr. Das Verständnis oder Bewußtsein, mit dem spirituelle Partner ihre Verpflichtung eingehen, ist ein anderes, und deshalb ist auch ihre Verpflichtung dynamisch gesehen eine andere. Spirituelle Partner sind dem gegenseitigen spirituellen Wachstum verpflichtet, weil sie erkennen, daß dies der Grund für ihr Verweilen auf der Erde ist, und daß ihm alles untergeordnet ist.

Spirituelle Partner binden sich aus dem Verständnis heraus, daß sie zusammen sind, weil es für ihre Seelen angebracht ist, gemeinsam zu wachsen. Sie sind sich dessen bewußt, daß ihr gemeinsames Wachstum bis zum Ende ihrer Tage in dieser Inkarnation und darüber hinaus andauern kann, aber vielleicht auch nur sechs Monate. Sie können nicht sagen, daß sie immer zusammenbleiben werden. Die Dauer ihrer Partnerschaft wird davon bestimmt, wie lange es ihrer Entwicklung dienlich ist, daß sie zusammen sind. Alle Gelübde, die ein Mensch ablegen kann, können es nicht verhindern, daß der spirituelle Pfad zum Durchbruch kommt und jene Gelübde bricht, wenn der Geist in seiner Entwicklung fortschreiten muß. Für spirituelle Partner ist es angebracht, nur so lange zusammen zu bleiben, solange sie gemeinsam wachsen.

Eine spirituelle Partnerschaft ist eine viel freiere und spirituell zutreffendere Dynamik als die Ehe, weil spirituelle Partner aus einer geistigen und bewußten Position heraus zusammenkommen. Wie spirituelle Partner ihr Konzept von Partnerschaft zur Verschmelzung bringen und leben, ist eine Sache des freien Willens. Solange sie sich dessen bewußt sind, daß sie die Folgen ihrer Entscheidungen in ihre Partnerschaft einbringen, und das volle Ausmaß ihrer Entscheidungen kennen, wird es die Art und die Richtung, in die ihre Partnerschaft geht, beeinflussen.

Spirituelle Partner sind einer wachsenden Dynamik verpflichtet. Ihre Verpflichtung ist ein echtes Versprechen, das sich auf ihr eigenes Wachstum bezieht, auf ihr spirituelles Überleben und Vorankommen, und nicht auf das physische.

Der Archetypus der spirituellen Partnerschaft ist für die menschliche Erfahrung neu. Da es noch keine gesellschaftlichen Konventionen für spirituelle Partnerschaften gibt, ist es möglich, daß spirituelle Partner auf bestehende Konventionen wie die Ehe zurückgreifen, um diese, entsprechend ihren Bedürfnissen neu interpretiert, zum physischen Ausdruck ihres Bundes zu wählen. Diese Seelen lassen in den Archetypus der Ehe die Energie des Archetypus der spirituellen Partnerschaft einfließen, das gleiche gilt für Ehepartner, die entdeckt haben, daß ihre Gemeinschaft eigentlich auf der Verpflichtung zur Unterstützung des gegenseitigen spirituellen Wachstums beruht, und nicht auf physischer Sicherheit oder Bequemlichkeit.

So wie das Konzept von äußerer Macht nicht mehr unserer Evolution entspricht, ist auch der Archetypus der Ehe überholt. Das bedeutet nicht, daß die Einrichtung der Ehe über Nacht verschwinden wird. Ehen werden auch weiterhin bestehen, aber sie werden nur dann erfolgreich sein, wenn sie von dem Bewußtsein der spirituellen Partnerschaft getragen sind. Die Partner in solchen Ehen tragen damit zum Archetypus der spirituellen Partnerschaft bei.

Wenn wir das Bewußtsein unserer Seele in unseren Intentionsprozeß einbringen, wenn wir uns für eine Ausrichtung nach unserer Seele und nicht nach unserer Persönlichkeit entscheiden, schaffen wir eine Wirklichkeit, die unsere Seele reflektiert und nicht unsere Persönlichkeit. Wenn wir die Erfahrungen unseres Lebens als karmische Notwendigkeiten ansehen, wenn wir sie als Produkte einer unpersönlichen Energiedynamik betrachten, anstatt als Produkte gewisser Interaktionen, und dementsprechend reagieren, bringen wir die Weisheit unserer Seele in unsere Wirklichkeit. Wählen wir anstelle von Furcht und Zweifel Mitgefühl und Liebe als Antwort auf die Schwierigkeiten des Lebens, so schaffen wir den ›Himmel auf Erden‹ — wir verhelfen den Aspekten einer ausgewogeneren und harmonischeren Wirklichkeit zu einem physischen Dasein.

Die Einführung von Bewußtsein in die zyklischen Schöpfungsprozesse im Stadium der Intention und im Stadium der Reaktion läßt die Möglichkeit der Wahl zu. Sie ermöglicht eine Reihe von Alternativen. Sie bringt Bewußtsein in den Evolutionsprozeß. Unsere Intention und Aufmerksamkeit formen unsere Erfahrungen. Was wir beabsichtigen, durch die Dichte der Materie, durch den dichtesten Grad des Lichts, wird zu unserer Wirklichkeit. Wohin wir unsere Aufmerksamkeit lenken, dorthin gehen wir.

Wenn wir uns den negativen Aspekten des Lebens zuwenden, wenn wir unsere Aufmerksamkeit auf die Schwächen der anderen richten, auf ihre Fehler und Unzulänglichkeiten, dann ziehen wir die Energieströme mit niedrigerer Frequenz an, wie Verachtung, Zorn und Haß. Wir schaffen eine Distanz zwischen uns und den anderen. Wir schaffen Hindernisse für unsere Liebe. Unsere Energie und Einwirkung bewegen sich langsam durch das Reich der Persönlichkeit, die Arena von Zeit, Raum und Materie. Wenn wir unsere Energie in das Kritisieren der anderen stecken, mit der Absicht diesen die Macht zu nehmen, erzeugen wir negatives Karma.

Richten wir hingegen unsere Aufmerksamkeit bewußt auf die Stärke und die Vorzüge der anderen, auf jenen Teil, der nach dem Höchsten strebt, dann leiten wir durch unser System die Ströme aus dem höheren Frequenzbereich der Wertschätzung, der Anerkennung und Liebe. Unsere Energie und Einwirkung strahlen unmittelbar von Seele zu Seele. Wir werden zu einem wirksamen Werkzeug konstruktiver Veränderung. Wenn wir die Absicht haben, unsere Persönlichkeit auf unsere Seele abzustimmen, und wenn wir unsere Aufmerksamkeit auf jene Wahrnehmungen richten, die uns in jeder Lage die Energieströme mit der höchsten Frequenz zuführen, bewegen wir uns auf den Bereich authentischer Macht zu.

Sobald wir die Macht unseres Bewußtseins zu erkennen beginnen und einsehen, daß das, was hinter unseren Augen ist, sozusagen mehr Macht enthält, als das, was vor ihnen erscheint, werden sich unsere inneren und äußeren Wahrnehmungen verändern. Wir können kein Mitleid für uns selbst aufbringen, ohne Mitleid mit den anderen zu haben, und ohne Mitleid mit den anderen können wir für uns selbst keins aufbringen. Wenn wir mit uns und den anderen mitfühlen, wird unsere ganze Welt mitfühlend werden. Wir werden Seelen mit ähnlicher Frequenz anziehen und mit ihnen durch unsere Intentionen und durch unsere Aktionen und Interaktionen eine mitfühlende Welt schaffen.

In dem Maße, in dem wir die Tugenden und Stärken und die Seelengröße der anderen zu suchen und zu sehen beginnen, werden wir diese auch in uns selber suchen und finden. Sobald wir in jeder Lage die Energieströme mit der höchsten Frequenz anziehen, strahlen wir diese Bewußtseinsfrequenz aus und verändern die Situation. Wir werden bewußt immer mehr zu einem Wesen des Lichts.

Die Beziehung zwischen unserem Bewußtsein und der physischen Wirklichkeit zu erkennen, heißt, das Gesetz des Karma zu erkennen und zu sehen, wie es wirkt. Was in unserer Absicht liegt, das bekommen wir. Wenn wir die Absicht haben, so viel wir können aus dem Leben und den anderen herauszuholen, und unsere Gedanken nur um das Nehmen und nicht um das Geben kreisen, schaffen wir eine Wirklichkeit, die unsere Intentionen reflektiert. Wir ziehen Seelen mit ähnlicher Frequenz an und schaffen gemeinsam eine Wirklichkeit, in der das Nehmen vorherrscht. Unsere Erfahrungen sind ein Spiegelbild unserer eigenen Haltung. Wir sehen die Leute rund um uns als Persönlichkeiten, die eher geneigt sind zu nehmen, als zu geben. Wir trauen ihnen nicht, und sie trauen uns nicht.

Die schöpferische Dynamik der Intention, die Beziehung zwischen Intention und Erfahrung, liegt der Quantenphysik zugrunde, die den tiefschürfendsten Versuch unserer Gattung darstellt, die physischen Phänomene aus der Perspektive der Fünf-Sinne-Persönlichkeit zu erfassen. Die Quantenphysik wurde aus den intensiven und wiederholten Anstrengungen geboren, die Natur des physischen Lichts zu verstehen.

Es ist möglich, ein Gerät zu bauen, das die wellenähnliche Natur des Lichts enthüllt und verursacht, daß das Licht Phänomene erzeugt, die nur von Wellen hervorgerufen werden können. Außerdem ist es möglich, ein Gerät herzustellen, das Lichtpartikel entdeckt, so als ob diese winzige Kügelchen wären, und die Stärke des Aufschlags eines jeden Teilchens zu messen. Doch es ist nicht möglich, Licht gleichzeitig als Wellen- und als Teilchenphänomen zu beschreiben. Mit anderen Worten, es ist nicht möglich, die Natur des Lichts — eigentlich die Form des physischen Lichts — getrennt von dem Versuchsapparat zu beschreiben, der zu seiner Bestimmung benutzt wird, und dies hängt wiederum von der Intention des Versuchsleiters ab.

Die wissenschaftlichen Errungenschaften unserer Gattung spiegeln unsere Kenntnis von nicht-physischen Vorgängen, soweit sie sich in der Arena von Materie und Zeit entfalten, innerhalb des Bereichs der Fünf-Sinne-Persönlichkeit. Die Abhängigkeit der Form des physischen Lichts von der Intention des Experimentators reflektiert in einer begrenzten aber zutreffenden Weise die Abhängigkeit der Form des nicht-physischen Lichts von den Intentionen der Seele, genauso wie die Natur des physischen Lichts selbst in einer begrenzten aber im wesentlichen zutreffenden Weise die Natur des Lichts des Universums wiedergibt.

Die Schaffung von physischer Erfahrung durch Intention, die Infusion von Licht in Form, Energie in Materie, Seele in Körper, ist immer dasselbe. Die Distanz, die zwischen uns und unserem Verständnis der Schaffung von Materie aus Energie besteht, ist gleich der Distanz, die zwischen dem Bewußtsein unserer Persönlichkeit und der Energie unserer Seele existiert. Die Dynamik von Seele und Persönlichkeit ist dieselbe Dynamik wie bei in Materie umgewandelter Energie. Das System ist vollkommen gleich. Unser Körper ist unsere bewußte Materie. Unsere Persönlichkeit ist die Energie unserer Seele, umgewandelt in Materie. Ist sie unbewußt, so ist das auf die Zersplitterung zurückzuführen, die übertragen wird. Ist sie bewußt, so beginnt sie ein Ganzes zu werden.

Die Dynamik, die zwischen Seele und Persönlichkeit, Energie und Materie besteht, liegt unserem Schöpfungsmythos, der Geschichte vom Paradies, zugrunde. Befinden wir uns metaphorisch gesehen nicht alle im Garten Eden, in unserer eigenen schöpferischen Wirklichkeit, innerhalb der wir jeden Tag aufs neue wählen, auf welche Weise wir diese Wirklichkeit mit dem männlich-weiblichen Prinzip in uns schaffen werden, dem ›Adam und Eva‹-Prinzip mit dem Baum, der unser persönliches Energiesystem darstellt, unsere eigene Wissensleitung? Auf welche Weise werden wir unsere Macht nutzen? Werden wir ein Paradies erschaffen oder Ausgestoßene sein?

Die Herausforderung für jeden Menschen ist der Schöpfungsprozeß. Werden wir mit Ehrfurcht an ihn herangehen oder fahrlässig?

VERANTWORTUNG

10

Entscheidung

Im Mittelpunkt des Evolutionsprozesses steht die Entscheidung. Sie ist der Motor unserer Evolution. Jede Entscheidung, die wir treffen, bezieht sich auf eine Intention. Wir können uns zum Beispiel in einer bestimmten Lage für Schweigen entscheiden, und dieses Schweigen mag der Intention dienen, zu strafen oder Rache zu üben, oder der Intention, Anteilnahme, Geduld und Liebe zu zeigen. Vielleicht entscheiden wir uns dafür, die Stimme zu erheben, und diese Handlungsweise kann ebensogut denselben Absichten dienen. Wofür wir uns auch entscheiden, mit jeder Tat und mit jedem Gedanken ist eine Intention, eine Qualität des Bewußtseins, die wir unserer Tat oder unserem Gedanken beifügen, verbunden.

Die zersplitterte Persönlichkeit hat mehrere oder viele Aspekte. Ein Aspekt kann liebevoll und geduldig sein, einer rachsüchtig, einer barmherzig und ein anderer selbstsüchtig. Jeder dieser Aspekte hat seine eigenen Werte und Ziele. Wenn uns nicht alle diese verschiedenen Teile von uns selbst bewußt sind, wird der Teil, der am stärksten ist, über die anderen Teile den Sieg davontragen. Und seine Intention wird es sein, die die Persönlichkeit benutzen wird, um ihre Wirklichkeit zu erschaffen. Der barmherzige Teil von uns wird sich vielleicht wünschen, daß der Einbrecher, der in unserem Haus ertappt wurde, noch einmal eine Chance erhält, aber wenn der rachsüchtige Teil von uns stärker ist, werden wir, wenn auch mit gemischten Gefühlen, auf seine Verhaftung dringen.

Wir können unsere Intentionen solange nicht bewußt wählen, solange wir uns nicht der verschiedenen Aspekte unserer selbst bewußt geworden sind. Wenn uns nicht jeder unserer Teile bewußt ist, werden wir die Erfahrung machen, daß wir etwas sagen möchten oder eine bestimmte Sache vorhaben und uns plötzlich dabei ertappen, daß wir etwas ganz anderes sagen oder tun. Wir wollen eine bestimmte Richtung in unserem Leben einschlagen und müssen feststellen, daß es sich in eine völlig andere Richtung entwikkelt. Wir haben den Wunsch, ein schmerzliches Verhaltensmuster aus unserer Erfahrung zu tilgen und sehen es doch immer wieder auftauchen.

Es ist nicht leicht für eine zersplitterte Persönlichkeit, ganz zu werden, weil nur einige Teile der zersplitterten Persönlichkeit nach Ganzheit streben. Die anderen Teile drängen in die andere Richtung, weil sie nicht so verantwortungsbewußt, fürsorglich oder mitfühlend sind wie jene Teile, die nach Ganzheit suchen. Sie sind bestrebt, das zu verwirklichen, was ihnen Befriedigung verschafft und was ihrer Gewohnheit entspricht. Diese Teile der Persönlichkeit sind oft stark und gut fundiert. Die zersplitterte Persönlichkeit ist immer gezwungen, zwischen ihren gegensätzlichen Teilen zu wählen. Das ist die Grundlage unserer Evolution. Das ist die fundamentale Situation − der Punkt der Entscheidung.

Die Wahl der Intention ist auch die Wahl des karmischen Weges. Wenn wir zum Beispiel aus Zorn sprechen oder handeln, schaffen wir das Karma des Zorns. Sind unsere Worte oder Taten von Mitleid bestimmt, erzeugen wir das Karma des Mitleids, und ein anderer Weg öffnet sich vor uns. Dies geschieht, ob wir uns unserer verschiedenen Teile bewußt sind oder nicht, selbst unabhängig davon, ob wir uns der Entscheidungen bewußt sind, die wir in jedem Augenblick treffen. Die unbewußte Evolution durch die Dichte der physischen Materie, durch Erfahrungen, die durch unbewußte Intentionen unbewußt geschaffen werden, das war der Weg, den unsere Spezies bis jetzt gegangen ist. Das ist der unbewußte Pfad, der zu authentischer Macht führt.

Bewußte Evolution durch verantwortungsbewußte Wahl ist der beschleunigte Weg der Evolution der multisensorischen Persönlichkeit, sowie der Fünf-Sinne-Persönlichkeit, die auf dem Weg dorthin ist. Verantwortungsbewußte Wahl ist der bewußte Weg, der zu authentischer Macht führt.

Was versteht man unter verantwortungsbewußter Wahl?

Indem wir unseren Gefühlen folgen, werden wir uns der verschiedenen Teile von uns selbst bewußt und der verschiedenen Dinge, die sie wollen. Wir können sie nicht alle zugleich haben, weil viele davon miteinander in Widerspruch stehen. Jener Teil von uns, der mehr Geld und ein größeres Haus haben möchte, befindet sich in Konflikt mit dem Teil von uns, der mit den Armen und Hungrigen leidet. Der Teil von uns, dessen Mitgefühl die Schönheit in unseren Mitmenschen erkennt, steht im Widerspruch zu dem Teil, der die anderen zu seinem eigenen Vorteil ausnutzen möchte. Wenn wir den einen Teil zufriedenstellen, vernachlässigen wir die Bedürfnisse des anderen. Die Befriedigung eines Teiles erregt den Unmut des oder der anderen, und wir fühlen uns zerrissen.

So wie der Experimentator in der Quantenphysik die Wellen- und die Teilchenerfahrung aus dem physischen Licht nicht gleichzeitig hervorrufen kann, und sich entscheiden muß, welche Erfahrung er schaffen will, so müssen auch wir bei der Formung des nicht-physischen Lichts die Entscheidung treffen, welche Erfahrung wir schaffen wollen.

Sobald wir uns der verschiedenen Teile unserer Persönlichkeit bewußt werden, erlangen wir die Fähigkeit, die Kräfte in uns bewußt zu erleben, die um Ausdruck kämpfen und Anspruch auf jede einzelne Intention erheben, die wir in jedem Moment fassen können, und die somit unsere Wirklichkeit formen. Wenn wir bewußt in diese Dynamik eindringen, erlangen wir die Fähigkeit, bewußt unter den Kräften in uns zu wählen und zu entscheiden, wie und wohin wir unsere Energie lenken wollen.

Die Entscheidung, nicht zu wählen, ist die Entscheidung, unbewußt zu bleiben und daher mit Macht auf unverantwortliche Weise umzugehen. Die Kenntnis von der zersplitterten Persönlichkeit und von ihrem Bedürfnis nach Integration ruft das Bedürfnis nach bewußter Wahl hervor. Jede Wahl erfordert die Entscheidung, welche Teile von uns wir kultivieren und von welchen Teilen wir uns befreien wollen.

Eine verantwortungsbewußte Wahl ist eine Wahl, die die Folgen berücksichtigt, die durch jede unserer Entscheidungen entstehen. Um eine verantwortungsbewußte Entscheidung zu treffen, müssen wir uns bei jeder Wahl, die wir in Betracht ziehen, selbst fragen: »Was wird daraus entstehen? Will ich tatsächlich dies oder das bewirken? Bin ich bereit, sämtliche Folgen dieser Entscheidung zu tragen?« Versetzen wir uns in die mögliche Zukunft, die mit jeder Wahl geschaffen wird, die wir in Betracht ziehen. Tun wir dies nicht mit der Energie der Intention, sondern einfach, um das Wasser zu prüfen, um ein Gefühl dafür zu bekommen, was wir möglicherweise bewirken. Fühlen wir in uns hinein. Fragen wir uns: »Will ich das wirklich?« und treffen wir dann die Entscheidung. Wenn wir die Folgen unserer Wahl bei unserer Entscheidung berücksichtigen und uns dafür entscheiden, bewußt zu bleiben, dann ist dies eine verantwortungsbewußte Wahl.

Nur durch eine verantwortungsbewußte Wahl können wir uns bewußt dafür entscheiden, die Bedürfnisse unserer Seele zu kultivieren und zu nähren, und die Wünsche unserer Persönlichkeit zu bekämpfen und uns von ihnen zu befreien. Diese Wahl ist von Klarheit und Weisheit bestimmt, es ist die Wahl bewußter Transformation. Es ist die Wahl der

Energieströme der Liebe, der Vergebung und des Mitgefühls, deren Frequenz höher ist. Es ist die Wahl, der Stimme unseres Höheren Selbst, unserer Seele, zu folgen. Es ist die Entscheidung, uns der Führung und dem Beistand unserer Führer und Lehrer zu öffnen. Es ist der Pfad, der bewußt zu authentischer Macht führt.

Wie geht dies vor sich?

Obwohl wir uns vielleicht bewußt sind, daß eine andere Person zu enttäuschen, nicht in Übereinstimmung mit unserer Seele geschieht, kann es sein, daß wir uns dennoch dazu entschließen, sei es, um davon zu profitieren, oder um eine Beziehung zu retten, die wir noch nicht bereit sind zu verlieren. Es mag uns zwar bekannt sein, daß es der Pfad des Mitgefühls ist, andere an unseren Gedanken und Handlungen teilhaben zu lassen, und doch können wir den Entschluß fassen, dies nicht zu tun, weil wir glauben, daß uns dies unser Geld oder unsere Sicherheit kosten könnte. Wenn wir die Energie unserer Seele wählen – wenn wir uns entscheiden, mit der Intention der Liebe, Vergebung, Demut und Klarheit zu wirken – gewinnen wir Macht. Wenn wir uns entscheiden, durch Weisheit zu lernen, gewinnen wir Macht. Wenn wir uns entscheiden, mit der Energie unserer Persönlichkeit, mit Zorn, Eifersucht oder Furcht zu wirken – wenn wir uns entscheiden, durch Furcht und Zweifel zu lernen – verlieren wir Macht. Wir gewinnen oder verlieren Macht gemäß den Entscheidungen, die wir treffen.

Die Persönlichkeit ist an sich selbst interessiert. Sie findet sozusagen an Aufregungen jeglicher Art Gefallen. Sie ist nicht notwendigerweise verantwortungsbewußt oder fürsorglich oder liebevoll. Die Seele ist die Energie der universellen Liebe und Weisheit. Sie wirkt mit diesen Energien. Die Persönlichkeit versteht unter Macht etwas Äußerliches, sie denkt in Begriffen wie Wettbewerb, Drohung, Gewinn und Verlust und mißt ihren Erfolg am Erfolg der anderen. Wenn wir uns nach unserer Persönlichkeit ausrichten, lassen wir dem Reich der fünf Sinne Macht zukommen, den äußeren Umständen und Gegenständen. Wir entziehen uns selbst Macht. Sobald wir uns unseres spirituellen Selbst und Ursprungs bewußt werden, unserer Unsterblichkeit, und uns zuerst danach richten und leben und erst in zweiter Linie nach dem Physischen, schließen wir die Kluft, die sich zwischen der Persönlichkeit und der Seele auftut. Wir beginnen, authentische Macht zu erleben.

Wenn unsere Interaktionen auf den Wahrnehmungen unserer Persönlichkeit, unserer fünf Sinne, beruhen, kommt es zu einer Illusion, die wir nicht bemerken. Eine Unstimmigkeit zwischen zwei Freunden, zum Beispiel, ist weniger eine Unstimmigkeit als der Wunsch bei jedem, geheilt zu werden. Wenn ihre Seelen nicht übereinstimmen würden, wären sie gar nicht zusammen. Wenn ein Vater sich danach sehnt, bei der Geburt seines Kindes anwesend zu sein, die Umstände es aber wollen, daß er woanders ist, so ist die Wahrnehmung, daß er woanders ist, eine Illusion. Er ist bei seinem Kind. Sobald die Persönlichkeit ganz wird und authentische Macht erlangt, wird sie sich damit zufrieden geben, der Illusion ihren Lauf zu lassen.

Das ist die Erschaffung der Dynamik der Seele, wodurch sie, unabhängig von der Lage, in der sie sich befindet, aus der Kraft, die sie der Situation zuführt, die beste aller Welten schafft. Von der Wahrnehmung der Persönlichkeit aus, ist es nicht möglich, jene Menschenwesen klar zu sehen, die von außen betrachtet, scheinbar absurde Entscheidungen treffen oder sich ihrer Umwelt nicht bewußt zu sein scheinen, wenn sie in Wahrheit einfach vom feinsten Nektar ihrer Umwelt trinken und vollkommen zufrieden sind, der Illusion ihren Lauf zu lassen.

Die zersplitterte Persönlichkeit ist nicht zufrieden. Die Zufriedenheit, die sie in dem einen Augenblick fühlt, wird im nächsten schon durch Zorn, Furcht oder Neid ersetzt, wenn ihre widersprüchlichen Aspekte miteinander in Streit geraten. Wie wir auf die Kämpfe zwischen unseren widersprüchlichen Aspekten reagieren, bestimmt die Art, wie wir uns entwickeln, ob bewußt oder unbewußt, ob durch die Erfahrung von negativem Karma oder positivem, ob durch Furcht und Zweifel oder durch Weisheit. Die Kämpfe selbst erzeugen kein Karma, auch bestimmen sie nicht die Art, wie wir uns entwickeln werden, sondern nur unsere Reaktion auf sie.

Wenn unser Kampf mit den widersprüchlichen Teilen uns selbst bewußt ist, sind wir imstande, bewußt die Reaktion zu wählen, die das Karma schaffen wird, das wir uns wünschen. Wir werden imstande sein, unsere Wahl im Bewußtsein dessen zu treffen, was hinter jeder Wahl liegt und welche Konsequenzen sie nach sich zieht, und dementsprechend wählen. Wenn wir bewußt in unsere Entscheidungsdynamik eindringen, so schalten wir unseren Willen bewußt in den Schöpfungszyklus ein, durch den sich unsere Seele entwickelt, und wir steigen bewußt in unsere eigene Evolution ein.

Dies erfordert zwar Anstrengung, aber ist es wirklich so viel schwieriger, als die Konsequenzen zu durchleben, die einer Entscheidung folgen, aus Zorn, Selbstsucht oder Furcht zu handeln, wenn wir wissen, daß mit jeder Entscheidung, ohne Mitgefühl zu handeln, wir selber die Verstimmung, Angst oder Sorge erleben werden, die wir in anderen bewirken? Ist es nicht die Anstrengung wert, uns zum Zeitpunkt jeder Wahl im voraus in die voraussichtlichen Folgen jeder unserer Taten zu versetzen, um zu sehen, wie wir uns dann fühlen werden, und wie zufrieden wir mit jeder der Konsequenzen sein werden, wenn uns dieser Vorgang erlaubt, Liebe, Mitgefühl und authentische Macht zu ernten?

Die Anstrengung, die wir für jede Entscheidung, uns nach unserer Seele auszurichten, aufwenden, wird uns viele Male vergolten werden. Jener Teil von uns, der nach dem Licht strebt, wird vielleicht zu dem Zeitpunkt, da wir uns bewußt für die Erlangung authentischer Macht und den vertikalen Pfad entscheiden, nicht der stärkste Teil von uns sein, aber hinter ihm steht das Universum.

Wenn sich zum Beispiel für den physischen, emotionalen Körper einer Person die Notwendigkeit einer Heilung ergibt, ist oft eine einschneidende Veränderung in der Ernährungsweise erforderlich, wobei sich die Person von ihren bisherigen Eßgewohnheiten befreien und neue annehmen muß, weil bestimmte Nahrungsmittel eine höhere Schwingung haben. Neunzig Prozent ihrer Persönlichkeit werden sich wahrscheinlich dagegen sträuben, doch die restlichen zehn Prozent, die sich für diesen Pfad um der Gesundheit und Ganzheit willen entschieden haben, haben letztendlich mehr Macht, als die neunzig Prozent, die sich gegen eine Veränderung wehren, weil das Universum die zehn Prozent unterstützt, und nicht die neunzig Prozent.

Bedenken wir was es heißt, Entscheidungen zu fällen, und versuchen wir, den Rest von uns zu veranlassen, sich unserer verantwortungsbewußten Wahl zu beugen, und während wir die bewußte Reise zu unserer Heilung antreten, werden wir erkennen, daß das Universum den Teil von uns unterstützt, dessen Intention die klarste ist.

Wir empfangen ständig Führung und Beistand von unseren Führern und Lehrern und vom Universum selbst. Wenn wir uns bewußt entscheiden, uns der Energie unserer Seele zu nähern, laden wir diese Führung ein. Wenn wir das Universum bitten, uns in unserer Bemühung, uns nach unserer Seele auszurichten, zu segnen, öffnen wir eine Tür zwischen uns und unseren Führern und Lehrern. Wir helfen ihnen bei ihren Anstrengungen, uns zu helfen. Wir erflehen die Macht der nicht-physischen Welt. Dies ist die wahre Bedeutung von Segen: Die Öffnung einer Tür zwischen uns und nicht-physischer Führung.

Eine Persönlichkeit, die sich ihrer Zersplitterung bewußt ist und sich bemüht, ganz zu werden, braucht kein negatives

Karma zu schaffen, um sich zu entwickeln, um authentische Macht zu erlangen und um zu lernen, Verantwortung zu übernehmen. Wenn wir um eine Entscheidung ringen zwischen den Wünschen unserer Persönlichkeit und den Bedürfnissen unserer Seele, begeben wir uns in eine Dynamik, die es uns ermöglicht, uns ohne die Erschaffung von negativem Karma zu entwickeln. Das ist die Dynamik der Versuchung.

Was ist Versuchung?

Versuchung ist die mitfühlende Art des Universums, uns zu erlauben, etwas zu durchlaufen, was eine negative karmische Dynamik wäre, wenn wir ihr erlauben würden, sich physisch zu manifestieren. Es ist die Energie, durch die unserer Seele die Gelegenheit gegeben wird, probeweise eine Lebenssituation zu meistern, die, wenn wir klar sehen können, innerhalb der Grenzen unseres eigenen Energiefeldes bewältigt und geheilt werden kann, ohne auf andere Seelen überzugreifen. Versuchung ist eine Generalprobe für eine karmische Erfahrung der Negativität.

Die gesamte Dynamik der Versuchung besteht darin, uns auf einfühlsame Weise die Möglichkeit zu geben, unsere potentiellen Fallstricke zu sehen und selbst zu beseitigen, bevor wir damit das Leben anderer gefährden. Es ist eine Art Köder, der uns von unserer Negativität befreit, wenn wir ihn sehen können, noch bevor wir Karma erschaffen. Durch unsere Reaktion auf den Köder reinigen wir uns selbst, ohne die Erfahrung tatsächlich durchleben zu müssen, aufgrund von Bewußtwerdung. Wir reinigen uns selbst, ohne Karma zu erzeugen und ohne Interaktion mit anderen Seelen. Welche Erlesenheit liegt in der Versuchung. Sie ist der Magnet, der unsere Aufmerksamkeit anzieht und auf das lenkt, was negatives Karma schaffen würde, wäre es ihm gestattet, unbewußt zu bleiben.

Mit anderen Worten, Versuchung ist eine Denkform, die dazu bestimmt ist, mögliche Negativität aus dem menschlichen Energiesystem abzuziehen, ohne anderen zu schaden. Die Seele versteht das. Ihrer eigenen Erfindung überlassen, würde sie ausschließlich innerhalb des menschlichen Energiesystems arbeiten, ohne auf das kollektive Bewußte überzufließen und es zu vergiften.

Versuchungen sind keine Fallen. Jede Versuchung ist eine Gelegenheit, durch die es der Seele ermöglicht wird, ohne die Erzeugung von Karma zu lernen und sich direkt durch bewußte Wahl zu entwickeln. Die Dynamik der Versuchung ist die Energie, die man sich unter der herausfordernden Dynamik der menschlichen Erfahrung oder unter dem Luziferischen Prinzip vorstellen könnte. Sie dient dem Zweck, die Evolution der Macht zu unterstützen.

Luzifer bedeutet ›Lichtbringer‹. Versuchung, das Luziferische Prinzip, ist jene Dynamik, durch die jeder Seele gnädig die Gelegenheit gegeben wird, sich jenen Teilen in ihr zu stellen, die dem Licht widerstehen. Die Luziferische Energie wird in der Paradiesgeschichte durch eine Schlange verkörpert, durch die Vorstellung einer außermenschlichen Präsenz, die zwar in Versuchung führen, aber nie die Herrschaft über den Menschen erlangen könnte. Die Luziferische Energie versucht uns, sie führt jenen Teil des menschlichen Wesens in Versuchung, der sterblich ist und auf den fünf Sinnen beruht, doch sie kann nicht die Seele zerstören. Sie kann bloß jenen Teil von uns bedrohen, der zu stark mit dem Physischen verbunden ist. Die Schlange gehört zur Erde. Wenn wir der Erde zu nahe stehen, wenn wir die Götter der Erde verehren, und die Erde zu unserem Herrn und Meister machen, dann werden auch wir gebissen werden.

Die lichtbringende Energie, die Luziferische Energie, die die Person des Jesus von Nazareth, der zu Christus wurde, und die Person des Siddhartha Gautama, der zu Buddha wurde, in Versuchung führte, ist dieselbe Energie, die uns versucht. Sie verlockt den Buchhalter zum Stehlen, den Studenten zum Schwindeln, den Gatten zum Ehebruch, den

Menschen zu äußerer Macht. Sie stellt das Licht unserer unsterblichen Seele dem physischen Licht unserer Persönlichkeit gegenüber. Sie zeigt uns den vertikalen und den horizontalen Pfad. Was ist die Natur der Transformation? Es ist der mitfühlende Weg der Versuchung.

Versuchung ist die barmherzige Art und Weise, wie jede Seele in ihre Macht eingeführt wird. Wenn wir von äußeren Umständen verführt oder bedroht werden, verlieren wir Macht. Sie gewinnen Macht über uns. Mit jeder Entscheidung, die wir treffen, um uns nach der Energie unserer Seele auszurichten, gewinnen wir selber Macht. Auf diese Weise wird authentische Macht erworben. Sie wird Schritt für Schritt, Entscheidung für Entscheidung, aufgebaut. Sie kann nicht durch Meditation oder Gebet erworben werden. Sie muß verdient werden.

Wenn wir uns zum Beispiel von Zorn befreien wollen, schaffen wir eine Energieschablone, um die herum sich unsere Erfahrungen bilden werden. Dieses Energiemuster wird den Zorn in uns an die Oberfläche ziehen, damit wir uns von ihm befreien können. Sobald wir einen negativen Aspekt bekämpfen und abbauen wollen, tritt er in den Vordergrund. Alles beginnt, diesem Zweck zu dienen. Unsere Träume zeigen uns die archetypische Dynamik unseres Zornes. Wir finden uns ständig in Situationen wieder, die diesen Zorn in uns hervorrufen. Unser Leben scheint sich nur um Zorn zu drehen, weil wir beschlossen haben, diesen Aspekt zu bekämpfen, und weil das Universum auf unsere Wahl in mitfühlender Weise reagiert hat.

Wenn wir bewußt Wachstum und Weisheit erflehen, beschwören wir jene Teile von uns, die nicht ganz sind, in den Vordergrund unseres Lebens zu treten. Bei jedem Auftreten von Zorn, Eifersucht oder Angst stehen wir vor der Wahl, uns der Herausforderung zu stellen oder nachzugeben. Jedes Mal, wenn wir die Herausforderung annehmen, gewinnen wir Macht, und der Gegner verliert Macht. Bei jeder Versuchung, zornig, eifersüchtig oder ängstlich zu werden, bei der wir diese Gefühle bekämpfen, gewinnen wir Macht. Es könnte sich innerlich keine Stärke aufbauen, würden die Entscheidungen, die wir treffen, nicht Disziplin und Intention von uns verlangen.

Wenn wir beschließen, daß wir einer Versuchung nicht widerstehen können, dann erteilen wir uns in Wirklichkeit die Erlaubnis, unverantwortlich zu sein. Die Wünsche und Impulse, bei denen wir das Gefühl haben, daß es uns an Kraft fehlt, sie zu überwinden, sind unsere Süchte. Süchte sind die Wünsche jener Teile unserer Persönlichkeit, die sehr stark sind und der Energie unserer Seele Widerstand leisten. Es sind jene Aspekte unserer Persönlichkeit, der Inkarnation unserer Seele, die am meisten der Heilung bedürfen. Es sind unsere größten Unzulänglichkeiten.

Wir können nach Essen, Drogen, Zorn oder Sex süchtig sein. Wir können mehr als eine Sucht haben. In keinem Fall können wir uns von der Sucht befreien, bevor wir nicht die Dynamik verstehen, die ihr zugrunde liegt. Jeder Sucht liegt die Wahrnehmung von Macht als äußerlich, als Fähigkeit, die Umwelt oder die anderen zu beherrschen und zu gebrauchen, zugrunde. Hinter jeder Sucht steckt ein Machtproblem.

Am Anfang der Reise zur Seele steht das Verständnis, daß wir als Gattung automatisch dazu getrieben werden, das Problem der Macht zu bewältigen. Jedes menschliche Wesen erlebt die Ursachen und Wirkungen seiner Entscheidungen, empfindet das Verlangen, die leeren, machtlosen Stellen in sich aufzufüllen. Diese Dynamik kann im Sinne einer unsicheren Menschheit beschrieben werden, aber dies ist zu offensichtlich. Der Mechanismus, der hier am Werk ist, hat die Gewinnung von authentischer Macht zum Ziel.

Dies ist der Grund, warum jeder Mensch mit der Macht zu kämpfen hat, sei es mit dem Mangel an Macht, dem Erwerb von Macht oder mit dem Wissen, was sie wirklich ist und wie man mit ihr umgehen sollte. Jeder Krise, ob sie nun emotional, spirituell, physisch oder psychisch ist, liegt das Problem der Macht zugrunde. Es hängt von der Brille ab, die wir aufsetzen, um unsere Krise zu interpretieren, ob wir unserer Seele oder der Erde näherkommen.

Die Reise zur Ganzheit erfordert, daß wir ehrlich, offen und mutig in uns hineinsehen, in die Dynamik, die hinter dem liegt, was wir fühlen, was wir wahrnehmen, was wir schätzen und wie wir handeln. Es ist eine Reise durch unsere Barrieren und darüber hinaus, so daß wir bewußt die Natur unserer Persönlichkeit erleben können, erkennen, was sie in unserem Leben bewirkt hat, und uns entscheiden, dies zu verändern.

11

Sucht

Die Arbeit an der Befreiung von einer Sucht kann erst beginnen, wenn wir uns eingestehen, daß wir süchtig sind. Bevor wir nicht erkennen, daß wir an einer Sucht leiden, ist es nicht möglich, ihre Macht einzuschränken. Die Persönlichkeit versucht ihre Süchte zu begründen und ihnen ein beschönigendes Mäntelchen umzuhängen. Sie stellt sie als begehrenswert oder nützlich sich und anderen gegenüber dar. Eine alkoholsüchtige Person wird zum Beispiel sich und anderen gegenüber erklären, der Alkohol helfe ihr, sich zu lockern, sich nach einem anstrengenden Tag zu entspannen, sich zu amüsieren, und sei deshalb konstruktiv. Eine Person, die nach Sex süchtig ist, wird sich und anderen versichern, freie sexuelle Beziehungen seien ein Ausdruck von menschlicher Nähe und Liebe, ein Spiegelbild einer fortschrittlichen und liberalen Gesinnung, und deshalb wünschenswert.

Unsere eigenen Süchte zu erkennen, erfordert innere Arbeit. Es verlangt von uns, daß wir uns die Stellen genau betrachten, wo unser Leben an Kraft verliert, wo wir uns durch äußere Umstände beherrschen lassen. Wir müssen unsere eigenen Abwehrmechanismen durchbrechen. Selbst wenn wir um Klarheit bemüht sind, oder wenn äußere Umstände, wie beispielsweise ein durch Trunkenheit am Steuer verursachter Unfall oder eine zerbrochene Ehe, den Beweis für eine Sucht liefern, klammert sich die Persönlichkeit oft an die Überzeugung, es handle sich um keine Sucht, sondern bloß um ein Problem. Anfangs sieht sie darin nur ein kleines, dann ein größeres und schließlich ein grundlegendes Problem.

Warum weigert sich die Persönlichkeit, sich ihre Süchte einzugestehen?

Sich eine Sucht einzugestehen, zu akzeptieren, daß wir süchtig sind, ist ein Eingeständnis, daß ein Teil von uns außer Kontrolle geraten ist. Die Persönlichkeit weigert sich, ihre Süchte zuzugeben, weil sie dies zu der Wahl zwingt, entweder einen Teil von ihr außer Kontrolle zu belassen oder etwas dagegen zu unternehmen. Sobald eine Sucht zugegeben worden ist, können wir sie nicht mehr außer acht lassen und uns nicht von ihr befreien, ohne unser Leben, unser Selbstbild und den gesamten Rahmen unserer Selbstwahrnehmung und Lebensauffassung zu verändern. Wir weigern uns, dies zu tun, weil sich unsere Natur gegen jede Veränderung wehrt. Das ist der Grund, warum wir uns unsere Süchte nicht eingestehen wollen.

Von etwas abhängig oder süchtig zu sein, hat nichts mit bloßer Anziehung zu tun. Es ist ganz natürlich, daß Männliches und Weibliches einander anzieht und Bewunderung und Wärme füreinander empfindet. Eine Sucht ist mehr als das. Ihre Kennzeichen sind Magnetismus und Furcht. Sie ist Anziehung gepaart mit Furcht. Die Anziehung ist mit einem Energiestoß gekoppelt, der in keinem Verhältnis zu der betreffenden Situation steht. Daß uns Personen und Dinge anziehen, gehört zum erfreulichen Teil unseres Lebens. Wir können uns ihrer erfreuen und uns wieder von ihnen trennen, bei einer Sucht ist dies nicht möglich.

Eine Sucht kann nie befriedigt werden. Eine sexuelle Abhängigkeit läßt sich durch Sex nicht befriedigen. Das ist der erste Hinweis dafür, daß die Dynamik, die dieser scheinbaren sexuellen Abhängigkeit zugrunde liegt, nicht sexuell ist, sondern daß die damit verbundenen Erfahrungen einer tieferen Dynamik dienen.

Eine Sucht kann betäubt werden. Eine sexuelle Sucht läßt sich zum Beispiel durch die Furcht vor dem Verlust einer Beziehung einschläfern, doch ohne die Erkenntnis, daß sie vorhanden ist, und ohne Verständnis für die ihr zugrunde liegende Dynamik, kann sie nicht geheilt werden. Und solange keine Heilung erfolgt, wird sie die Beziehung oder die Fassade der Monogamie immer wieder durchbrechen, und zwar dann, wenn sich die Persönlichkeit unsicher oder bedroht fühlt. In diesen Momenten wird sich die Persönlichkeit zu anderen sexuell hingezogen fühlen.

Sexuelle Abhängigkeit ist innerhalb unserer Gattung allgemein verbreitet, weil das Problem der Macht mit dem Erlernen der Sexualität innerhalb der menschlichen Struktur eng verknüpft ist. Sexualität und Machtprobleme wurden innerhalb unserer Gattung geschaffen, um einander zu ergänzen. Deshalb hat jeder Mensch, der seine Sexualität nicht unter Kontrolle hat, eigentlich Probleme mit seiner Macht. Macht und Sexualität sind im Grunde genommen identisch. Jemand, der sich im Zentrum seiner Macht befindet, kann nicht sexuell außer Kontrolle sein oder von einem sexuellen Energiestrom beherrscht werden. Beides gleichzeitig ist nicht möglich.

Welche Dynamik liegt sexueller Abhängigkeit zugrunde?

Das Auftreten von sexueller Abhängigkeit ist für den Betroffenen ein Signal für Machtlosigkeit und zeigt sein Verlangen auf, sich auf Kosten einer schwächeren Seele zu stärken. Diese Dynamik steckt hinter jeder Sucht: der Wunsch, von einer Seele zu zehren, die noch zersplitterter ist als die eigene. Das ist nicht nur häßlich anzusehen, es ist auch eine häßliche Erfahrung, doch es bildet den Kern der Negativität innerhalb unserer Gattung.

Sex ohne Ehrfurcht spiegelt wie jede Tätigkeit, die ohne Ehrfurcht verrichtet wird, ob es sich nun um Geschäfte oder um Politik handelt, nur das eine: eine Seele, die von einer schwächeren Seele zehrt. Daher gibt es nur einen Ausweg aus sexueller Abhängigkeit, sich daran zu erinnern, wenn wir uns sexuell angezogen fühlen, daß wir in diesem Augenblick machtlos sind und den Wunsch haben, eine Seele, die schwächer ist als wir, auszulaugen.

Mit anderen Worten, bei einer sexuellen Anziehung müssen wir immer gleichzeitig in Betracht ziehen, daß wir uns in einem Zustand der Machtlosigkeit befinden, der den Wunsch hervorruft, andere zu benutzen. Dieser Wunsch ähnelt dem Gefühl sexueller Anziehung. Erinnern wir uns daran, was wirklich in uns vorgeht. Das heißt nicht, daß wir nicht physisch eine Bindung oder Anziehung empfinden, doch was in uns den Wunsch zu handeln hervorruft, ist eine andere Dynamik, eine Dynamik die auf Machtlosigkeit beruht.

Erlauben wir diesem Bewußtsein, tief in uns einzudringen, so daß wir, wenn wir unsere Sucht in die Tat umsetzen wollen, uns mit unserer eigenen Wirklichkeit konfrontiert sehen.

Was heißt das?

Rufen wir uns in Erinnerung, daß uns eine impulsive Tat unsere Ehe oder unsere Beziehung kosten kann, und fragen wir uns, ob sie uns diesen Preis wert ist. Denken wir an die gesundheitlichen Folgen, die wir riskieren, wenn wir aus einem Impuls heraus handeln, ohne zu wissen, ob der erwählte Partner nicht vielleicht an einer Krankheit wie AIDS leidet, und überlegen wir uns, ob wir dieses Risiko eingehen wollen.

Mit größter Wahrscheinlichkeit fühlt sich der Partner, der uns anzieht, so wie wir, in gleicher Weise auch zu anderen hingezogen, weil er oder sie für uns nicht mehr empfindet als wir für sie oder ihn. Die Richtigkeit dieser Annahme wird dadurch bewiesen, daß es sich bei der sexuellen Anziehung, die wir für diese Person empfinden, in Wirklichkeit um eine Reaktion auf unser eigenes System zur Entdeckung von Schwachstellen handelt, mit dem wir unsere Umgebung erforscht haben. Wenn es eine Person ortet, die schwach genug ist, um für unsere Verführungskünste empfänglich zu sein, löst es in uns ein Gefühl sexueller Anziehung aus. Wenn wir die Schwäche dieser Person ausnutzen, wird sich dann unsere Männlichkeit oder Weiblichkeit weiterentwickeln? Wird uns dieses Verhalten das einbringen, was wir uns erwarten?

Bedenken wir, daß wir beide eine Form der sexuellen Interaktion gewählt haben, die unsere Gefühle nicht mit einbezieht, denn wenn unsere Gefühle mit im Spiel wären, würden sie uns wissen lassen, daß die Person, von der wir angezogen werden, emotional genauso wenig beteiligt ist wie wir. Zu glauben, selbst bloß sexuell und nicht emotional in eine Beziehung verwickelt zu sein, ist eine Sache, eine andere ist es, der Tatsache ins Auge zu sehen, daß auch der andere nichts für uns empfindet.

Betrachten wir uns die Dynamik, in die wir verwickelt sind, genauer, werden wir sehen, daß, wenn eine Seele von einer schwächeren zu zehren versucht und die schwächere Seele reagiert, beide Seelen schwächer sind. Wer zehrt von wem? Die Logik der Fünf-Sinne-Persönlichkeit kann dies nicht begreifen, doch die höhere Logik des Herzens sieht es klar. Wo liegt der Unterschied, wenn zwei Persönlichkeiten versuchen, sich an einer Dynamik zu beteiligen, die letztendlich zu Gleichgewicht führen soll, wenn bei beiden dieselben Teile fehlen? Das Bedürfnis zu herrschen, ist auf die gleiche Ursache zurückzuführen, wie das Bedürfnis sich zu unterwerfen. Es geht nur darum, welche Rolle die Seele spielen will, die Arbeit ist dieselbe.

Versetzen wir uns in das Gefühl, das wir haben, wenn wir etwas trinken wollen oder wenn es uns nach Sex mit einem anderen Partner gelüstet. Rufen wir uns ernsthaft in Erinnerung, wie viele Male wir in unserem Leben schon gedacht haben, dies würde uns von großem Nutzen sein, und rekapitulieren wir, was es uns wirklich gebracht hat.

Halten wir an dem Gedanken fest, daß wir es sind, die unsere eigenen Erfahrungen schaffen. Unsere Furcht kommt von der Erkenntnis, daß ein Teil von uns sich eine Wirklichkeit schafft, die er will, gleichgültig ob wir damit einverstanden sind oder nicht, und wir daher das Gefühl haben, dagegen machtlos zu sein. Dem ist aber nicht so. Der kritische Punkt ist, zu begreifen, daß unsere Sucht nicht stärker ist als wir. Sie ist nicht stärker als das, was wir zu sein bestrebt sind. Obschon es den Anschein haben mag, kann sie nicht gewinnen, wenn wir es nicht zulassen. Wie jede Schwäche ist sie nicht stärker als die Seele oder die Willenskraft. Ihre Stärke zeigt nur an, wieviel Anstrengung nötig ist, um die Umwandlung zu vollziehen, um die Ganzheit auf diesem Gebiet in unserem Leben wieder herzustellen.

Erkennen wir, daß wir durch die Furcht, einer Versuchung zu unterliegen, eine Lage schaffen, die es uns ermöglicht, unverantwortlich zu handeln. Ist es möglich, eine Prüfung zu ersinnen, die wir nicht bestehen können? Der Wunsch nach Versuchung, um uns selbst zu prüfen, führt dazu, daß wir eine Gelegenheit schaffen, um unverantwortlich zu handeln, um sagen zu können: »Ich wußte, ich würde es ohnehin nicht schaffen«, und wieder unserer Sucht zu verfallen. Im Grunde genommen wollen wir für unsere Wahl nicht zur Verantwortung gezogen werden, deshalb schaffen wir eine Versuchung, der wir nicht widerstehen können.

Je stärker der Wunsch unserer Seele ist, uns von unserer Sucht zu heilen, desto mehr wird es uns kosten, an ihr festzuhalten. Hat unsere Seele einmal den Beschluß zur Heilung gefaßt, so werden wir feststellen müssen, daß das Beharren auf unserer Sucht dazu führt, daß wir das verlieren, was wir am meisten schätzen. Ist es unser Ehepartner, dann wird unsere Ehe gegen unsere Sucht in die Waagschale geworfen werden, ist es unsere Karriere, dann wird diese auf dem Spiel stehen.

Diese Vorgangsweise ist nicht auf ein grausames Universum oder einen boshaften Gott zurückzuführen, es ist die Antwort auf unseren Wunsch nach Heilung oder Ganzwerdung. Ein mitfühlendes Universum sagt uns, daß unsere Mängel so groß sind, daß das einzige, was uns Einhalt gebieten kann, etwas sein muß, dessen Wert genauso groß oder größer ist als unsere Mängel. Das ist dieselbe Dynamik, die in Form von Raum, Zeit und Materie durch das zweite Grundgesetz der Mechanik ausgedrückt wird: »Die Bewegungsänderung (Beschleunigung) eines Körpers ist der einwirkenden Kraft proportional und ihr gleichgerichtet.« Auf der Höhe der Kosten unserer Sucht können wir die Bedeutung, die unsere Seele ihrer Heilung beimißt, erkennen und die Stärke unserer eigenen Intention ermessen, die dafür nötig ist.

Was zwischen uns und einem veränderten Leben liegt, sind Entscheidungen verantwortlicher Natur. Worüber wir uns in unseren Augenblicken der Furcht im unklaren sind, ist die Kraft und das Ausmaß unserer eigenen Wahlmöglichkeit. Erkennen wir unsere eigene Entscheidungskraft! Wir sind unseren Mängeln nicht auf Gedeih und Verderb ausgeliefert. Die Intention, die uns Kraft gibt, muß aus unserer innersten Überzeugung kommen, daß wir fähig sind, verantwortungsbewußte Entscheidungen zu treffen, die uns zu authentischer Macht führen, und daß wir imstande sind, im Sinne unserer Heilung und Ganzwerdung zu handeln. Stellen wir unsere Entscheidungskraft auf die Probe, denn mit jeder Entscheidung können wir die Macht unserer Sucht schwächen und unsere persönliche Macht stärken.

Während wir an unseren Schwächen arbeiten und mit verschiedenen Graden von Süchtigkeit in Berührung kommen, müssen wir uns die kritische Frage des Geistes stellen: Wird sich der Grad meiner Erleuchtung erhöhen, wenn ich jenen Impulsen folge? Wird es mir zu authentischer Macht verhelfen? Wird meine Liebesfähigkeit zunehmen? Wird es zu meiner Ganzheit beitragen? Stellen wir uns selbst diese Fragen.

Das ist der Weg, der aus einer Sucht herausführt: Nehmen wir uns selbst bei der Hand und schreiten wir Schritt für Schritt durch unsere Wirklichkeit. Machen wir uns die Folgen unserer Entscheidungen bewußt, um dementsprechend zu entscheiden. Wenn wir das Gefühl haben, süchtig nach Sex, Alkohol, Drogen oder sonst etwas zu sein, rufen wir uns diese Worte in Erinnerung: Wir stehen zwischen den beiden Welten unseres unvollkommenen und vollkommenen Selbst. Unser unvollkommenes Selbst übt eine starke Versuchung auf uns aus, weil es nicht so verantwortungsbewußt, nicht so liebevoll und nicht so diszipliniert ist. Der andere Teil aber ist vollkommen, er ist verantwortungsbewußter, fürsorglicher und stärker, doch er verlangt von uns, daß wir den Weg des erleuchteten Geistes gehen, des bewußten Lebens. *Bewußtes* Leben. Die verführerische Alternative hierzu bildet unbewußtes Handeln.

Wofür entscheiden wir uns?

Entscheiden wir uns für die Ganzwerdung und halten wir an dieser Entscheidung fest. Die Versuchungen und die Furcht werden nicht so groß sein, wie wir glauben. Halten wir an unserer Entscheidung fest und rufen wir uns immer wieder in Erinnerung, daß wir zwischen unserem unvollkommenen und vollkommenen Selbst stehen. Treffen wir eine weise Wahl, denn die Macht liegt jetzt ganz in unserer Hand. Unterschätzen wir nicht die Macht des Bewußtseins. Indem wir leben und täglich, in jedem Augenblick, bewußt unsere Entscheidungen treffen, füllen wir uns mit Stärke und unser unvollkommenes Selbst löst sich auf.

Wenn wir uns für authentische Macht entscheiden, wird der Teil von uns, den wir herausgefordert haben, die Versuchung, die wir bekämpfen, immer wieder auftauchen. Jedes Mal, wenn wir sie in die Schranken weisen, werden wir an Macht gewinnen, und sie an Macht verlieren. Wenn wir zum Beispiel unsere Sucht nach Alkohol bekämpfen, und es uns an diesem Tag zwölfmal danach gelüstet, etwas zu trinken, so müssen wir diese Energie jedes Mal bekämpfen. Betrachten wir jedes dieser Vorkommnisse als einen Mißerfolg oder als ein Zeichen, daß unsere Intention nicht funktioniert, so wählen wir den Weg des Lernens durch Furcht und Zweifel. Sehen wir dagegen jedes Wiederauftreten als eine Gelegenheit an, die uns aufgrund unserer Intention geboten wird, damit wir unseren Fehler ablegen können und unserer Sucht Herr werden, dann wählen wir den Weg des Lernens durch Weisheit, denn um einen solchen handelt es sich hier.

Wenn wir uns das erste Mal unserer Sucht stellen, werden wir vielleicht gar nicht das Gefühl haben, etwas Besonderes vollbracht zu haben, und auch nicht beim zweiten und beim dritten Mal. Glauben wir wirklich, daß sich authentische Macht so leicht erreichen läßt? Indem wir an unserer Intention festhalten und uns immer wieder für die Ganzwerdung entscheiden, sammeln wir Macht, und die Sucht, von der wir glaubten, sie nicht bekämpfen zu können, wird ihre Macht über uns verlieren.

Sobald wir den Entschluß gefaßt haben, ganz zu werden, treten wir mit unserer nicht-physischen Hilfe in Verbindung. Die Arbeit, die zu tun ist, bleibt uns zwar selbst überlassen, doch wir dürfen immer mit Beistand rechnen. Die nicht-physische Welt — die Handlungen unserer Führer und Lehrer — berührt die unsere in vielfältiger Weise. Da ist der Gedanke, der Kraft gibt oder unsere Erinnerung weckt, oder das überraschende Erlebnis, das uns stärkt. In der nicht-physischen Welt herrscht große Freude, wenn eine Seele sich von Negativität befreit und ihr Bewußtsein in die höheren Frequenzen des Lichts eintritt. Warum leiden wir in dem Glauben, allein zu sein? Wir sind es nicht.

Betrachten wir uns als Wesen, die nach Heilung streben, und sehen wir uns an, was alles geheilt werden muß. Wir sind kein Einzelfall, die gesamte Menschheitserfahrung dreht sich um die Ganzwerdung. Welches menschliche Wesen wir auch ins Auge fassen, wir können sicher sein, daß es nicht ganz ist. Sie befinden sich alle in einem Entwicklungsprozeß. Wären sie ganz, so gäbe es keinen Grund für ihr physisches Verweilen auf unserer Ebene. Das heißt mit anderen Worten, daß wir uns in der Gesellschaft von Milliarden Seelen befinden.

Nehmen wir uns nach harter Arbeit die Zeit, diese zu würdigen und schielen wir nicht immer nach der Strecke, die es noch zurückzulegen gilt. Schließen wir uns dem Applaus unserer nicht-physischen Lehrer und Führer an für das, was wir geleistet haben. Das heißt nicht, daß wir in unsere Sucht zurückfallen, sondern daß wir uns eine Ruhepause gönnen, wenn wir sie brauchen, daß wir erkennen, wenn wir erschöpft sind, und wissen, daß selbst der Beste von uns einmal müde wird.

Die Dynamik, die unserer Sucht zugrunde liegt, zu verstehen, ist eine Sache, eine andere ist es, tatsächlich die emotionale Beziehung herzustellen, um das Bedürfnis danach loszuwerden. Unsere Sucht ist nicht unüberwindbar. Wenn sie uns so erscheint, so liegt das daran, weil wir uns im Grunde unseres Herzens für unfähig halten, uns von ihr zu befreien, selbst wenn wir begreifen, warum wir von ihr befallen sind. Wenn unsere Sucht nicht weichen will, müssen wir uns fragen, ob wir sie tatsächlich loswerden wollen, denn im Grunde unseres Herzens wollen wir das nicht.

Solange wir nicht die Mängel in uns beseitigen — also ausfüllen —, werden wir immer süchtig sein. Um von unserer Sucht loszukommen, müssen wir in unsere Mängel eindringen, erkennen, daß sie wirklich sind, und sie zur Heilung ins Licht des Bewußtseins bringen. Es ist nötig, daß wir tief in jene Teile von uns hineinsehen, die solche Macht über uns haben, damit wir erkennen, wie tief sie in uns wurzeln und sie so klar und ehrlich wie möglich sehen. Vielleicht hat uns unsere Sucht einige der wenigen wirklich lustvollen

Augenblicke in unserem Leben beschert. Was ist uns wichtiger, unsere Ganzheit und unsere Freiheit oder die kurzlebigen Freuden, die wir aus der Befriedigung unserer Sucht gewinnen?

Haben wir erst begriffen, daß unsere Sucht von einem Mangel herrührt, dann stellt sich die Frage, wie wir darauf reagieren wollen — indem wir die nächste Flasche öffnen oder uns auf ein weiteres sexuelles Abenteuer einlassen, oder indem wir uns nach innen wenden, zu jenen Dingen, die das Ganze ausfüllen können? Stellen wir fest, wie stark die Macht unserer Sucht ist, wie tief ihre Anziehungskraft reicht, und fragen wir uns, ob die Zeit wirklich reif dafür ist, daß wir diese Form des Lernens aufgeben. Diese Frage müssen wir uns selbst stellen und beantworten. Es mag sein, daß wir die Stimme unserer nicht-physischen Lehrer vernehmen und fühlen, daß sie uns einen Pfad höherer Weisheit zeigen, doch im selben Augenblick erkennen wir, daß wir noch nicht bereit sind, diesen Pfad einzuschlagen. Vielleicht beschließen wir, daß dies nicht die richtige Zeit ist, daß wir noch nicht stark genug sind, um auf eine bestimmte Weise zu leben. Dies könnte uns tatsächlich widerfahren.

Letzten Endes werden wir alle den höheren Pfad wählen, doch wenn wir die Reise noch einen Tag aufschieben wollen — oder eine Woche oder sieben Lebenszeiten —, so genügt das auch. Die Perspektive unserer Lehrer kennt keine Zeit. Der Weisheit Schluß besteht in dem Wissen, daß wir letzten Endes doch den Pfad des Bewußtseins einschlagen werden. Wenn dies der Pfad ist, den wir schließlich nehmen werden, warum warten wir dann noch? Doch es gibt Zeiten, in denen die Weisheit im Warten liegt, während sich der Rest von uns auf die Reise vorbereitet. Wir brauchen uns dieser Entscheidung nicht zu schämen.

Das Universum richtet nicht. Auch wir werden schließlich authentische Macht erlangen. Wir werden die Macht der Vergebung, Demut, Klarheit und Liebe kennenlernen.

Wir werden über unser Menschentum hinauswachsen und das Lernen in Zeit, Raum und Materie in unserer irdischen Schule hinter uns lassen. Es ist nicht möglich, daß wir uns nicht entwickeln. Alles im Universum unterliegt der Evolution. Die Frage ist nur, auf welche Art wir während unserer Evolution zu lernen gedenken. Wir haben immer die Wahl, und in jeder Wahl steckt Weisheit.

Wenn wir heimkehren, wenn wir Persönlichkeit und Körper zurücklassen, lassen wir auch unsere Mängel zurück, unseren Zorn, unsere Angst und Eifersucht. Sie können im Reich des Geistes nicht existieren. Sie sind die Erfahrungen der Persönlichkeit, die an Zeit und Materie gebunden sind. Dann werden wir wieder in die Fülle unserer Ganzheit eintreten und voller Liebe, Mitgefühl und Verständnis die Erfahrungen unseres Lebens betrachten, einschließlich jener, die uns so sehr zu beherrschen schienen. Wir werden begutachten, was wir gelernt haben, und alles in die nächste Inkarnation mitnehmen.

Unsere Wahl, an unserer Sucht festzuhalten, ist eine Wahl von negativem Karma, von Schöpfung ohne Mitgefühl. Wir entscheiden uns für Unbewußtheit, für ein Lernen durch die Erfahrungen, die unsere unbewußten Intentionen schaffen, für ein Lernen durch Furcht und Zweifel, denn wir fürchten unsere Sucht und wir zweifeln an unserer Macht, sie erfolgreich zu bekämpfen.

Die Entscheidung, unsere Sucht zu bekämpfen und uns bewußt der Ganzwerdung zu nähern, bedeutet, daß wir durch Weisheit lernen wollen. Wir beschließen, unsere Erfahrungen bewußt zu wählen und die Wahrnehmungen und Energien der Persönlichkeit mit unserer Seele in Einklang zu bringen. Wir beschließen, innerhalb der physischen Wirklichkeit die Wirklichkeit zu schaffen, die unsere Seele schaffen will. Wir beschließen, unserer Seele die Möglichkeit zu geben, durch uns zu wirken. Wir beschließen, dem Göttlichen zu erlauben, unsere Welt zu formen.

Wenn wir mit einer Sucht kämpfen, geht es im Grunde genommen um die Heilung unserer Seele. Es geht um unser Leben. Es geht um die Arbeit, die getan werden muß. Indem wir uns unseren schwersten Kämpfen stellen, greifen wir nach dem höchsten Ziel. Indem wir die Ströme von Negativität, die in uns sind, ans Licht bringen, sie heilen und befreien, geben wir der Energie unserer Seele die Möglichkeit, in die Erfahrungen und Ereignisse der physischen Wirklichkeit einzudringen und sie zu formen, um auf diese Weise ungehindert ihre Aufgaben auf der Erde erfüllen zu können.

Dies ist die Arbeit der Evolution. Es ist die Arbeit, für die wir geboren worden sind.

12

Beziehungen

Es gibt eine bestimmte Dynamik des Wachstums, die sich nur innerhalb der Dynamik der Hingabe vollziehen kann. Ohne Hingabe können wir nicht lernen, uns um andere mehr zu sorgen als um uns selbst. Wir können nicht lernen, das Wachsen von Stärke und Klarheit in einer anderen Seele zu schätzen, selbst wenn dadurch die Wünsche unserer Persönlichkeit gefährdet werden. Wenn wir die Wünsche unserer Persönlichkeit zugunsten des Wachstums eines anderen Wesens aufgeben, stimmen wir uns auf die Seele dieses Wesens ein. Ohne Hingabe können wir nicht lernen, die anderen so zu sehen, wie unsere Seele sie sieht — als Lichtwesen von großer Schönheit und Macht.

Der Archetypus der spirituellen Partnerschaft, einer Partnerschaft, die dem spirituellen Wachstum dient und die Gleichheit der Partner voraussetzt, macht sich innerhalb unserer Gattung bemerkbar. Er unterscheidet sich vom Archetypus der Ehe insofern, als dieser das physische Überleben gewährleisten sollte, und die Gleichheit der Partner nicht unbedingt gegeben war. Wenn sich Individuen zu einer Ehe zusammenschließen, dann wirkt sich das auf die Überlebensfähigkeit eines jeden einzelnen günstig aus. Gemeinsam sind sie besser in der Lage, für Feuer, Unterkunft, Nahrung und Wasser zu sorgen und sich zu verteidigen, als sie es einzeln sind. Der Archetypus der Ehe spiegelt die Auffassung von Macht als etwas Äußerliches.

Der Archetypus der spirituellen Partnerschaft reflektiert die bewußte Reise des multisensorischen Menschen zu authentischer Macht. Spirituelle Partner erkennen die Existenz der Seele und suchen ihre Entwicklung bewußt zu fördern. Sie sind sich der nicht-physischen Dynamik bewußt, die innerhalb der Welt von Zeit und Materie wirkt. Materie ist für sie die dichteste oder schwerste Lichtebene, die ständig von den Seelen, die an dieser Sphäre des Lernens beteiligt sind, geformt und verändert wird. Sie sind bewußte Mitschöpfer ihrer Erfahrungen miteinander, zusammen mit einer lebendigen Erde, die das Leben liebt, und mit einem mitfühlenden Universum.

Gemeinwesen, Nationen und Kulturen — alle unsere kollektiven Schöpfungen — sind auf den Werten und Wahrnehmungen der Fünf-Sinne-Persönlichkeit aufgebaut, den Werten, die sich in dem Archetypus der Ehe spiegeln. Sie wurden geschaffen, um dem physischen Überleben unserer Spezies zu dienen, und sie reflektieren die Entscheidungen unserer Spezies, durch Furcht und Zweifel zu lernen.

Unsere gesamte Welt ist auf der Energie der Fünf-Sinne-Persönlichkeit aufgebaut, die sich dafür entschieden hat, durch Furcht und Zweifel zu lernen. Nationen fürchten Nationen, Rassen fürchten Rassen, und die Geschlechter fürchten sich voreinander. Die Erforschung der physischen Wirklichkeit, bei der es sich um äußere Macht handelt, hätte sich im Geiste der Zusammenarbeit mit der Erde und im Sinne ihrer Würdigung vollziehen können. Statt dessen hat unsere Gattung sich für eine Erforschung im Sinne von Beherrschung und Ausbeutung entschieden. Das ist der Pfad des Lernens durch Furcht und Zweifel, Furcht vor der physischen Umgebung und Zweifel, daß wir von Natur aus in sie hineinpassen.

Unsere Welt ist ein Spiegelbild unserer Grundeinstellung, daß es kein Leben nach dem Tod gibt, daß uns nur das zur Macht verhilft, was wir in dieser Lebenszeit erwerben und besitzen können. Manchmal sprechen wir von einem Leben ›danach‹, aber im Grunde genommen glauben wir nicht daran, daß wir nach dem Verlassen der Erde noch immer für die Entscheidungen verantwortlich sind, die wir auf der Erde getroffen haben, sonst fielen unsere Entscheidungen wohl oft ganz anders aus.

Unsere Spezies ist nicht mehr demütig. Sie hat keine Ehrfurcht. Sie ist selbstherrlich, erfüllt von dem Bewußtsein ihrer eigenen Technologie. Sie verfängt sich ständig in den Netzen ihrer eigenen Illusionen, alles beherrschen zu können, und so erzeugt sie Chaos und weigert sich dennoch zu sehen, daß ihr Herrschaftsanspruch verfehlt ist. Wir berauben die Erde und berauben einander. Wir zerstören Wälder, Meere und Luft. Wir versklaven, foltern, schlagen, demütigen und töten einander.

Auf der gesellschaftlichen Ebene bewirkt das Auftauchen des Archetypus der spirituellen Partnerschaft die Entstehung von Werten und Wahrnehmungen, die ein Spiegelbild der multisensorischen Persönlichkeit sind. So wie der Archetypus der Ehe durch eine spirituelle Partnerschaft der Eheleute beeinflußt wird, wobei neue Werte und Verhaltensformen innerhalb der Ehe entstehen, schaffen Individuen, die sich auf der Ebene von Gesellschaft, Stadt, Land, Rasse und Geschlecht in einer spirituellen Partnerschaft vereinigen und das kollektive Bewußtsein auf diesen Gebieten mit der Energie der spirituellen Partnerschaft erfüllen, neue Werte und Verhaltensformen auf diesen Ebenen.

Der Evolutionsprozeß, der sich auf der Ebene des Individuums vollzieht, ist derselbe Prozeß, der auf jeder Ebene der Interaktion zwischen Individuen stattfindet. Wenn ein Individuum auf die Energie des Archetypus der spirituellen Partnerschaft zurückgreift, wird nicht nur die Partnerschaft, die es mit einem anderen Individuum bildet, beeinflußt, sondern auch die Gesellschaft, die Nation und die ganze Welt. Die Entscheidung, uns durch verantwortungsvolle Wahl bewußt zu entwickeln, trägt nicht nur zu unserer eigenen Entwicklung bei, sondern auch zur Entwicklung all jener Aspekte der Menschheit, an denen wir teilhaben. Unsere Entscheidungen tragen nicht nur zu unserer eigenen Evolution bei, sondern zur Evolution der gesamten Menschheit.

Wenn wir uns eine liebende und mitfühlende Welt wünschen, müssen wir selbst liebend und mitfühlend werden. Wenn wir uns eine Welt ohne Furcht wünschen, müssen wir selbst furchtlos werden. Das sind die Gaben, die wir erbringen können. Die Furcht, die zwischen den Nationen im Großen herrscht, herrscht zwischen den Individuen im Kleinen. Die Wahrnehmung von Macht als etwas Äußerliches, die die Nationen trennt, ist dieselbe, die zwischen den Individuen existiert. Und die Liebe, die in dem Individuum entsteht, das sich bewußt entscheidet, sich nach seiner Seele auszurichten, ist dieselbe, die auch die Geschlechter, Rassen, Nationen und Nachbarn miteinander in Harmonie bringen wird. Es gibt keinen anderen Weg. Deshalb ist jedes menschliche Wesen für die Qualität des Lebens verantwortlich, die er oder sie persönlich erlebt und die sich gleichzeitig auch auf den Makrokosmos auswirkt.

Die Bedrohung durch die atomare Vernichtung ist zum Beispiel eine makrokosmische Idee oder Vorstellung auf unserer Erde, und sie erfordert eine vollkommene Evolution auf mikrokosmischer Basis, damit sie zum Verschwinden gebracht werden kann. Solange diejenigen, die auf der Ebene der Nationen die Harmonie herzustellen trachten, in sich den Zorn und die Gewalt bergen, die sie zwischen den Nationen beseitigen wollen, kann es auch auf makrokosmischer Basis zu keiner Harmonie kommen. Was in jedem einzelnen von uns ist, ist auch in dem Ganzen, und deshalb ist letzten Endes jede Seele für die gesamte Welt verantwortlich.

Wenn wir mit einem anderen menschlichen Wesen eine spirituelle Partnerschaft eingehen, bringen wir die Energie des Archetypus der spirituellen Partnerschaft in die physische Arena. Wir beginnen unser Leben aufgrund von Werten, Wahrnehmungen und Taten zu formen, in denen sich die Gleichheit mit unserem Partner und die Hingabe an seine spirituelle Entwicklung und an unsere eigene spiegelt. Wir beginnen die Wünsche unserer Persönlichkeit hintanzustellen, um auf die Bedürfnisse unseres Partners hinsichtlich seines spirituellen Wachstums einzugehen, und wachsen dadurch selbst. Das ist die Art und Weise, wie eine spirituelle Partnerschaft funktioniert.

Wir fangen an zu sehen, daß das, was für die Gesundheit unserer Partnerschaft notwendig ist, mit dem, was wir für unser eigenes spirituelles Wachstum brauchen, übereinstimmt, und daß jeder Partner über die Teile verfügt, die dem anderen fehlen. Wenn wir zum Beispiel eifersüchtig sind, werden wir feststellen, daß Eifersucht bei unserem Partner einen Aspekt zum Vorschein bringt, der der Heilung bedarf, und daß dieser Aspekt sich in uns selbst spiegelt. Wir erkennen den Wert des Beitrags, den unser Partner zu unserer Entwicklung leistet. Wir machen die Erfahrung, daß seine oder ihre Wahrnehmungen und Beobachtungen nicht nur hilfreich, sondern maßgeblich an unserem Wachstum beteiligt sind. Die Gespräche mit unserem Partner fördern oft tiefliegende Probleme zutage.

Wir lernen, welche Rolle Liebe, Hingabe und Vertrauen in einer gut funktionierenden Partnerschaft spielen. Wir lernen, daß Liebe allein nicht genug ist, da wir ohne Vertrauen nicht imstande sind, die Liebe, die ein jeder für den anderen empfindet, zu geben und zu empfangen. Wir lernen, daß wir für unsere Hingabe eine Form finden müssen, die sowohl unseren als auch den Bedürfnissen unseres Partners entspricht. Wir lernen, den Bedürfnissen unseres Partners ebenso großen Wert beizumessen, wie unseren eigenen, weil die Partnerschaft, die wir uns wünschen, zwei gesunde und innerlich sichere Individuen erfordert.

Wir lernen, Vertrauen in uns und den anderen zu haben und in die Fähigkeit des gemeinsamen Wachstums. Wir lernen, daß wir unsere Partnerschaft dem größten Risiko aussetzen, wenn wir das vermeiden, von dem wir befürchten, daß es sie zerstören wird. Es ist nicht leicht, das auszudrükken, was in uns ist, besonders wenn es sich um das handelt, was uns verletzt, schmerzt, zornig oder ärgerlich macht. Diese Emotionen verleihen unseren Worten eine Kraft, die entweder Schaden anrichten oder Heilung bewirken kann. Wir lernen, daß die gemeinsame Betrachtung unserer Anliegen zusammen mit der Intention zu heilen und dem Vertrauen in den Prozeß die einzig angemessene Vorgangsweise ist. Wenn wir an unsere Bedürfnisse mit Mut anstatt mit Furcht herangehen, verbreiten wir ein Gefühl des Vertrauens. Wahres Menschentum in seiner vollendetsten Form kennt keine Geheimnisse. Es verbirgt nichts, sondern existiert in reiner Liebe.

Wir lernen es zu vermeiden, achtlos und dumm miteinander umzugehen. Wir lernen, daß es nicht genügt, wenn wir uns etwas wünschen, sondern daß wir es beide tief und ernsthaft wollen und jeden Tag erschaffen müssen, damit es ins Sein tritt und wir es mit unseren Intentionen am Leben erhalten. Je mehr sich unser Bewußtsein erhellt, desto reicher wird die Partnerschaft.

Wir lernen, welchen Wert es hat, wenn wir die Lage des anderen berücksichtigen. Wenn wir zum anderen werden, indem wir uns in seine Ängste versetzen, und dann wieder in unser eigenes Wesen zurückkehren, schaffen wir die Möglichkeit zur Transzendierung des Persönlichen und bewirken Heilung auf der unpersönlichen Ebene. Dies erlaubt uns, einander als spirituelle Spielgefährten zu sehen, während wir an den Teilen, die in jedem von uns der Heilung bedürfen, arbeiten. Selbst in schwierigen Augenblicken, wenn wir an Gefühlen der Unsicherheit arbeiten, werden uns unsere lichten Gedanken dann daran erinnern, daß wir Geistwesen sind, die sich einer physischen Erfahrung unterzogen haben, deren Macht jedoch viel größer ist, als sie in jenen Augenblicken der Schwäche zeigen.

Was wir als Individuen in spiritueller Gemeinschaft mit anderen Individuen zu lernen haben, muß auch die Gruppe, die Gesellschaft und die Nation in spiritueller Gemeinschaft mit anderen Gruppen, Gesellschaften und Nationen lernen. In jeder Instanz haben wir die Wahl zwischen Lernen durch Furcht und Zweifel oder Lernen durch Weisheit, zwischen den Energieströmen der Persönlichkeit mit niedrigerer Frequenz und den Energieströmen der Seele, deren Frequenz höher ist. Der Zorn von Persönlichkeit gegenüber Persönlichkeit verursacht Entfremdung, verhindert Vertrauen und erzeugt eine Abwehrhaltung; der Zorn, der zwischen Nationen, Religionen oder den Geschlechtern schwelt, hat dieselben Folgen. Wenn die Belange der einen Persönlichkeit der anderen am Herzen liegen, entsteht Nähe, Wärme und Achtung, das gleiche gilt für die Belange der Nation, der Religion oder der Gesellschaft. Die Dynamik ist dieselbe.

Wir sind mit jeder Form des Lebens auf diesem Planeten und darüber hinaus verbunden. In dem Maße, in dem sich unsere Seele entwickelt, wird uns die Natur dieser Beziehung bewußter und die Verantwortung, die uns obliegt.

Innerhalb unserer Gattung gibt es verschiedene Grade von Seelenbewußtsein. Die Bedeutung der Evolution der Verantwortlichkeit liegt darin, daß jedes menschliche Wesen auf seinem Weg zur Ganzheit verschiedene Stufen der Verantwortlichkeit durchschreitet. Mit anderen Worten, wenn eine Seele die Lektion der Verantwortlichkeit wählt, wird sie sich in einer Inkarnation wiederfinden, die ihr eine größere Einflußnahme auf die Spezies ermöglicht. Die Persönlichkeit muß sich bereitfinden, dem zuzustimmen, was die Seele gewählt hat. Wenn wir nicht bewußt dazu bereit sind, werden wir zum Schutz unserer eigenen Seele keine Position einnehmen, in der wir viele beeinflussen können.

Eine Seele, für die die menschliche Erfahrung neu ist, zum Beispiel eine Seele, die sich aus dem Tierreich entwikkelt hat und nun ihre Reise durch die menschliche Evolution antritt, obwohl nur sehr wenige Seelen sich an diesem Punkt befinden, beginnt innerhalb eines bestimmten Frequenzbereiches und inkarniert zu ihrem eigenen Schutz in einer begrenzten Sphäre menschlichen Lebens. Sie wird vielleicht in einer abgelegenen Region inkarnieren, wo sie ein Leben führen kann, das es ihr ermöglicht, sich langsam mit der physischen Erfahrung des Menschseins vertraut zu machen. Sobald sie sich besser an die menschlichen Sinne, an die menschliche Intelligenz und an die Verbindung zwischen der Seele und der Körperenergie angepaßt hat, und weiß, was innerhalb einer menschlichen Inkarnation erwartet wird, erhöht sich ihre Fähigkeit, sich zu bewegen und in Zentren mit größerer Verantwortung zu inkarnieren. Es muß sich dabei nicht um eine Stadt oder eine Universität handeln, doch um eine Aktivität, die im Verhältnis zu ihrem Karma steht.

Mit anderen Worten, eine Person, die in einem abgelegenen Gebiet lebt, in dem die Versuchungen des Lebens und die Definition von Gut und Böse weit klarer sind und in dem es gar nicht so viele Versuchungen gibt, befindet sich nicht in demselben karmischen Zentrum wie eine Seele, die sich für eine Inkarnation mit größerer Einflußsphäre, sei es innerhalb einer Familie oder einer Nation, entschieden hat. Der Schwerpunkt der Aktivität einer Seele weist darauf hin, welchen Grad der Ausdehnung ihr karmischer und energetischer Einfluß erreicht hat. Eine Seele muß in ihrer Entwicklung weiter fortgeschritten sein, um mit den Möglichkeiten umzugehen, die aus der Ausdehnung ihrer karmischen und energetischen Einflüsse resultieren. Das ist die Bedeutung der Evolution der Verantwortlichkeit.

Seelen, die bewußt einen größeren Rahmen für ihre Interaktionen wählen, nehmen damit nicht nur ihre eigene Transformation auf sich, sondern auch die der Kollektive, an denen sie beteiligt sind. Wir können uns unser Bewußtsein als physisches Licht vorstellen. Ein helleres Licht scheint weiter, während ein schwächeres Licht eine kleinere Fläche beleuchtet. So weit unser Licht scheint, erstreckt sich unser karmischer Einfluß. Ein Hauptlicht scheint über den ganzen Erdball. Wenn wir uns zu einem Hauptlicht entwickeln, jedoch ein schwächeres Licht sind, so scheinen wir in einem unterschiedlichen Bereich, für den wir karmisch verantwortlich gehalten werden, aber unser Potential, die eigene Bewußtseinsqualität und die der anderen zu verändern, ist gleich stark.

Die Seele hat viele Möglichkeiten, unter anderem auch die, sich für einen sehr entlegenen Wachstumspfad zu entscheiden, anstatt den zu wählen, der ihrer Energie am besten entsprechen würde. Daher kann es geschehen, daß eine Seele, während sie durch ihre eigenen spirituellen Entscheidungen ihren Glauben, ihren Mut und ihr Gefühl für ihre eigene Menschlichkeit vermehrt, jene Tür öffnet, die zu größerer Bewußtheit und zu größerem karmischen Einfluß und Verantwortlichkeit führt. Die Wahrscheinlichkeit hierfür mag zum Zeitpunkt der Inkarnation der Seele noch so gering gewesen sein, da eine Öffnung dieser Tür nur unter gewissen Voraussetzungen eintreten konnte, wenn es jedoch geschah, dann ist es gut möglich, daß die Seele tatsächlich ihren Weg zu diesem Pfad findet.

Jedes mikrokosmische Bewußtsein, jede individuelle Seele, übt einen Einfluß auf das makrokosmische Bewußtsein aus. Dieser Einfluß hängt von der Qualität ihres Lichts, von der Frequenz ihres Bewußtseins ab. Eine Seele, die der Inkarnation in ein Leben zustimmt, in dem sie über ein bedeutsames Potential verfügt, das Leben vieler anderer zu beeinflussen, ist eine große Seele. Die Qualität der Macht einer solchen Seele ist groß. Sie ist global. Ihre Fähigkeit, das Leben von Millionen, ja Milliarden Menschen zu verändern, ist sehr real, und das wird auch ihre karmische Schuld sein, wenn sie ihre Aufgabe, die Menschheit weiterzubringen, verfehlt. In diesem Fall wird sie die karmische Verantwortung für Milliarden Seelen zusätzlich zu ihrer eigenen zu tragen haben.

Große Seelen müssen wie alle Seelen auf unserem Planeten von Augenblick zu Augenblick Entscheidungen treffen. Wenn wir uns die vielen Seelen auf unserer Erde betrachten, die sich in so hoher Stellung befinden, daß das Leben von Tausenden oder Millionen, ja von Milliarden Menschen von ihnen abhängt, müssen wir zwischen ihrer Seele und ihrer Persönlichkeit unterscheiden. Selbst wenn eine Seele die Fähigkeit hat, das Leben von Milliarden Menschen oder selbst die ganze Menschheit zu beeinflussen, unterliegt ihre Persönlichkeit der Versuchung.

Als Jesus dem Luziferischen Prinzip, dem Prinzip der Herausforderung, begegnete, und dieses seiner Persönlichkeit die Herrschaft über die ganze Welt und die Erfüllung von allen ihren Wünschen anbot, geriet Jesus da in Versuchung? Ja. Denn wäre er nicht in Versuchung geraten, hätte seine Wahl keine Macht gehabt. Die Versuchung war seiner Wahl ebenbürtig, nur auf diese Weise konnte er solche Macht aus seiner Wahl gewinnen. Das Erlangen authentischer Macht ist nur über Entscheidungen möglich, die uns an den Rand unserer Kräfte treiben.

Wenn eine Seele den vertikalen Pfad wählt und somit die Entscheidung trifft, sich durch verantwortungsbewußte Wahl zu entwickeln, wird sie fähig, sich von ihrer eigenen Negativität zu befreien. Sie greift nach authentischer Macht. Sie nimmt sozusagen ihre eigene Negativität an, die unbewußten Intentionen der zersplitterten Teile ihrer Persönlichkeit. Durch diese Integration und Bewußtwerdung, die mit der Entwicklung zu einer multisensorischen Persönlichkeit einhergeht, erhöht sich die Frequenz des Bewußtseins. Die Persönlichkeit wird ganz. Ihre negativen Teile fallen ab, und die Qualität ihres Bewußtseins wird lichter. Sie wird darüber hinaus fähig, sich und die anderen rund um sie mit Mitgefühl und Klarheit, mit der Weisheit ihrer Seele wahrzunehmen.

Wenn eine Seele bewußt einen größeren Rahmen für ihre Interaktionen wählt, kann sie direkt zur Befreiung ihrer Familie, ihrer Gruppe, ihrer Gesellschaft oder ihrer Nation von den negativen Strömungen beitragen, die auf diesen Ebenen wirken. Gleichzeitig riskiert sie eine Ansteckung durch diese. Mit anderen Worten, eine Seele, die versucht, auf einer dieser Ebenen eine höhere Bewußtseinsqualität zu verbreiten, läuft Gefahr, durch die Furcht, den Zorn oder die Selbstsucht auf dieser Ebene vergiftet zu werden.

Große Seelen, wie zum Beispiel die Seele, die Gandhi war, gehen ein besonders großes Risiko ein. Auf der Ebene der seelischen Verbindungen ist eine große Seele nicht nur mit ihrer eigenen Furcht, ihrer persönlichen Furcht, konfrontiert, sondern nimmt die Evolution der kollektiven Furcht der Gattung auf sich. Hierbei riskiert sie einerseits eine Vergiftung in großem Ausmaß, andererseits bietet sich ihr jedoch die Möglichkeit, das kollektive Bewußtsein der Gattung von Furcht zu befreien.

Das Bewußtsein einer großen Seele ist ein Symbol des größeren Bewußtseins, des Makrobewußtseins, das dieselben Werte, Ängste und Schuldgefühle hegt. Bei einem solchen Makrobewußtsein könnte es sich um das kollektive Bewußtsein der Vereinigten Staaten, der Sowjetunion oder Äthiopiens handeln. Die vielen Seelen, die dieses kollektive Bewußtsein bilden, stehen in ständigem Dialog mit ihrem eigenen Bewußtsein. Die große Seele ist die Person, die sich die Aufgabe gestellt hat, eine Veränderung zu bewirken. Wenn sie imstande ist, die Furcht in Mut zu verwandeln, wird ihre ganze Gruppe davon profitieren, und jeder einzelne daraus wird plötzlich mutiger in seinem Leben sein, ohne zu wissen warum.

Nicht alle Seelen erfüllen die Aufgaben, die sie sich gestellt haben. Wir brauchen uns nur eine Reihe von führenden Persönlichkeiten auf unserem Planeten zu betrachten, um zu sehen, ob sie bei ihrer Aufgabe Erfolg haben, die Menschheit durch die von ihnen getroffenen Entscheidungen voranzubringen. Manche von ihnen haben das sterbende Bewußtsein des Fünf-Sinne-Menschen gewählt, das innerhalb des kollektiven Bewußtseins einer jeden Nation existiert hat. Sie haben sich mit anderen Worten für die Repräsentation eines zerfallenden Systems entschieden, und ihre eigenen Systeme zerfallen daher vor ihren Augen. Ihre Mitstreiter sind korrupt, und auch ihre Regierungen sind korrupt.

Diese Seelen vertreten eine Machtform, die nicht mehr wirksam ist, doch sie haben dies nicht begriffen. Sie üben eine starke Anziehung auf diejenigen aus, deren Bewußtsein mit dem ihren, was ihre Anschauungen betrifft, konform geht. Sie haben sich für ein Muster entschieden, das zwischen Furcht und Selbstsucht wechselt. Sie stellen eine große paranoide Energie zur Schau und ziehen deshalb jene Regierungen und Militärkreise an, die ebenfalls das paranoische Verlangen spüren, Leben zu zerstören, als ob die Zerstörung von Leben unseren Planeten retten könnte.

Diese Seelen haben sich durch die von ihnen getroffenen Entscheidungen geweigert anzuerkennen, daß die älteren Machtformen, die Wahrnehmung von Macht als äußerlich, auf der Erde nicht mehr geduldet werden. Da jedoch die Entwicklung von äußerer zu authentischer Macht bereits voll in Gang ist, können ihre Entscheidungen nur darauf Einfluß nehmen, wie dieser Wechsel stattfinden wird. Sie haben den Pfad von Furcht und Zweifel, von Schmerz und Leid gewählt.

Der Unterschied zwischen einer großen Seele, die sich an Offenheit, Wachstum und gegenseitiger Abhängigkeit orientiert und ihre Furcht zu ihren eigenen und zugunsten ihres

Kollektivs umwandelt, und einer, die das nicht tut, besteht darin, daß erstere über einen anderen Grad von Mut, Einsicht und Weisheit verfügt, während letztere dem Druck der kollektiven Angst nachgegeben hat. Von Entscheidung zu Entscheidung häuft sich Negativität auf Negativität, und es entsteht ein Hitler. Auch das Potential einer Seele wie Hitler war groß.

Jede Seele, die sich bereit erklärt, das von ihr erworbene Maß an Liebe, Mitgefühl und Weisheit auf der Ebene ihrer menschlichen Interaktionen einzusetzen, versucht durch ihre eigene Energie, die Strukturen der Furcht, die in diesem Kollektiv bestehen, zu bekämpfen. Das ist das archetypische Muster, das innerhalb unserer Gattung von dem Lehrer Jesus errichtet wurde. Jesu Leben ist ein Symbol dafür. Er befreite das kollektive Unbewußte von den negativen karmischen Strukturen, die sich zu seiner Zeit angesammelt hatten. Dieses Muster findet sich in jeder großen Seele — das Aufsichnehmen des Ganzen, um es durch die Macht ihres eigenen Bewußtseins zu transformieren.

Wenn eine Seele nach authentischer Macht strebt, um diese Macht im Rahmen ihrer Interaktionen mit anderen Seelen bewußt einzusetzen, schlägt sie diese Dynamik ein. Sie bringt in ein kollektives Energiesystem das Bewußtsein authentischer Macht ein, und bewirkt durch diese Macht die Transformation dieses Kollektivs.

Unsere Evolution in Richtung authentischer Macht betrifft deshalb nicht nur uns selbst. In dem Maße, in dem sich die Frequenz unseres Bewußtseins erhöht, in dem sich darin die Klarheit, Demut, Vergebung und Liebe authentischer Macht spiegeln, vergrößert sich unser Einflußradius. So wie unsere Versuchungen größer werden, wird es auch unsere Fähigkeit zu verantwortungsbewußter Wahl. So wie unser Schein heller wird, wenn unser Licht und unsere Macht durch jede verantwortungsbewußte Wahl zunehmen, so wird auch unsere Welt heller.

13

Seelen

Jedes menschliche Wesen hat eine Seele. Die Entwicklung der Einzelseele unterscheidet den Menschen von Tier, Pflanze und Mineral. Nur der Mensch ist zu dieser Erfahrung fähig, deshalb sind auch seine schöpferischen Kräfte groß.

Der Seelenprozeß erstreckt sich über verschiedene Bewußtheitsgrade. Das Tier hat keine Einzelseele. Tiere haben Gruppenseelen. Jedes Tier ist ein Teil einer Gruppenseele. Jedes Pferd ist ein Teil der Pferdegruppenseele, jede Katze ist ein Teil der Katzengruppenseele. Eine Gruppenseele ist nicht dasselbe wie eine Einzelseele.

Nehmen wir zum Beispiel die Büffelgruppenseele. Da gibt es eine Gruppenseele von gewaltiger unpersönlicher Energie, die ›Büffel‹ genannt wird. Diese expansive Sphäre von unpersönlicher Energie ist ›Büffelbewußtsein‹. Es existiert auf einem Niveau bloßer Energiedynamik und nicht individuellen Seelentums. Diese Energie ist ständig in Bewegung. Durch die Erhöhung ihrer Frequenz kann sie auf das nächste Niveau übergreifen, sie kann aber auch Frequenzen aus einem niedrigeren Niveau absorbieren, so besteht die Seele fort. Es ist eine Gruppenseele und keine Einzelseele. Es gibt keine individuellen Büffelseelen innerhalb des Ganzen. Es gibt nur ein einziges Seelenenergiesystem, in dem es keine Individualität gibt. Instinktives Verhalten ist ein Charakteristikum der Gruppenseele.

Stellen wir uns eine Bewegung vor, die der Mündung des Mississippi ähnelt. Wenn wir flußaufwärts schreiten, wird der Fluß immer schmaler, bis er schließlich einen bloßen Punkt der Kraft erreicht. Das Mündungsgebiet entspricht der Gruppenseele. Seine Größe und seine kollektive Natur bilden eine Analogie zur Gruppenseele. Das ist die Natur der Seelen im Tier-, Pflanzen- und Mineralreich. Mit anderen Worten ›Katze‹ ist eine Katzenseele, ›Delphin‹ ist eine Delphinseele usw.

Innerhalb des Tierreiches gibt es Abstufungen von Intelligenz und Bewußtheit. Delphin, Pferd und Hund sind zum Beispiel nicht auf derselben Wellenlänge. Das Bewußtsein des Delphins ist dem Affenbewußtsein näher als dem Hundebewußtsein, während das Pferdebewußtsein eine Stufe darunter liegt. Es ist möglich, daß die menschliche Seele durch die Evolution des Tierreiches als eine kollektive Energie aus der Tierseele entsteht.

Wie geht dies vor sich?

Die Delphinseele zum Beispiel entwickelt sich durch jeden einzelnen Delphin. Die gesonderte Entwicklung eines jeden Delphins trägt zur Entwicklung der Delphinseele bei. Das Kollektive wird durch die Errungenschaften des einzelnen Delphins gefördert. Der gleiche Mechanismus wirkt sich auch im Menschenreich aus. Mit jedem unserer individuellen Fortschritte entwickelt sich die Gruppenseele der Menschheit — was wir das kollektive Unbewußte nennen. Auf diese Weise schreitet die Evolution nicht nur in der Gattung der Delphine, sondern in allen Gattungen voran.

Nehmen wir einen beliebigen Wert an und sagen wir, daß das Bewußtsein der Hundeseele zwanzig Prozent niedriger ist als das Bewußtsein der Delphinseele, zwanzig Punkte weniger als die Intelligenz des Delphins. Wenn die Hundegruppenseele ein Bewußtsein mit höherer Frequenz erzeugt, dann kann sich dieses Bewußtsein von der Hundegruppenseele lösen und in das Delphinbewußtsein eindringen. In ähnlicher Weise kommt es vor, daß Menschenseelen aus der fortgeschrittenen Seelenenergie der Delphinseele oder der Affenseele entstehen und dann ihren Evolutionsprozeß beginnen.

Im Unterschied zum Tier haben wir Menschen eine individuelle Seele. Wir sind ein individuelles Energiesystem, ein Mikrokosmos von einem Makrokosmos. Als Mikrokosmos verfügen wir über die gesamte Macht des Makrokosmos, jedoch auf die individuelle Form bestimmter Energien geeicht. Für Tiere trifft das nicht zu. Katzen zum Beispiel haben keine Einzelseele oder Egoenergie. Sie sind bloß physische Manifestationen eines riesigen Energiesystems. Daß manche Katzen scheu und andere zutraulich sind, ist nur auf die unzähligen Frequenzen innerhalb der Katzengruppenseele zurückzuführen.

Tiere entwickeln sich nicht wie Menschen durch verantwortungsbewußte Wahl. Es ist eher eine Erleuchtung der Frequenz ihres Bewußtseins, die in der Fülle der Evolution ihrer Seele als Gruppe stattfindet. Das bedeutet nicht, daß Tiere nicht zu individuellen Liebesbezeugungen fähig wären. Was ist, wenn ein Tier sein Leben für seinen menschlichen Herrn opfert? Das ist genauso ein Opfer aus Liebe wie für einen Menschen, weil das Tier in dem Augenblick erkennt, daß es sein Leben aus eigenem Willen aufgibt. Für das Tier ist dies eine Graduierung, die ihm den Aufstieg in die nächste Ebene ermöglicht.

Die Natur einer Gruppenseele läßt sich anhand ihrer Manifestationen erkennen. Die Natur der Delphinseele zum Beispiel drückt sich durch Delphine aus. Dasselbe gilt auch für unsere Gattung. Die Natur der menschlichen Gruppenseele ersieht man aus der Natur der menschlichen Wesen.

Die Delphinseele ist im Begriff die Erde zu verlassen, das heißt, daß die Spezies der Delphine aussterben wird. Delphine stranden oder erkranken − das ist ihre Art sich zu weigern, das Leben auf der Erde fortzusetzen. Sie fühlen, daß sie den Zweck, für den sie geboren sind, nicht erfüllen können. Deshalb verlassen sie uns. Ihr Tod ist kein Selbstmord, denn sie haben keine Furcht. Sie sind erschöpft.

Die Delphinseele manifestiert sich — Delphine werden geboren —, um den Ozeanen Liebe und Leben und schöpferische Kraft zu bringen. Delphine manifestieren sich, um eine Brücke aus Freude, Liebe und Intelligenz zwischen dem Wasserreich und dem Menschenreich zu bauen. Doch sie können dies nicht tun, weil unsere Gattung mit roher Gewalt nach der Delphinseele greift.

Wie sehr sie leidet — die Delphinseele! Dies ist eine Zeit großer Sorge. Es ist eine Zeit, in der wir uns ernsthaft und tiefgreifend mit den Werten und Verhaltensweisen auseinandersetzen müssen, die aus der Wahrnehmung von Macht als äußerlich resultieren. Es ist eine Zeit der Trauer mit der Delphinseele, um ihr Trost zu spenden.

Um die Delphinseele zu trösten, versetzen wir uns in das Herz des Delphinbewußtseins und stellen wir uns vor, daß unsere Energien sich tief durch warmes klares Wasser bewegen. Wenn wir fühlen, daß wir in das Wasserreich eingetaucht sind, können wir unsere Gedanken diesen Mitgeschöpfen zustrahlen, die unsere planetarische Heimat mit uns teilen. Stellen wir uns vor, daß wir ihnen Liebe für ihren Entwicklungsweg senden, wenn sie jetzt die Erdenschule verlassen, und daß wir mit ihnen trauern, obwohl wir wissen, daß sie wie wir unsterblich sind. Senden wir diese Gedanken aus und lassen wir sie wissen, daß es Menschen gibt, die sie verstehen. Dies wird ihren Abschiedsschmerz um so wertvoller machen.

Es gibt mehrere Wege, auf denen individuelle Seelen entstehen. Zum Evolutionsprozeß auf unserer Erde gehört auch der Aufstieg von einem Reich in das andere, aber wenn eine Seele, die noch nie zuvor auf unserem Planeten war, sich für die Erfahrung des Menschentums entscheidet, braucht sie diese Entwicklungskette von Reich zu Reich nicht zu durchlaufen. Sie wird sich in der Tat jene Situation auswählen, die für ihre Zwecke am besten geeignet ist.

Es gibt Seelen, die nie die Erfahrung gemacht haben, was es heißt, ein Mensch zu sein. Wenn wir von Seelen sprechen, die die physische Arena betreten, um zu heilen, um ihre Energie ins Gleichgewicht zu bringen und um ihre karmischen Schulden zu bezahlen, so sprechen wir von der Evolution des Lebens, wie wir sie hier auf der Erde kennen. Wir sprechen weder von anderen Galaxien, noch von Leben auf anderen Ebenen, die mit den physischen Ebenen, die wir kennen, nichts gemein haben. Die Erfahrung der Körperlichkeit ist für gewisse Fortschritte nicht immer notwendig. Falls sie es ist, wird sie empfohlen.

Es kommt ein Punkt, an dem die körperliche Erfahrung der Bewußtheit der Seele nicht länger von Nutzen ist, weshalb die Seele es vorzieht, im nicht-physischen Bereich zu lernen. Sie wird sich dann vielleicht für die Aufgabe eines nicht-physischen Führers entscheiden. Jede menschliche Seele ist eine Mikroausgabe der Seele der menschlichen Gattung. Über die menschliche Gattungsseele hinaus gibt es keine menschliche Erfahrung, denn nach ihr kommt die Erfahrung der Meister, die Erfahrung von weiter fortgeschrittenen Ebenen des Lichts, die nicht mehr spezifisch menschlich sind.

Unsere nicht-physischen Lehrer gehören diesen Lichtebenen an. Deshalb ist es nicht angebracht, sie aus der Dynamik des Persönlichen heraus zu betrachten. Wir sollten sie uns besser als unpersönliches Bewußtsein vorstellen und sie Bereichen zuordnen, an die wir keine menschlichen Maßstäbe anlegen können. Sie haben keine zersplitterten Persönlichkeitsaspekte, so wie wir sie aufweisen. Sie haben sozusagen keine Schattenseiten. Hat ein Engel eine Seele? Ein Engel ist seine Seele, seine gesamte Seele.

Das ist der Unterschied zwischen dem, was ganz ist und eine Einheit bildet, und dem, was erst zu dieser Einheit wird.

Dualität existiert nur auf bestimmten Ebenen, nicht auf allen. Dualität ist eine Dynamik des Lernens. Sie hat ihren eigenen Rhythmus und ist auf diese Ebene des Lernens und der Entwicklung beschränkt.

Wir leben in der Dualität, unsere nicht-physischen Lehrer jedoch nicht.

Sie sind Lehrer auf unserer Ebene, ohne hier zu Hause zu sein. Es steht ihnen frei, hier zu lehren. Genauso wenig wie Eltern zu Kindern werden, um diese zu belehren, braucht ein nicht-physischer Lehrer von dieser Ebene zu sein, um uns zu beraten. Das ist nicht notwendig. Diese Entwicklungsstufe ist bei ihm bereits vorausgesetzt. Es ist eine natürliche Folge der Evolution.

Es ist uns bestimmt, uns über die Natur der Dualität hinaus zu entwickeln. Dualität hängt mit Raum und Zeit zusammen. Sobald wir uns darüber hinaus entwickeln, und auch wenn wir unseren physischen Körper verlassen und heimkehren zu unserer nicht-physischen Wirklichkeitsebene, hören wir auf, in der Dualität zu existieren und jenes sorgenvolle und ängstliche Selbst, für das wir uns jetzt halten, löst sich auf. Es hat keine Macht in jenem Bereich, wo es keine Dualität, sondern nur Vollkommenheit gibt. Wenn wir unsere physische Form verlassen, werden wir ein Teil der nicht-physischen Wirklichkeitsebene, die unserer Schwingungsfrequenz zum Zeitpunkt des Austritts aus unserer Inkarnation entspricht.

Wohin gehen fortgeschrittene menschliche Seelen?

Es gibt viele Lebensformen, die einen Fortschritt gegenüber der unseren darstellen. Es stehen uns buchstäblich Millionen davon zur Auswahl. In zahlreichen Galaxien gibt es Leben. Es gibt in der Tat Millionen, ja Milliarden Planeten, die mit Leben erfüllt sind. Nicht einem Planeten mangelt es an aktivem Bewußtsein, das unserer menschlichen Form ähneln oder sich von ihr unterscheiden kann, und dennoch Bewußtsein in unserem Sinne darstellt.

Es existiert ein Bereich, den die religiöse Sprache des Westens das Reich der Engel nennen würde. Dies sind Wesen unterschiedlicher Frequenz und Bewußtseinsqualität, von denen viele in Kontakt mit uns stehen und uns führen. Tatsächlich halten sie sich mit anderen Kräften in diesem Bereich die Waage, doch dies kann nicht mit menschlichen Maßstäben beurteilt werden. Die Evolution setzt sich in diesem Bereich fort, obwohl wir ihn als eine Welt vollkommener Harmonie wahrnehmen würden. Man könnte sich unter einem Engel eine Bewußtseinskraft vorstellen, die sich zu einem geeigneten Lehrbehelf für das planetarische Dorf namens Erde entwickelt hat, die aber auch ein Teil der Evolution anderer Galaxien und der dortigen Lebensformen gewesen sein kann.

Doch sein Zuhause, sozusagen, ist jenes Engelsreich und die Reihe nicht-physischer Lebensformen, die in, unter und über diesem Schwingungsbereich existieren. Engel entwickeln sich weiter, so wie die anderen Mitglieder jenes Bereiches, so wie jene Bewußtseinsformen, die wir als Meister erkennen würden, z. B. diejenigen, nach denen die Religionen auf unserer Erde benannt wurden. Diese Evolution geht weiter, doch sie wird von Vollkommenheit getragen und unterliegt nicht der Verschmelzung von Bewußtsein und Materie, wie dies in unserer irdischen Schule der Fall ist.

Unterstehen nicht-physische Wesen dem Gesetz des Karma?

Das Gesetz des Karma ist in dem Sinne allumfassend, daß es keine Lebensform gibt, die nicht für ihre Energie verantwortlich ist, doch kann Karma im Sinne von nicht-physischen Dimensionen nicht in der gleichen Weise verstanden werden, wie wir es verstehen. Ein Engel hat nicht die Barrieren, die wir haben. Ein Engel sieht zum Beispiel etwas, das wir nicht sehen können, weil uns unsere Barrieren daran hindern. Da ein Engel nicht unsere Barrieren hat, kann er kein Karma wie wir schaffen. Er verfügt über einen Grad an

Wahrnehmung und Wissen, der dafür sorgt, daß bestimmte Taten nicht geschehen, denn die Tiefe seines Wissens entspricht seinem Rang in der Schöpfung.

Das Gesetz des Karma hat deshalb Gültigkeit, weil auch ein Engel einen Willen hat, doch ist ein Engel besser gerüstet als ein Wesen, das den Beschränkungen der menschlichen Erfahrung unterliegt. Ein Engel fürchtet nicht den Tod. Er hat nichts Körperliches, er besteht aus Unsterblichkeit. Er ist mit allem, was ist. Er kennt keinen Zweifel. Er sieht und lebt im Licht, deshalb sind die Erfahrungen, die für den Menschen Karma erschaffen, nicht Teil seiner persönlichen Wirklichkeit. Obwohl ein Engel einen Willen hat, ist es unmöglich zu beschreiben, auf welche Weise dieser Wille in die falsche Richtung gelenkt oder auf negative Art eingesetzt werden könnte, wenn so etwas überhaupt möglich wäre.

In gewissem Sinne kann man davon ausgehen, daß ein Engel sich so weit entwickelt hat, daß es nicht mehr notwendig ist, ihn zu prüfen, so daß es aus diesem Grund für ihn kein Karma gibt.

Es existieren auch andere Ebenen, wie jene, auf der desinkarnierte Geistwesen an ihre Körperlichkeit in unmittelbarer Umgebung der Erde gebunden sind. Diese Geistwesen kehren nicht zu ihrem höheren Selbst zurück, sondern bleiben in ihrem individuellen nicht-physischen Zustand in der Nähe der Erde.

Stellen wir uns vor, daß unsere Persönlichkeit, unsere Eigenheiten und ein Teil unseres nicht-physischen Selbst intakt bleiben und sich nicht weiter entwickeln wollen. Der Prozeß, durch den sich die Seele ihrer Persönlichkeitsaspekte entledigt, findet nicht statt. Es kommt zu einem Aufruhr und Stau im Energiesystem. Dies tritt gewöhnlich dann ein, wenn eine Seele es nicht akzeptieren kann, daß sie sich weiterentwickeln und eine bestimmte Inkarnation aufgeben muß. In manchen Fällen klammert sich eine Seele an eine Persönlichkeit, weil diese Persönlichkeit während ihrer Lebenszeit besonders erfolgreich oder mächtig war.

Der im Entwicklungsprozeß eintretende Stau ruft die Phänomene hervor, die wir als böse Geister, Gespenster oder Besessenheit bezeichnen. Diese Geister wollen erdgebunden bleiben, sie erwählen sich die Aura der Erde zum Aufenthalt. Sind sie böse? Sie sind zwar negativ, aber ob sie böse sind, ist eine andere Frage. Fördern sie die Entstehung von Negativität? Ja, aber das beruht auf dem Gesetz der Anziehung. Ihre eigene Energie wird von ähnlichen Kräften angezogen, und innerhalb dieses Bereichs können diese Geister zusätzliches negatives Karma schaffen, indem sie ihre boshaften Absichten verfolgen.

Es gibt jedoch eine Entwicklung über das Karma hinaus, von der die Buddhas sprechen. Sie beziehen sich auf das Karma auf der Erde, wo immer die Möglichkeit besteht zu wählen, wie wir lernen wollen und für welchen Pfad wir uns entscheiden. Die Buddhas beziehen sich auf die Erde, auf die menschliche Erfahrung und deren Entstehung aufgrund eines freien Willens und der Entscheidung zwischen Glaube und Zweifel, Gut und Böse, zwischen den Möglichkeiten und Dualismen, die unsere Gattung geschaffen hat. Von diesem Karma sprechen die Buddhas und nicht von den karmischen Mustern, die zu bestehen aufhören, sobald wir es als Seele nicht mehr nötig haben, in der Welt der Dualität zu lernen. Daher häufen Engel, obwohl sie einen Willen haben, kein Karma in unserem Sinne an, weil es nicht Teil ihrer Dimension ist. Das Gesetz des Karma, so wie wir es verstehen, bezieht sich nicht auf Geist, sondern auf Materie und Geist.

Außer dem Reich der Engel gibt es noch viele andere nicht-physische Bereiche. Zusätzlich zu dem Bereich der desinkarnierten menschlichen Wesen, die an die Nähe der Erde gebunden sind, gibt es zum Beispiel noch das Reich der Devas, die zu unserem Naturreich gehören. Es gibt unzählige Reiche nicht-physischen Lebens. An das Reich der Engel schließt sich Reich um Reich an, ein jedes von gottähnlicher Intelligenz.

Innerhalb der menschlichen Gattung existieren verschiedene Grade von Seelenbewußtsein. Nicht alle Menschen sind sich ihrer Seele in gleichem Maße bewußt. Heißt das, daß nicht alle Menschen das gleiche Potential haben?

Ja und nein. Das ist eine sehr komplexe Frage. Sie ist deshalb nicht einfach zu beantworten, weil unter Seelen, die im gleichen Frequenzbereich liegen, wie jenen innerhalb der Erdenschule, tatsächlich eine gemeinsame Bewußtseinsqualität besteht, es andererseits jedoch einen Unterschied in der Reichweite des Bewußtseins gibt. Zwischen einem Individuum mit geringerer und einem mit größerer Bewußtheit herrscht keine Gleichheit im üblichen Sinn. Es ist eine Ungleichheit vorhanden, doch ist diese Ungleichheit nicht von Dauer. Sie ist ein zeitlich begrenztes Moment im Fluß der Evolution.

Eine Seele hat keinen Anfang und kein Ende, und doch sind einige Seelen älter als andere. Beides ist wahr. Alle Seelen kommen direkt von Gott, und doch wird nicht jede einzelne von ihnen auf besondere Weise geformt. Beides ist wahr. Dies erscheint uns nur dann paradox, wenn wir in einem Denken verharren, das an die Begriffe von Anfang und Ende gebunden ist.

Alles, was ist, kann sich selbst zu einzelnen Tröpfchen von Bewußtsein formen. Weil wir ein Teil von allem sind, was ist, sind wir buchstäblich schon immer dagewesen, doch es gab einen Augenblick, in dem dieser individuelle Energiestrom, der wir sind, gebildet wurde. Nehmen wir an, der Ozean wäre Gott. Er war schon immer da. Tauchen wir unsere Schale hinein und füllen wir sie mit Wasser. In diesem Augenblick erlangt das Wasser in unserer Schale Individualität, und doch war es schon immer vorhanden, oder nicht? Das ist mit unserer Seele genauso. Es gab einen Augenblick, in dem wir zu einer Schale Energie wurden, doch diese Energie nahm ihren Ursprung in einem unsterblichen Wesen.

Weil das, was wir sind, Gott oder göttliche Intelligenz ist, waren wir immer da. Gott nimmt verschiedene Formen an, indem er seine Macht auf kleine Teile individuellen Bewußtseins reduziert. Es ist eine massive Reduktion von Macht, doch die Macht erfüllt den Tropfen so wie das Ganze. Sie ist genauso unsterblich, schöpferisch und ausdrucksvoll, doch in dieser winzigen Form ist ihre Energie entsprechend reduziert. In dem Maße, in dem diese kleine Form an Macht zunimmt und das Bewußtsein ihres Selbst wächst, wird sie größer und gottähnlicher, und schließlich wird sie Gott.

Dieser Prozeß verläuft parallel zu dem Prozeß unserer Persönlichkeit, die aus unserer Seele kommt und sich auf unser höheres Selbst ausdehnt, wodurch sie die volle Macht unserer Seele in Menschengestalt erreicht. Außerdem bildet er eine Parallele zu dem Prozeß des Wiedereintritts von Persönlichkeit und höherem Selbst in die Fülle unserer Seele, wenn wir die Erde verlassen. Wir sind und bleiben Einzelseelen, und doch sind wir mit allem vereint.

Die Maßeinheit der Evolution ist die Seele. Diese Wahrnehmung ist neu für uns, weil wir uns als Spezies der Existenz unserer Seele bisher nicht bewußt waren. Unser religiöses Gedankengut erkennt zwar etwas an, was wir Seele nennen, doch bis jetzt haben wir das nicht ernst genug genommen, um uns zu überlegen, was die Existenz der Seele im Sinne unserer Alltagserfahrungen bedeutet, im Sinne der Freuden und Leiden eines menschlichen Lebens.

Wir haben den Bedürfnissen der Seele keine Aufmerksamkeit geschenkt. Wir haben uns nicht überlegt, was eine Seele braucht, um gesund zu sein. Wir haben die Seele nicht erforscht, auch nicht versucht ihr zu helfen, das für ihre Entwicklung und ihre Gesundheit Nötige zu bekommen. Aufgrund unserer fünf Sinne haben wir uns nur auf den Körper und die Persönlichkeit konzentriert. Wir haben ein ausgedehntes Wissen über den physischen Apparat entwikkelt, den die Seele zur Inkarnation benutzt. Wir wissen über Aminosäuren, Neuronen, Chromosomen und Enzyme Bescheid, aber wir wissen nichts über die Seele. Wir wissen nicht, auf welche Weise diese physischen Funktionen der Seele dienen oder von ihr beeinflußt werden.

Wir versuchen, Störungen des Körpers auf der molekularen Ebene durch die Kontrolle seiner Umwelt zu beheben. Mit anderen Worten, unser Heilansatz basiert auf der Wahrnehmung von Macht als äußerlich. Diese Art des Heilens kann für den Körper hilfreich sein, aber sie bewirkt keine Heilung auf der Ebene der Seele.

Dabei dürfen wir nicht vergessen, daß die auf diesem Gebiet Ausgebildeten daran gewöhnt sind, über das Leben anhand des Studiums von toter Materie zu lernen. Sie wollen etwas über das Leben lernen und studieren zu diesem Zweck Leichen und Gerippe. Wie können sie durch das Studium dessen, was keinen Geist hat, Geist sehen? Selbst wenn sie in die Weite der Galaxis hinausblicken, können sie das Leben nicht sehen, weil sie überzeugt sind, daß die gesamte Galaxis ohne Leben, beziehungsweise was sie darunter verstehen, ist. Daher bleiben die Lebensformen und die Brüder und Schwestern, die wir in anderen Galaxien haben, verborgen und werden so lange verborgen bleiben, bis die Grundvoraussetzung, daß alles Leben ist und daß es nichts anderes gibt als Leben, zum Prinzip dessen geworden ist, was wir Wissenschaft nennen. Dann werden wir die Physik der Seele erforschen. Dann werden wir Leben anhand von Leben studieren und nicht tote Materie. Wir werden unsere Intelligenz nicht mehr dazu verwenden, in unseren Laboratorien tote Tiere und Menschen zu untersuchen. Das wird eines Tages als eine sehr primitive Form des Lernens angesehen werden, weil sie dort forscht, wo kein Bewußtsein ist.

Der Körper ist das Instrument der Seele. Hilft es etwa, das Klavier zu reparieren, wenn der Klavierspieler krank ist?

Was ein Instrument hervorbringt, hängt nicht nur vom Zustand des Instrumentes ab, sondern auch von dem, der darauf Musik macht. Ob der Musiker traurige oder fröhliche Weisen spielt, das Instrument gehorcht. Gleichgültig wie gut gestimmt und gepflegt das Instrument ist, es kann nicht vor Freude jubilieren, wenn der Musiker sich für Traurigkeit oder Gram entscheidet. Für unsere Seele und unseren Körper gilt dasselbe. Wenn der Musiker sich vor Kummer, Zorn oder Trauer verzehrt, wird sich das Instrument auflösen. In manchen Fällen kann das zerbrochene Instrument repariert werden, doch eine Reparatur auf dieser Ebene kann nicht das heilen, was den Zusammenbruch verursachte.

Nach einigen Jahren der Ehe mit einem eigensinnigen Partner mußte eine junge Ehefrau aus meinem Bekanntenkreis feststellen, daß die Beziehung sie zu ersticken drohte und es ihr unmöglich machte, ihren tiefsten Gefühlen und Wünschen schöpferischen Ausdruck zu verleihen. An einem Wintermorgen wurde sie vom Jeep ihres Gatten, bei dem sich die Bremsen gelöst hatten, überrollt. Chirurgie und Medikamente heilten ihr zertrümmertes Becken und beruhigten den körperlichen Schmerz. Doch kann die Chirurgie den Schaden beheben, der entsteht, wenn die Kreativität einer Frau, deren physisches Symbol die Beckenregion ist, von der unkontrollierten Maskulinität ihres Gatten, die in diesem Fall der Jeep verkörpert, zertrümmert wird? Können Medikamente den Schmerz einer leidenden Seele lindern?

Ist es ein Zufall, wenn eine Person ein Herzleiden entwickelt, während eine andere an Krebs erkrankt? Selbst wenn zwischen krankhaften Zuständen und Faktoren wie Ernährung, körperliche Bewegung, Lebensstil und Erbanlagen ein Zusammenhang besteht, kann dies nicht darüber hinwegtäuschen, daß für manche Leute das Leben eine herzzerbrechende Angelegenheit ist, während andere es zulassen, daß sie von den negativen Erfahrungen ihres Lebens sozusagen bei lebendigem Leib aufgezehrt werden. Kann dies durch eine Herzoperation oder durch Chemotherapie geheilt werden?

Sind die unzähligen Formen von physischer Krankheit ohne jede Bedeutung? Gesundheit ist für manche Leute eine Sache des Herzens, für andere eine Sache, die davon abhängt, was sie verdauen oder im Laufe ihres Lebens ausscheiden können, manche machen ihren Kopf dafür verantwortlich oder ihre Fähigkeit zu hören oder zu sehen, oder flexibel im Leben zu sein und auf eigenen Füßen zu stehen, oder einfach die Schwierigkeiten ihres Lebens zu meistern. All dies gilt es zu beachten, wenn es um die Frage unserer Gesundheit geht.

Das bedeutet nicht, daß es unangebracht ist, für den Körper zu sorgen oder im Falle einer Erkrankung einen Arzt aufzusuchen. Selbst wenn das Physische sozusagen weniger wirklich als das Nicht-Physische ist, ist es nichtsdestoweniger die niedrigste, dichteste Projektion der spirituellen Materie und daher entsprechend zu würdigen. Der Körper braucht Ruhe, und er braucht Pflege, doch hinter jedem Gesundheits- oder Krankheitsaspekt des Körpers steht die Energie der Seele.

Die Gesundheit der Seele bildet den wahren Zweck jeder menschlichen Erfahrung. Alles dient nur diesem einen Zweck.

MACHT

14

Psychologie

Psychologie heißt Seelenlehre. Sie bedeutet Studium des Geistes, was sie jedoch niemals war. Die Psychologie ist das Studium von Erkenntnissen, Wahrnehmungen und Affekten. Sie ist die Lehre von der Persönlichkeit.

Weil die Psychologie auf den Wahrnehmungen der Fünf-Sinne-Persönlichkeit beruht, ist sie nicht fähig, die Seele zu erkennen. Sie ist nicht imstande, die Dynamik zu verstehen, die den Wertvorstellungen und den Verhaltensweisen der Persönlichkeit zugrunde liegt. So wie die Medizin versucht, den Körper zu heilen, ohne die Energie der Seele zu erkennen, die hinter der Gesundheit oder Krankheit des Körpers liegt, und deshalb die Seele nicht heilen kann, so versucht auch die Psychologie die Persönlichkeit zu heilen, ohne die Seelenkraft zu erkennen, die hinter den Strukturen und Erfahrungen der Persönlichkeit liegt, und ist daher gleichfalls außerstande, auf der Ebene der Seele eine Heilung zu bewirken.

Um unseren Geist und unseren Körper zu entwickeln und zu pflegen, ist es nötig zu erkennen, daß wir einen Geist und einen Körper haben. Um auf der Ebene der Seele zu heilen, müssen wir erst einmal zugeben, daß wir eine Seele *haben*. Handelt es sich bei dieser Seele um ein mythologisches Etwas, das unseren Brustkorb erfüllt? Nein. Wenn also unsere Seele eine wirkliche und lebendige Kraft ist, was hat sie dann für einen Zweck?

Die Entwicklung eines gesunden und disziplinierten Verstandes, eines Intellekts, der jeder Aufgabe gewachsen ist, erfordert mehr als die bloße Anerkennung seiner Existenz. Sie erfordert, daß man versteht, wie der Verstand arbeitet, was er will, was ihn stärkt oder schwächt, und daß man dieses Wissen anwendet. Dasselbe gilt auch für die Seele. Es ist nicht möglich, der Seele bewußt in ihrer Entwicklung zu helfen, indem man einfach ihre Existenz anerkennt. Es ist notwendig, die innere Beschaffenheit der Seele zu verstehen und zu lernen, was eine Seele tolerieren kann und was nicht. Diese Dinge gilt es zu erforschen.

Die hierfür notwendigen Voraussetzungen sind noch nicht geschaffen worden. Wir haben noch kein methodisches und systematisches Wissen von der Seele entwickelt. Wir verstehen nicht, welchen Einfluß unser Verhalten und unsere Taten auf die Seele haben. Wenn wir sehen, daß die Persönlichkeit gestört ist, überlegen wir uns nicht, was dies im Hinblick auf die Seele bedeutet. Doch die Persönlichkeit ist nichts anderes als spezifische Aspekte der Seele, die auf eine physische Form reduziert sind. Deshalb ist es nicht möglich, Funktionsstörungen der Persönlichkeit zu verstehen, ohne die Seele zu verstehen.

Gefühle wie Angst, Zorn und Eifersucht, die die Persönlichkeit entstellen, können nur in Zusammenhang mit den karmischen Umständen, denen sie dienen, verstanden werden. Sobald wir begreifen, daß die Erfahrungen unseres Lebens dem Energieausgleich unserer Seele dienen, steht es uns frei, uns persönlicher Reaktionen zu enthalten, um kein weiteres negatives Karma für unsere Seele zu erzeugen.

Schmerz allein ist einfach Schmerz, doch die Erfahrung des Schmerzes verbunden mit dem Verständnis, daß dieser Schmerz einen Sinn hat, läßt ihn zum Leiden werden, und Leiden ist sinnvoll. Leiden läßt sich ertragen, weil es einen Grund gibt, für den es sich lohnt zu leiden. Was ist mehr wert als die Evolution unserer Seele?

Das heißt nicht, daß wir zum Märtyrer werden sollen. Wenn wir verstehen, daß wir dann am meisten zu unserer Welt beitragen, wenn wir bewußt die Entwicklung unserer Seele fördern, so werden wir damit auch zum Wohlbefinden und zur spirituellen Entwicklung all derer beitragen, die gemeinsam mit uns in diesem menschlichen Lernprozeß stehen. Wenn wir zu uns selbst unfreundlich sind, werden wir es auch zu den anderen sein, und wenn wir uns selbst vernachlässigen, werden wir auch die anderen vernachlässigen. Nur wenn wir mit uns selbst Mitleid haben, können wir auch für die anderen Mitleid empfinden.

Wenn wir uns nicht selbst lieben, können wir auch niemand anderen lieben und werden es nicht ertragen, andere geliebt zu sehen. Wenn wir uns selbst nicht liebevoll behandeln, werden wir es anderen verübeln, wenn wir diese Umgangsweise bei ihnen sehen. Wenn wir uns selber nicht lieben können, bedarf es einer schmerzlichen Bemühung, um andere zu lieben, die uns nur wenige Augenblicke des Wohlbefindens gönnt. Mit anderen Worten, andere zu lieben oder sich selbst freundlich zu behandeln, heißt, sich und den anderen die gleiche Dosis unserer eigenen Medizin zu verabreichen.

Menschen, die sich für eine Art Märtyrer halten, sind der Meinung, daß sie alles, was sie haben, den anderen geben. Sie sehen dies als eine Form der Liebe an, doch in Wahrheit ist die Liebe, die sie geben, verseucht, weil sie voller Selbstmitleid ist. Ein Gefühl von Schuld und Machtlosigkeit umwölkt die Energie ihrer Herzen, so daß andere, wenn sie ihre Zuneigung spüren, kein gutes Gefühl dabei haben, denn diese ist nicht selbstlos, sondern dahinter verbirgt sich ihr eigenes Bedürfnis, das jedoch niemals ausgesprochen wird.

Wenn wir imstande sind, uns selbst Gutes zu tun, dann wissen wir auch, was es heißt, uns selbst zu lieben. Dann können wir uns darüber freuen, wenn anderen die Güte und Liebe zuteil wird, die sie so dringend brauchen. Das ist die

Energie der Seele. Das ist die Wahrnehmung der Seele. Wo es kein Mitleid gibt, sondern nur Gefühle von Schuld und Reue, Kummer und Zorn, bietet sich die Gelegenheit, die Seele zu heilen. Auf welche Weise stehen diese Erfahrungen in Beziehung zu einer Seele, die gesund ist, und einer Seele, die nicht gesund ist? Was ist eine gesunde Seele?

Zur Beantwortung dieser Fragen bedarf es einer spirituellen Psychologie, einer neuen geistigen Disziplin, in deren Brennpunkt die menschliche Seele steht. Die menschliche Evolution und die Evolution des Geistes in der Materie bilden eine sehr spezifische Evolution, die nichts Zufälliges oder Chaotisches an sich hat. Sie ist sehr spezifisch. Wenn die notwendigen Reifeprozesse der Vereinigung von Materie und Geist nicht entsprechend gewürdigt werden, gerät der Geist in eine Krise. Die Psychologen haben versucht, diese Krisen im Sinne der Psychologie zu erklären. Wir können diese Terminologie zwar verwenden, doch ist eine Erweiterung zu einer Sprache des Geistes angebracht. Psychosen und psychotische Krisen werden dann endlich in einer angemessenen Sprache erklärt werden können, die dem zerbrochenen Geist Rechnung trägt.

Re-Inkarnation und die Rolle des Karma in der Entwicklung der Seele werden im Mittelpunkt der spirituellen Psychologie stehen. Das Charakteristische einer Persönlichkeit, die Eigenschaften, die sie von den anderen unterscheiden, sind ohne Verständnis des Karma, das sie geschaffen hat, nicht zu beurteilen. Sie lassen sich auch nicht immer aus der Geschichte der Persönlichkeit erklären, weil sie Erfahrungen reflektieren können, die dieser in manchen Fällen um Jahrhunderte vorausgehen. Es dreht sich daher nicht um die Auswirkungen von Zorn, Eifersucht, Bitterkeit, Kummer und so weiter auf die Persönlichkeit, sondern auf die Seele.

Alle Persönlichkeiten und Leben einer Seele zu verstehen, ist nicht notwendig. Die unzähligen Lebenszeiten einer Seele sind für die Entwicklung ihrer Persönlichkeiten von unterschiedlicher Wichtigkeit. Doch wenn wir uns der Erfahrungen aus jenen Lebenszeiten nicht bewußt sind, die in direktem Zusammenhang mit den Schwierigkeiten unserer derzeitigen Persönlichkeit stehen, werden wir nicht begreifen, in welchem Ausmaß eine Heilung stattfindet oder zum Abschluß kommt. Nehmen wir an, unsere Seele war in anderen Inkarnationen zum Beispiel ein römischer Feldherr, ein indischer Bettler, eine mexikanische Mutter, ein Nomadenjunge und eine mittelalterliche Nonne, und die karmischen Strukturen, die in jenen Lebenszeiten ihren Ausgang nahmen, wirken noch immer in uns, so werden wir nicht fähig sein, unsere Neigungen oder Interessen zu verstehen oder unser Verhalten in verschiedenen Lagen zu begreifen, wenn wir uns der Erfahrungen aus jenen Leben nicht bewußt sind.

Vielleicht hat die Nonne, die im Mittelalter lebte, die Fähigkeit entwickelt, einen Engel zu sehen. Welche außerordentliche spirituelle Errungenschaft! Unser nicht-physischer Lehrer wird auf denselben Lichtfrequenzen zu uns kommen. Die Nonne aus dem Mittelalter schenkt uns die Früchte eines Lebens voller Gebet, Kampf, Schmerz und Mut. Der römische Feldherr unserer Seele ist nicht seit zweitausend Jahren tot. Diese Energie kann buchstäblich in unseren Körper eindringen und aus reiner Neugier eine moderne Waffe anfassen wollen.

Verspüren Sie gegenüber einer bestimmten Art von Leuten eine Abneigung? Wollten Sie als Kind gerne Doktor werden? Leiden Sie unter Platzangst? Reaktionen wie diese lassen sich nicht immer anhand der Erfahrungen aus unserem jetzigen Leben erklären. Die heilende Kraft im Herzen der Psychologie ist die Macht des Bewußtseins. Machen wir uns auf die Suche, fassen wir Mut und bringen wir das, was unbewußt ist und daher Macht über unsere Persönlichkeit hat, ans Licht des Bewußtseins, denn das ist es, was heilt. Wenn das, was bewußt gemacht werden muß, nicht anerkannt wird – wie zum Beispiel die Erfahrungen aus früheren Lebenszeiten – kann es nicht geheilt werden.

Haben Sie Ihren Ehepartner verlassen oder sind Sie selbst von einem Partner verlassen worden? Es kann sein, daß unsere Seelen aus Barmherzigkeit und großem Mitgefühl füreinander die Abmachung getroffen haben, eine Lebenssituation durchzuspielen, die sie schon in einem oder mehreren früheren Leben zusammen erlebt haben. Vielleicht haben sich unsere Seelen auf einen gegenseitigen Ausgleich der Energie geeinigt, so daß die eine jetzt denselben schmerzlichen Verlust erleidet, den sie zuvor der anderen zufügte. Solche Erfahrungen sollen nicht auf sinnlose Weise Schmerz verursachen. Es gibt keinen einzigen Akt im Universum, der nicht aus Mitgefühl erfolgt.

In unserem Leben steht uns niemand so nahe wie unsere Eltern, ihre Seelen üben den größten Einfluß auf uns aus. Selbst wenn es nicht diesen Anschein hat, weil wir zum Beispiel gleich nach der Geburt von ihnen getrennt wurden, ist dies dennoch der Fall. Wir sind mit den Seelen unserer Eltern diese Beziehung eingegangen, um gemeinsam einen Energieausgleich vorzunehmen oder eine Dynamik zu aktivieren, die für die Lektionen, die ein jeder Teil zu lernen hat, die Voraussetzung bildet. Wenn uns die karmischen Interaktionen oder die Erfahrungen aus anderen Lebenszeiten unserer Seele nicht bewußt sind, können wir die sich aus den Interaktionen mit unseren Eltern ergebenden Resultate nicht in ihrer ganzen Tragweite verstehen.

Die Erforschung und das Verständnis der Intuition wird das Hauptanliegen der spirituellen Psychologie bilden. Die Intuition ist die Stimme der nicht-physischen Welt. Sie ist das Kommunikationssystem, das die Fünf-Sinne-Persönlichkeit aus der Begrenzung ihrer fünf Sinne befreit und ihr den Schritt zur multisensorischen Persönlichkeit ermöglicht. Es ist die Verbindung zwischen der Persönlichkeit und ihrem höheren Selbst und dessen Führern und Lehrern.

Für die Psychologie ist die Intuition mehr oder weniger eine Kuriosität, und das Wissen, das durch sie erlangt wird, findet deshalb keine Anerkennung und der Intellekt befaßt sich nicht damit. Die Fünf-Sinne-Persönlichkeit verwertet nur das Wissen, das sie sich mittels ihrer fünf Sinne aneignet. Die multisensorische Persönlichkeit erlangt Wissen durch ihre Intuition und richtet sich in der Anwendung dieses Wissens Schritt für Schritt nach ihrer Seele aus. Der bewußte Pfad zu authentischer Macht erfordert die Anerkennung der nicht-physischen Dimensionen des Menschen, der Seele, und verlangt ein wachsendes Wissen über die Seele und ihre Wünsche.

Spiritualität wird den Kern der spirituellen Psychologie bilden. Die spirituelle Psychologie wird sich an der Spiritualität orientieren, und spirituelle Krisen werden als legitime Leidensprozesse angesehen werden. Die spirituelle Psychologie wird die zweckbestimmten Beziehungen zwischen Karma, Reinkarnation, Intuition und Spiritualität aufspüren und verstehen.

Spiritualität hat etwas mit dem Prozeß der Unsterblichkeit selbst zu tun. Wir haben zum Beispiel unsere Intuition, aber unsere Spiritualität ist nicht auf unsere Persönlichkeit und das System ihrer Intuition begrenzt. Sie umfaßt die gesamte Reise unserer Seele, wogegen die Intuition das Mittel ist, durch das unsere Seele mit uns Verbindung aufnehmen kann, um uns in verschiedenen Situationen zu helfen, sei es, daß es sich dabei um unser Überleben, um eine schöpferische Tätigkeit oder um Inspiration handelt. Durch dieses Mittel können wir mit Hilfe unseres höheren Selbst andere Seelen, Lehrer und Führer um Beistand bitten und ihn auch erhalten. Unsere Spiritualität gehört zu dem, was in uns unsterblich ist, während wir das System der Intuition, das für unseren Körper entwickelt wurde, zurücklassen werden, wenn wir diesen verlassen, weil wir es dann nicht mehr brauchen.

Die spirituelle Psychologie erforscht gründlich und genau, was für die Gesundheit der Seele notwendig ist. Sie hat jedes Verhalten aufzudecken, das im Gegensatz zu Harmonie und Ganzheit und damit im Gegensatz zur Energie der Seele steht. Sie wird sich mit den weitreichenden Elementen der Negativität auseinandersetzen und herausfinden, wie viele Formen von Negativität es gibt und welche Auswirkungen diese auf die Seele haben.

Alles, was einen Menschen in seinem Gefühl des Getrenntseins bestärkt, zerstört die Seele beziehungsweise vermindert in gewisser Weise ihre Stärke, nicht zu verwechseln mit ihrer Unsterblichkeit. Die Seele, die sich selbst reduziert, um in eine physische Inkarnation zu passen, trägt trotzdem den Plan des Ganzen in sich. Man könnte auch von einem holistischen spirituellen Code sprechen, der jeder Persönlichkeit innewohnt, und wenn diese ihn verletzt, kommt es zu Funktionsstörungen.

Die spirituelle Psychologie wird jene Situationen aufzeigen, die den menschlichen Geist zerstören können, wie zum Beispiel jede Form von roher Gewalt. Die Seele verträgt keine Gewalt. Sie kann ein Übermaß an Schmerz und vernunftwidrigem Verhalten nicht dulden. Sie verträgt es nicht, belogen zu werden. Sie kann Unversöhnlichkeit, Neid und Haß nicht vertragen. Das alles ist Gift für sie.

Ein solches Verhalten von seiten der Persönlichkeit wirkt wie eine Vergiftung des Körpers mit Arsen. Es verzerrt, verseucht und zerstört die Stärke der Seele auf die gleiche Weise wie das Arsen den Körper. Diese Verzerrung der Seele muß dann das auf physische Gegebenheiten reduzierte Ebenbild der Seele, die sogenannte ›Persönlichkeit‹, auf sich nehmen, um sie zu reinigen, so daß andere Seelen sie sehen und helfen können.

Diese Dynamik zu begreifen, ist für die spirituelle Psychologie ein wesentlicher Faktor. Es ist die Grundlage, auf der die spirituelle Psychologie aufbaut. Schmerz wird nicht verurteilt oder vermieden, sondern als zerstörte Seele erkannt. Unter diesen Umständen werden wir sagen: Laßt uns sie oder ihn heilen! Flüchten wir nicht vor der Unansehnlichkeit einer zerstörten Seele!

Die Persönlichkeit einer zerstörten Seele ist unbewußt. Zwischen Persönlichkeit und Seele findet ein ständiger Austausch statt. Die Frage ist, ob wir uns dessen bewußt sind oder nicht. Wenn wir uns dessen nicht bewußt sind, dann ist es kein direkter Austausch, sondern ein indirekter, der über Umwege durch Zweifel und Unbewußtheit fließen muß. Wenn wir der Führung durch unser höheres Selbst gewahr sind und sich ihr öffnen, bewirkt dies ihren sofortigen und ungehemmten Fluß. Sind wir uns ihrer nicht bewußt und leugnen, daß es eine höhere Form von Weisheit und Führung in unserem Leben gibt, dann muß sie Zuflucht zu physischen Ereignissen suchen.

Den ersten Anstoß erhält eine unbewußte Persönlichkeit durch eine Krise. Wenn sich die Persönlichkeit von der klaren Energie der Seele entfernt hat oder nicht mit ihr verbunden ist, wird sie von den physischen Dingen des Lebens verführt werden. Das hat immer eine Persönlichkeitskrise zur Folge, weil die notwendige Stärke und Führung, die in die Persönlichkeit fließen sollen, abgeschnitten worden sind. Eine Persönlichkeit, die die Existenz von höheren Quellen der Weisheit leugnet oder sich ihrer nicht bewußt ist, ist nicht imstande, Zuflucht zu ihrer Führung, ihrer Intuition oder zu irgendeiner Art von Führungsmechanismus unserer Gattung zu suchen. Dadurch kommt es zu einer Krise.

War die Krise als ein wesentlicher Faktor unseres Wachstums vorgesehen? Nein. Dieses Entwicklungsmuster entstand durch die Art der Entscheidungen, die von unserer Gattung getroffen wurden. Krisen waren kein notwendiger Bestandteil unserer Evolution, ebensowenig wie schmerzliche oder traumatische Erfahrungen, emotionale oder physische Gewalt eine Voraussetzung für unser Wachstum bildeten. Die göttliche Ordnung sah vor, daß unsere Gattung im Laufe ihrer Evolution irgendwann einmal Vollkommenheit erreichen würde. Unsere Spezies bestimmte selbst ihren Kurs und die Art ihres Lernens durch die Wahl, die sie in bezug auf den Umgang mit Energie innerhalb der Erdenschule traf. Es war des Menschen eigene Wahl, die den Zweifel schuf und zum Hauptlehrer einsetzte. Unsere Spezies wählte diese Art des Lernens und schuf dadurch karmische Entwicklungsmuster, die sich von Generation zu Generation fortpflanzten.

Im Laufe ihrer Entwicklung, als sie das gesamte Spektrum ihrer Ängste, Wünsche und Verhaftungen an das Physische durchlebte, begannen bestimmte Entscheidungen auf kollektiver und individueller Ebene den Pfad zu formen, der uns einmal so vertraut werden sollte. Und auf diesem ausgetretenen Pfad, der die Erfahrung von physischer Machtlosigkeit in bezug auf die Struktur der Erdenschule mit einschließt, findet nun die Erweckung des Bedürfnisses statt, mit dem eigenen spirituellen Energiesystem in Berührung zu kommen, bevor die Seele nach authentischer Macht zu streben beginnt.

Mit anderen Worten, bevor die Persönlichkeit erwacht und das Potential der Seele erkennt, muß sie den Verlust eines Partners, den Tod eines Kindes, den Zusammenbruch eines Geschäftes oder irgendeine andere Situation erleiden, die sie machtlos macht. Ein Scheitern an äußerer Macht ist erforderlich, und dies ist für die Fünf-Sinne-Persönlichkeit gleichbedeutend mit einer Krise.

Die spirituelle Psychologie nimmt sich dieser Situation an, indem sie sich direkt mit der Frage der authentischen Macht auseinandersetzt. Gerade rechtzeitig, weil unsere Spezies im Begriff ist, in ihrer Entwicklung über die Fünf-Sinne-Persönlichkeit hinauszuschreiten, deren Erforschung der physischen Welt auf äußerer Macht beruht, um sich den Erfahrungen der multisensorischen Persönlichkeit hinzugeben, den Erfahrungen der nicht-physischen Welt, und um sich auf die Reise zu machen, die durch verantwortungsbewußte Wahl und mit Hilfe der nicht-physischen Führer und Lehrer zu authentischer Macht führt.

Die Persönlichkeit ist weder positiv noch negativ, sie ist ein Werkzeug der Seele, ein natürlicher Teil der Inkarnation. Die Entwicklung der fünf Sinne war ein feierlicher Akt, durch den der Intellekt erweitert wurde und unsere Spezies die Möglichkeit erhielt, anhand physischer Materie zu lernen. Das Streben nach äußerer Macht entstand aus Unsicherheit, die jedoch nicht eine Folge der Begrenzungen der Fünf-Sinne-Persönlichkeit war, sondern der Entscheidungen, die unsere Spezies traf, und die einen Lernprozeß durch Furcht und Zweifel anstatt durch Weisheit zur Folge hatten.

Jetzt erhält unsere Gattung wieder die Gelegenheit zu wählen, auf welche Weise sie lernen und sich entwickeln will. Wir leben in einer Zeit, in der sich sowohl die Gattung, als auch jeder einzelne von neuem entscheiden muß. Es ist eine Chance für uns als Spezies und für jedes Individuum, eine Wahl zu treffen, die anders ist als die bisherige, die Wahl, Liebe durch Weisheit zu lernen und den vertikalen Pfad zu nehmen, den Weg der Klarheit, des Wachstums und des bewußten Lebens.

Wir nähern uns dem Ende einer Evolutionsphase, die lange vor unserer Existenz festgelegt wurde. Als der Plan für die Entwicklung und den Lernprozeß unserer Gattung geschaffen wurde, wurde er als Ergänzung großer Zyklen entworfen, die für unser Universum und für unsere und andere Galaxien Gültigkeit haben. Diese Zyklen bewegen sich innerhalb physischer Formen mit bestimmten Geschwindigkeiten und dienen bestimmten Zwecken, wie dem Ausgleich von Energien.

Der Zyklus, den wir beenden und somit beginnen, beinhaltet, daß drei Zyklen zum Abschluß kommen und wieder beginnen. Diese Zyklen agieren ineinander, so wie der Mond um die Erde kreist und diese um die Sonne. Es gibt unzählige Umlaufbahnen und Zyklen, die umeinander kreisen. Astrologisch betrachtet kommen wir zum Abschluß eines großen Zyklus, eines zweitausendjährigen Zyklus und eines noch größeren Zyklus, wobei sich ein fünfundzwanzigtausendjähriger Zyklus mit dem Ende eines hundertfünfundzwanzigtausendjährigen Zyklus verknüpft. Das ist der Grund, warum diese Dinge jetzt geschehen, weil der in unserer Evolution hierfür vorgesehene Zeitpunkt erreicht wurde.

Die Negativität der letzten zweitausend Jahre wird nun gesammelt, damit sie entladen und transformiert werden kann, so daß der nächste zweitausendjährige Zyklus, der gleichzeitig mit dem nächsten fünfundzwanzigtausendjährigen Zyklus und dem nächsten hundertfünfundzwanzigtausendjährigen Zyklus beginnt, einen neuen Anfang setzen kann.

In unserer gegenwärtigen Lage auf der Erde geht es um die Geburt neuer Möglichkeiten zur Befreiung von Entwicklungsmustern, die ihre Gültigkeit verloren haben. Je ›erleuchteter‹ wir sind, desto mehr werden wir nach neuen Wegen suchen.

Die spirituelle Psychologie wird unsere Wahl, durch Weisheit zu lernen, unterstützen, ebenso wie unsere Entscheidung, uns von negativen Strukturen des Zweifels und der Angst zu befreien, weil diese unserem Sein und Werden nicht mehr entsprechen. Sie wird die Beziehung zwischen der Persönlichkeit und der Seele klären und die Unterschiede zwischen beiden kenntlich machen. Sie wird die Wirkungen der Interaktionen zwischen Persönlichkeiten aus der Sicht der unpersönlichen Energiedynamik aufzeigen, die von diesen ausgelöst wird, und sie wird darüber hinaus erläutern, wie diese Dynamik zur Heilung verwendet werden kann.

15

Illusion

Jede Interaktion mit jedem Individuum ist Teil eines dauernden Lernprozesses. Wenn wir interagieren, ist eine Illusion Teil dieser Dynamik. Diese Illusion erlaubt jeder Seele das wahrzunehmen, was sie verstehen muß, um zu heilen. Sie schafft, gleich einem lebendigen Film, die Situationen, die notwendig sind, um die Aspekte jeder Seele, die der Heilung bedürfen, in die Ganzheit zu überführen.

Die Illusion ist ein Lernbehelf. Sie gehört zur Persönlichkeit. Wir werden sie zurücklassen, wenn wir sterben, wenn wir heimkehren. Doch eine Persönlichkeit, die in Liebe und Licht lebt, die − metaphorisch gesprochen − durch die Augen ihrer Seele sieht, kann die Illusion wahrnehmen und gleichzeitig nicht in sie verstrickt werden. Das ist eine Persönlichkeit, die über authentische Macht verfügt.

Die Illusion ist den Bedürfnissen jeder Seele vorzüglich angepaßt, so daß jede Lage immer allen Beteiligten von Nutzen ist. Niemand kann oder wird auch nur auf einen einzigen Umstand treffen, der nicht direkt und sofort dazu dient, das Bedürfnis der Seele nach Heilung, nach Ganzwerdung, zu stillen. Die Illusion wird für jede Seele von ihren Intentionen erzeugt. Deshalb lebt die Illusion in jedem Augenblick von den Erfahrungen, die am besten für uns geeignet sind, unsere Seele zu heilen.

Die Illusion ist formbar. Das heißt nicht, daß das, was innerhalb der Illusion gemeinsam geschaffen wird, nicht auch unabhängig von den einzelnen Seelen existiert, die an seiner

Erschaffung beteiligt waren. Es bedeutet, daß es keine Wahrnehmung gibt, die nicht geheilt werden kann, so wie es keine Intention gibt, die nicht verändert oder durch eine andere ersetzt werden kann. Zu verstehen, wie eine Illusion entsteht, wie sie funktioniert, welche Dynamik dahinter steckt und welche Rolle sie in der Evolution der Seele spielt, ist ein Hauptanliegen der spirituellen Psychologie.

Die spirituelle Psychologie ermöglicht der Persönlichkeit, sich aus der Illusion zu lösen und sie mit wissenden Augen zu betrachten, das heißt zu sehen, wie sie wirkt. So wie es einer Intelligenz mit dem Wissen der modernen Medizin möglich wäre, unter den Pestkranken im mittelalterlichen Europa zu leben, ohne sich anzustecken, so kann eine Persönlichkeit, die weiß, wie die Illusion arbeitet, in ihr leben und dennoch nicht von ihr beeinflußt werden.

Die Beulenpest wird durch Flöhe von Ratten auf den Menschen übertragen. Wir wissen das heute, doch damals war es nicht bekannt. Eine Person mit diesem Wissen hätte jedoch damals unter Einhaltung peinlichster Sauberkeit und unter Fernhaltung der Nager nicht nur zum eigenen, sondern auch zum Überleben der anderen beitragen können. Wenn wir Angst, Zorn oder Eifersucht empfinden, befinden wir uns in einer Illusion, die dazu bestimmt ist, uns jene Teile der Seele bewußt zu machen, die es zu heilen gilt. Diese Dinge existieren nicht wirklich. Deshalb bringt ihre Verfolgung keine Macht. Was zwischen Seelen existiert, ist Liebe, und das ist alles, was existiert. Wenn die Persönlichkeit das versteht, wird sie der Illusion gewahr werden und fähig sein, die Heilung, die sie bietet, bewußt zu akzeptieren und auch anderen bei ihrer Heilung beizustehen. Die Macht von Gewahrsein und Wissen ist in beiden Situationen gleich.

Die Illusion hat nur Macht über uns, wenn wir uns nicht daran erinnern können, daß wir mächtige Geistwesen sind, die zu Lernzwecken die physische Erfahrung auf sich genommen haben. Sie hat Macht über uns, wenn wir den

Wünschen, Impulsen und Wertvorstellungen unserer Persönlichkeit gehorchen, und sie hat Macht über uns, wenn wir uns fürchten und sorgen, hassen oder zürnen. Sie hat keine Macht über uns, wenn wir lieben, wenn das Mitgefühl für andere uns das Herz öffnet, wenn unsere schöpferische Kraft in jedem Augenblick ungehindert und freudig fließen kann. Mit anderen Worten, die Illusion hat keine Macht über eine Persönlichkeit, die mit ihrer Seele voll verbunden ist.

Die Illusion wird von einer unpersönlichen Energiedynamik gesteuert. Ursprünglich wird sie durch das Gesetz des Karma geformt. Die Struktur jeder Persönlichkeit, die unbewußten Intentionen, mit denen sie geboren wird, werden durch das Karma ihrer Seele bestimmt. Diese Intentionen formen ihre Illusion, ihre Wirklichkeit innerhalb der Erdenschule, so lange bis sie durch andere Intentionen bewußt oder unbewußt ersetzt werden. Wenn die Reaktionen der Persönlichkeit zusätzliches Karma für die Seele schaffen und dieses Karma innerhalb der Lebenszeit dieser Persönlichkeit nicht ausgeglichen werden kann, dann trägt dieses Karma zur Formung einer anderen Persönlichkeit bei, deren Intentionen wiederum eine Illusion, eine Wirklichkeit innerhalb der Erdenschule, schaffen, usw.

Selbst wenn sich eine Persönlichkeit ihrer Illusion bewußt wird und ihre Intentionen dementsprechend formt, muß sie dennoch den karmischen Verpflichtungen ihrer Seele nachkommen. Karma ist Karma. Energie ist Energie. Die erwachte Persönlichkeit versteht dies und begegnet daher den Erfahrungen und Ereignissen ihres Lebens nicht mit Zorn, Furcht, Sorge oder Neid, was zusätzliches Karma für ihre Seele schaffen würde, sondern mit Mitgefühl und Vertrauen darauf, daß das Universum in jedem Augenblick für die Bedürfnisse ihrer Seele sorgt. Diese Haltung zieht andere Seelen mit der gleichen Bewußtseinsfrequenz an.

Persönlichkeiten, deren Bewußtsein die gleichen Schwächen aufweisen, ziehen einander ebenfalls an. Die Frequenz des Zornes zieht die Frequenz des Zornes an, Geiz zieht Geiz an, usw. Dies ist das Gesetz der Anziehung. Negativität zieht Negativität an und Liebe zieht Liebe an. Daher ist die Welt einer zornigen Person voller zorniger Leute, die Welt eines Geizhalses voller geiziger Leute, und eine liebende Person lebt in einer Welt voller Liebender.

Das Gesetz der Anziehung umgibt die Persönlichkeit mit einem Kokon aus jener Energie, die sie zu heilen sucht, so daß der Prozeß der Wandlung nicht nur ins Zentrum ihres Bewußtseins rückt, sondern verstärkt und beschleunigt wird. Die Persönlichkeit nimmt somit Zorn oder Furcht in und außerhalb ihrer selbst wahr. Wenn sich die Persönlichkeit bewußt dafür entscheidet, ihren Zorn oder ihre Furcht zu heilen, dann wird jeder Umstand und jede Begegnung ihr Anlaß zum Ärgern oder Fürchten geben, da das Universum in mitfühlender Weise ihrem Wunsch nach Ganzwerdung entspricht.

Wenn sich in einer Persönlichkeit Zorn oder Angst aufbaut, beginnt die Welt, in der sie lebt, in verstärktem Maße diesen Zorn oder diese Angst, die geheilt werden muß, zu spiegeln, bis die Persönlichkeit schließlich erkennt, daß ihr gerechter Zorn oder ihre berechtigte Angst in ihr selbst entspringen, daß sie selbst der Urheber ihrer Erfahrungen und Wahrnehmungen ist und daß daher nur sie selbst diese durch andere Wahrnehmungen und Erfahrungen ersetzen kann.

Die Frequenz des Zornes erweckt eine ähnliche Frequenz im Bewußtsein derjenigen, die mit dieser zornigen Person in Berührung kommen, so wie die Frequenz der Liebe ebenfalls eine ähnliche Reaktion hervorruft. Wenn wir den anderen nicht unser Mitgefühl und unsere Unterstützung anbieten, sondern ihnen Macht entziehen wollen, werden wir auf Widerstand stoßen, und dieser Widerstand ist das Gegenstück zu unserer eigenen Energie, die danach trachtet, Macht zu erlangen. Das Streben nach äußerer Macht hat

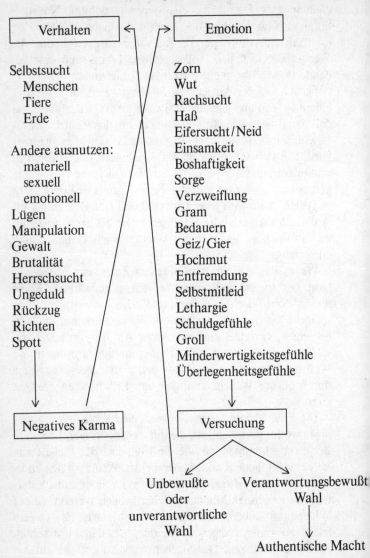

Machtlosigkeit (Angst)

| Verhalten | Emotion |

Verhalten

Selbstsucht
  Menschen
  Tiere
  Erde

Andere ausnutzen:
  materiell
  sexuell
  emotionell
Lügen
Manipulation
Gewalt
Brutalität
Herrschsucht
Ungeduld
Rückzug
Richten
Spott

Emotion

Zorn
Wut
Rachsucht
Haß
Eifersucht/Neid
Einsamkeit
Boshaftigkeit
Sorge
Verzweiflung
Gram
Bedauern
Geiz/Gier
Hochmut
Entfremdung
Selbstmitleid
Lethargie
Schuldgefühle
Groll
Minderwertigkeitsgefühle
Überlegenheitsgefühle

| Negatives Karma | Versuchung |

Unbewußte
oder
unverantwortliche
Wahl

Verantwortungsbewußt
Wahl

Authentische Macht

immer Entfremdung und Vereinsamung zur Folge. Die Dynamik der Versuchung und die Dynamik der verantwortungsbewußten Wahl operieren innerhalb dieses unpersönlichen Bezugsrahmens.

Das menschliche Gefühlssystem läßt sich auf zwei Elemente reduzieren: Angst und Liebe. Die Liebe ist Teil der Seele, die Angst Teil der Persönlichkeit. Die Illusion jeder Persönlichkeit wird von den Emotionen, die durch die Angst bedingt werden, hervorgerufen und genährt, von Emotionen wie Zorn, Wut, Rachsucht, Haß, Eifersucht, Neid, Einsamkeit, Boshaftigkeit, Sorge, Verzweiflung, Gram, Bedauern, Geiz, Gier, Hochmut, Entfremdung, Selbstmitleid, Lethargie, Schuldgefühle, Groll, Minderwertigkeits- und Überlegenheitsgefühle. Solche Emotionen haben ein entsprechendes Verhalten zur Folge, wie zum Beispiel Selbstsucht gegenüber Menschen und Tieren und der Erde im allgemeinen, das Ausnutzen anderer in vielerlei Weise, sei es materiell, sexuell oder emotionell, Lügen, Manipulation, Gewalt, Brutalität, Ungeduld, Spott und das Richten anderer.

Bei einer unbewußten Persönlichkeit ruft jede auf Angst beruhende oder durch Angst bedingte Emotion ein negatives Verhalten hervor, das negatives Karma für ihre Seele erzeugt. Eifersucht kann zum Beispiel Lügen oder Spott zur Folge haben, das sind Formen der Manipulation, oder in Gewalt ausarten. Geiz kann zu Ungeduld führen, die eine Form von Selbstsucht ist, oder zum Ausnutzen anderer.

Wenn wir uns unserer zersplitterten Persönlichkeit und somit des Teiles von uns, der zum Beispiel zornig ist, nicht bewußt sind, werden wir diesen Zorn bedenkenlos ausleben. Wir werden zuschlagen oder uns zurückziehen oder unseren Spott als Waffe benutzen, um auf irgendeine Art unserem Zorn Ausdruck zu verleihen. Unser Zorn wird aus unserer persönlichen Energiesphäre in die kollektive Energie unserer Umgebung überfließen und auf diese Weise negatives

Karma erzeugen. Früher oder später werden wir den Auswirkungen unseres eigenen Zornes begegnen, wenn diese durch das Gesetz des Karma und der Anziehung zu uns zurückkommen, so daß wir selbst, oder eine der vielen Persönlichkeiten unserer Seele, schließlich lernen werden, mit jeder der durch Angst bedingten Emotionen auf andere Art umzugehen.

Hinter Furcht steckt Machtlosigkeit. Solange wir bestrebt sind, die leeren Stellen in uns mit äußerer Macht zu füllen, müssen wir lernen, daß dies nicht möglich ist, bis wir uns schließlich, sei es in dieser oder erst nach tausend Lebenszeiten, authentischer Macht zuwenden. Das ist die unbewußte Art des Lernens. Es ist ein Lernen mittels der Erfahrungen, die von den unbewußten Teilen der Persönlichkeit geschaffen werden, und mittels der Erfahrungen, die durch die unbewußten Reaktionen auf diese Erfahrungen entstehen.

Wenn sich eine Persönlichkeit ihres zersplitterten Zustandes bewußt ist, wenn sie nicht nur den Aspekt kennt, der zornig ist und nach Rache schreit, sondern auch ihre mitfühlenden und verständnisvollen Aspekte, profitiert sie von der Dynamik der Versuchung. Sie ist fähig vorauszusehen, welche Folgen es hat, wenn sie sich mit dieser Energiefrequenz – dem Zorn – die durch ihr System läuft, identifiziert, und zu überlegen, ob ihr Zorn es ihr wert ist, diese Folgen zu erleben. Ihre Entscheidung zur Vorausschau ermöglicht es ihr zu sehen, welche Wirkung es auf ihre Umwelt hat, wenn sie in jenem Augenblick ihrem Zorn freien Lauf läßt, und andererseits zu erkennen, wie sich Verständnis und Mitgefühl auswirken.

Die unbewußte Persönlichkeit ist sich in dem Augenblick, in dem sie von ihrem Zorn oder ihrer Wut übermannt wird, nicht bewußt, daß in ihr Aspekte sind, die es vorziehen würden, mit Verständnis und Mitgefühl zu reagieren, doch sie würde diese erkennen, wenn sie in jenem Augenblick klar sehen könnte. Und was ist mit den Teilen der Persönlichkeit, die unter der Einsamkeit und Entfremdung leiden, die durch das Ausdrücken von Zorn entstehen, jenen Teilen, die sich nach Wärme und Partnerschaft sehnen, nach Beziehungen von einer Tiefe und Qualität, wie sie für Menschen, die in Zorn, Furcht oder Eifersucht leben, nicht möglich sind?

Wenn die in Versuchung geratene Persönlichkeit beschließt, sich nach Liebe, Klarheit, Verstehen und Mitgefühl auszurichten, gewinnt sie Macht. Der Impuls für Zorn und Vergeltung verliert seine Macht über sie, und sie erlangt auf diese Weise, Schritt für Schritt, von Entscheidung zu Entscheidung wahre, authentische Macht. Wenn sie beschließt, unbewußt zu bleiben und jede Verantwortlichkeit für ihre Taten ablehnt, erlaubt sie den negativen Energieströmen, ihre Worte und Taten zu formen. Dies führt zu negativem Verhalten und dieses wiederum zu negativem Karma.

Was bedeutet das in bezug auf die Illusion?

Negatives Verhalten erzeugt in anderen und in uns selbst negative Emotionen und somit weitere Gelegenheiten, entweder durch verantwortungsbewußte Wahl Macht zu erlangen, oder negatives Karma zu schaffen. Negatives Karma bedeutet, daß die Persönlichkeit, die negatives Verhalten gewählt hat, dasselbe Verhalten von einer anderen Persönlichkeit erfahren wird, wodurch sie erneut die Chance bekommt, diese Lernmethode aufzugeben oder fortzusetzen.

Das versteht man unter Illusion. Es ist eine Illusion, weil alle daran beteiligten Seelen in Liebe und Weisheit übereingekommen sind, an diesem Lernprozeß in der Erdenschule zum Zwecke der Heilung teilzunehmen. Es ist eine Illusion, weil innerhalb der nicht-physischen Wirklichkeit weder Raum und Zeit, noch Zorn und Furcht existieren. Es ist eine Illusion, weil sie aufhören wird zu bestehen, wenn wir heimkehren.

Wie sollen wir daher eine Seele beurteilen können, die in diesen Lernprozeß verwickelt ist? Welchen Schritt oder welche Schritte können wir für sich gesondert betrachten und sagen: »Das ist falsch«, oder »Das ist von Nutzen«, »Hier war sie erfolgreich und hier nicht«? Wir können den Lernprozeß einer Seele nicht auf Grund dessen, wie dieser stattfindet, beurteilen, ohne negatives Karma zu schaffen. So wie wir uns selbst fragen können, woher unser Zorn kommt, und erkennen werden, daß die ihm zugrunde liegende Dynamik überaus vielfältig ist und vielleicht schon vor langer Zeit ausgelöst wurde und erst jetzt ihrer Vollendung entgegengeht, trifft dies auch auf andere Seelen zu, die versuchen, sich von dieser Energieströmung zu befreien, um ihre karmische Energie auszugleichen und zu heilen, so daß wir sie nicht auf Grund einer einzigen ärgerlichen Erfahrung aburteilen können. Statt dessen muß uns klar werden, daß sich hier ein Prozeß entfaltet und daß wir den Faktor des Karma hinzurechnen müssen.

Wir können lediglich beurteilen, daß sich die Seele aus eigenem Willen in einem Heilungsprozeß befindet und wie wir und auch das restliche Universum in Entwicklung begriffen ist. Eine solche Beurteilung bezieht sich nur insofern auf den Entwicklungsprozeß der Seele, als sie liebevoll erkennt, daß die Seele nach Liebe strebt.

Auch das Universum richtet nicht nach richtig und falsch, nach Erfolg und Mißerfolg. Wie können wir wissen, was ›Erfolg‹ ist? Sind wir imstande, die Ursachen und Wirkungen unseres Seins, unserer Worte und Taten, in vollem Ausmaß zu erkennen? Wie können wir dann wissen, was ein Erfolg ist, und wie uns überhaupt vorstellen, was ein Mißerfolg ist? Ist ein ›Mißerfolg‹ etwas anderes als Ursache und Wirkung? Was wir Mißerfolg nennen, ist einfach eine Ursache und ihre Wirkung, beziehungsweise der in Gang befindliche Prozeß von Ursache und Wirkung. Es ist weise, wenn wir uns die Dynamik, unter der wir ›Erfolg‹ oder ›Mißerfolg‹ verstehen, als nicht wirklich existent vorstellen, weil sie aus der Sicht der Wahrheit nicht existiert, sondern nur aus der Sicht des Richtenden.

Wie können wir sagen, was innerhalb einer Illusion Wert hat und was nicht? Das Urteil ›wertlos‹ bezieht sich auf Unvollkommenheit, doch sehen wir uns um. Haben die Menschen bereits Vollkommenheit erlangt, außer daß sie in ihrem eigenen Prozeß vollkommen sind? Der Prozeß selbst ist zu jeder Zeit von Wert, und unsere Vollkommenheit liegt darin, daß wir unsere Aufgabe hier erfüllen.

Wie können wir wissen, welche Ziele wir innerhalb der Illusion verfolgen sollen und welche nicht? Fragen wir uns, was der Unterschied ist zwischen unseren wesentlichen und unseren angenommenen Bedürfnissen. Was sind unsere ureigenen Bedürfnisse, und welche Bedürfnisse haben wir aus anderen Gründen geschaffen, zum Beispiel um andere zu manipulieren oder um Aufmerksamkeit zu gewinnen? Überlegen wir uns den Unterschied, bis wir klar genug erkennen können, auf welche Bedürfnisse wir als Menschen ein Recht haben und welche Bedürfnisse jener Teil von uns geschaffen hat, dem es nach gesellschaftlichem Ansehen oder nach Betonung seiner Individualität gelüstet. Lernen wir diese Bedürfnisse zu unterscheiden und wählen wir jene aus, mit denen wir leben möchten.

Entspringt unsere Gereiztheit über den Lärm des Nachbarn einem echten Bedürfnis, das nicht gestillt wird, oder einem geschaffenen Bedürfnis? Spiegelt unser Ärger über den lärmenden Müllwagen oder den unhöflichen Bankbeamten ein wesentliches Bedürfnis oder ein künstliches? Lernen wir zu unterscheiden, was wir als menschliches Wesen und als Seele wirklich brauchen, und was wir uns aus Gründen angeeignet haben, die auf äußerer Macht beruhen und nicht den Bedürfnissen unserer Seele entspringen. Sobald wir dazu in der Lage sind, können wir anfangen, uns von unserem künstlichen Selbst zu trennen. Erst dann werden wir fähig sein, unsere Reaktionen klar zu bestimmen und uns selbst zur Verantwortung zu ziehen, wenn wir es zulassen, daß unsere künstlichen Bedürfnisse überhandnehmen.

Authentische Bedürfnisse gehören zur Seele. Wir brauchen zum Beispiel Liebe und müssen wiederlieben. Wir müssen uns schöpferisch ausdrücken, sei es, daß wir eine Familie gründen oder einen Staat leiten. Wir müssen unsere Spiritualität pflegen indem wir bewußt daran arbeiten, uns nach unserer Seele auszurichten. Wir brauchen den Rat und die unpersönliche Weisheit unserer nicht-physischen Lehrer und Führer. Das sind einige unserer authentischen Bedürfnisse.

Nicht authentische Bedürfnisse gehören zur Persönlichkeit. Wir eignen sie uns im Laufe unseres physischen Lebens an, um unsere irdischen Besitzansprüche zu untermauern. Diese künstlichen Bedürfnisse bilden den Nährboden für negatives Karma. Wenn wir sie zu erfüllen trachten, anstatt sie einfach verstreichen zu lassen, können wir uns eine Menge negatives Karma zuziehen.

Bedürfnisse, die nicht authentisch sind, bilden eine Sperre. Weder Nationen, noch Individuen brauchen so viel, wie sie haben. Sie sind künstliche Sperren, und der Zweck, der hinter ihrer Bildung steckt, ist die Anhäufung von äußerer Macht. Der Nebengewinn, der bei der Erschaffung künstlicher Bedürfnisse anfällt, ist künstliche Macht. Wenn wir uns genau umsehen, werden wir das überall bemerken – in Ehen, in internationalen Beziehungen, in jedem Konflikt.

Es ist unmöglich, das Auftauchen der Seele zu erleben, wenn die Wolken der künstlichen Bedürfnisse uns bedecken. Alles, was wir dann sehen können, sind künstliche Bedürfnisse, die uns ungemein wichtig und bedeutsam erscheinen, aber sind sie das wirklich? Bemerken wir nicht, wie uns unsere nicht ganz so authentischen Bedürfnisse Energie wegnehmen? Solange wir unserem niedrigeren Selbst und seinen Wünschen den Vorrang lassen, können wir keinen direkten Zugang zu unserem höheren Selbst erlangen.

Authentische Bedürfnisse sind die Bedürfnisse, die vom Universum immer befriedigt werden. Das Universum stattet uns mit unseren authentischen Bedürfnissen aus. Wir erhalten immer Gelegenheiten zu lieben und geliebt zu werden, doch fragen wir uns einmal selbst, wie oft wir in unserem Leben diese Chance vertan haben.

Indem wir lernen, auf unsere authentischen Bedürfnisse zu achten, und unsere künstlichen Bedürfnisse als unnötige Abwehrmechanismen einfach verstreichen lassen, werden wir offener, verständnisvoller und mitfühlender für die Bedürfnisse der anderen. Es gibt ein natürliches Geben und Nehmen im Laufe jedes menschlichen Lebens. Jedes menschliche Wesen hat Bedürfnisse, die authentisch und solche, die nicht authentisch sind, und letztere sind der Sand im Getriebe der zwischenmenschlichen Beziehungen. Wir lernen zu geben und zu nehmen, während wir uns zu verstehen bemühen, was unsere wahren Bedürfnisse sind, und wir lernen, Kompromisse einzugehen, wenn es sich um die Bedürfnisse jener Teile von uns selbst handelt, die nicht authentisch oder unserer Entwicklung nicht förderlich sind.

Wenn wir mit den Augen unserer authentischen Bedürfnisse sehen, werden wir bemerken, daß das, wovon wir uns wirklich bedroht fühlen, jedesmal wenn wir ein künstliches Bedürfnis verspüren, der Verlust unserer Macht ist. Anstatt uns jedoch direkt damit auseinanderzusetzen, erschaffen wir ein künstliches Bedürfnis, das für uns spricht. Lernen wir das echte Bedürfnis anzusprechen, so daß wir uns kein Verhaltensmuster aufzwängen müssen, das unserer wahren Natur widerstrebt und sie verhüllt, das uns eine künstliche Persönlichkeit überstülpt, nach der wir dann zu leben gezwungen sind.

Beginnen wir darauf zu achten, wie sich unsere eigenen Bedürfnisse äußern – wo sie echt sind und wo nicht, denn wo sie nicht echt sind, kommt es zu einer negativen Emotion. Versuchen wir etwas Abstand von diesem Gefühl zu gewinnen, damit wir uns nicht länger von ihm blenden lassen oder uns seiner gar nicht bewußt sind. Es genügt ein kleiner Abstand, so daß wir beobachten können, wie es in uns zu arbeiten beginnt, ohne es so tief eindringen zu lassen, daß es zu negativen Gedanken und Taten kommen könnte. Anfangs genügt schon ein kleiner Abstand, und jedes Mal, wenn es uns gelingt, es zu sehen, werden wir uns mehr und mehr davon lösen.

Schließlich werden wir die Fähigkeit erlangen, das Wirken der Illusion selbst wahrzunehmen, und das ist ein Teil authentischer Macht.

16

Macht

Was ist die wahre Natur der Macht? Was bedeutet es, ein wahrhaft mächtiger Mensch zu sein?

Macht hat nichts mit der Fähigkeit zu tun, anderen den eigenen Willen aufzuzwingen. In dieser Art von Macht liegt keine innere Sicherheit. Es handelt sich vielmehr um eine Eigenschaft, die dem Gesetz der Zeit unterliegt, und somit wie diese einem steten Wandel unterworfen ist. Ist unser Körper stark genug, um jeder Herausforderung zu trotzen? Das wird sich ändern. Und was dann? Ist unsere physische Schönheit so groß, daß wir sie dazu benutzen können, andere zu beeinflussen? Das wird sich ändern, und was machen wir dann? Sind wir so klug, daß wir andere manipulieren können? Was ist, wenn wir dieses Spiels müde geworden sind oder die Gelegenheit dazu versäumt haben?

Wenn wir uns auf der Welt nicht zu Hause fühlen, leben wir in der Angst eines Menschen, der sich nie richtig entspannen und das Leben genießen kann. Ist das Macht? Angst hat keine Macht, noch irgendeine der Tätigkeiten, die von Angst hervorgebracht werden. Eine Denkform, die auf Angst beruht, hat keine Macht, auch wenn Armeen sie unterstützen. Es ist mehr als ein Jahrtausend her, daß die römischen Legionen verschwunden sind, doch die Kraft, die aus dem Leben eines einzigen Menschen entsprang, der von römischen Soldaten getötet wurde, fährt fort, die Entwicklung unserer Gattung zu beeinflussen. Wer hatte die wahre Macht?

Wir sind nur so mächtig wie das, wofür wir eintreten. Treten wir für mehr Geld auf der Bank und ein größeres Haus ein? Treten wir für einen attraktiven Partner ein? Treten wir dafür ein, unsere Denkweise anderen aufzuzwingen? Das sind die Standpunkte der Persönlichkeit, die versucht, ihre Wünsche zu befriedigen. Treten wir für Vollkommenheit ein – für Schönheit und Mitgefühl einer jeden Seele? Treten wir für die Macht der Liebe und das Licht der Weisheit ein? Treten wir für Vergebung und Bescheidenheit ein? Das sind die Standpunkte der Persönlichkeit, die sich nach ihrer Seele ausrichtet. Das ist die Haltung einer wahrhaft mächtigen Persönlichkeit.

Macht ist Energie, die durch die Intentionen der Seele gebildet wird. Macht ist Licht, das von den durch Weisheit geleiteten Intentionen der Liebe und des Mitgefühls geformt wird. Diese Lichtenergie wird gebündelt und gezielt auf die Erfüllung der Aufgaben der Seele gerichtet, sowie auf die Entwicklung der Persönlichkeit, die das physische Instrument der Seele auf der Erde ist, das für diesen Zweck geeignet ist. Diese Kraft formt die Illusion gemäß den Bildern der Seelen, und nicht ihrer Persönlichkeiten.

Was bedeutet das?

Zwischen den Seelen findet ein steter Energieaustausch statt. Dieser Austausch ist splitterhaft, wenn die Persönlichkeit zersplittert ist. Eine zersplitterte Persönlichkeit verliert Energie durch jeden ihrer verschiedenen Teile. Wenn ein Teil den Verlust der Arbeitsstelle befürchtet, einer den Verlust einer Beziehung und ein anderer Teil von uns Angst vor einer Auseinandersetzung mit einem unfreundlichen Mitarbeiter hat, dann strömt Macht von uns aus, ohne daß wir sie bewußt kontrollieren. Von dieser Energiedynamik ist jede zersplitterte Persönlichkeit betroffen.

Wenn Energie in Form von Angst oder Mißtrauen austritt, so führt das zu Schmerz oder Unbehagen. Wenn aus unserem Energiesystem durch Furcht oder Mißtrauen Energie ausfließt, empfinden wir einen körperlichen Schmerz in dem Teil unseres Körpers, der mit dem betroffenen Energiezentrum in Verbindung steht. Wenn wir um unsere Fähigkeit fürchten, uns zu schützen und für uns selbst zu sorgen in dieser Welt, wie zum Beispiel unsere Miete zu bezahlen oder uns vor körperlichem oder emotionellem Schaden zu bewahren, – wenn wir Macht als etwas Äußerliches sehen und glauben, nicht genug davon zu haben, um unser Wohlergehen oder unsere Sicherheit zu gewährleisten –, verspüren wir ein unangenehmes Gefühl oder einen Schmerz in der Magengegend, im Bereich unseres Solarplexus. Was wir Angst nennen, ist die Empfindung, die verursacht wird, wenn Macht durch das Energiezentrum austritt, das in diesem Teil des Körpers liegt. Eine Angstattacke ist ein massiver Machtverlust durch das Energiezentrum, das wir Solarplexus nennen. Jeder Machtverlust beeinträchtigt auch die umliegenden Körperteile. Zum Beispiel kann ein Machtverlust durch dieses Zentrum Magenverstimmungen oder Verdauungsstörungen verursachen, wenn er chronisch ist, kann es auch zu Magengeschwüren kommen.

Wenn wir befürchten, daß unsere Fähigkeit zu lieben oder geliebt zu werden bedroht ist, wenn wir uns zum Beispiel davor fürchten, unserer eigenen Liebe Ausdruck zu verleihen oder von anderen Liebe zu empfangen, empfinden wir ein physisches Unwohlsein oder Schmerzen in unserer Brust, und zwar in Herznähe. Was wir als Herzschmerzen empfinden, ist der Austritt von Macht in Form von Furcht oder Mißtrauen durch dieses Energiezentrum. Versuchen wir uns zu erinnern, was wir fühlten, als wir einen geliebten Menschen verloren. Wir werden entdecken, daß wir damals einen körperlichen Schmerz in der Brust verspürten. Das ist die Empfindung, die verursacht wird, wenn Macht durch dieses Energiezentrum austritt. Chronischer oder akuter Machtverlust durch das Herzzentrum kann buchstäblich zu einer Herzattacke führen. Ein Herzinfarkt wird nicht allein durch einen überhöhten Cholesterinspiegel oder durch andere körperliche Bedingungen ausgelöst.

Jeder Schmerz und jede Störung des physischen Körpers, jede Krankheit, kann als Machtverlust durch ein oder mehrere Energiezentren des Körpers verstanden werden. Wir verlieren Macht, wenn wir uns wegen einer Ungerechtigkeit ereifern. Wir verlieren Macht, wenn wir von einer anderen Person oder anderen Leuten bedroht werden. Wir verlieren Macht, wenn wir uns von unseren Mitmenschen absondern, sei es aus Groll oder Bitterkeit, sei es aus einem Gefühl der Enttäuschung, der Minderwertigkeit oder Überlegenheit. Wir verlieren Macht, wenn wir uns nach etwas oder nach jemandem sehnen, wenn wir uns grämen und wenn wir einander beneiden. Alldem liegt Furcht zugrunde, Furcht, daß wir verletzbar sind, daß wir nicht fähig sind, ohne die vermißte Person oder Sache auszukommen, daß wir ohne das benachteiligt sind, worum wir die anderen beneiden. Wir verlieren Macht, sobald wir Angst haben, denn Angst ist Verlust von Macht.

Die Weigerung, unsere Furcht zu erkennen, bewahrt uns nicht davor, Macht zu verlieren, ebensowenig hilft es, wenn wir uns unseren Gefühlen gegenüber taub stellen. Der Weg zu authentischer Macht führt immer durch unsere Gefühle, durch unser Herz. Der Weg des Herzens beinhaltet Mitgefühl und emotionelle Wahrnehmung. Deshalb ist es niemals angebracht, eine Emotion zu unterdrücken, oder das, was wir fühlen, nicht zu beachten. Wenn wir nicht wissen, was wir fühlen, können wir die zersplitterte Natur unserer Persönlichkeit nicht kennenlernen, noch haben wir die Möglichkeit, jene Aspekte und Energien zu bekämpfen, die unserer Entwicklung nicht dienlich sind.

Indem wir unsere Macht bewahren, werden wir keinesfalls zu einem statischen Energiesystem, das Energie aus Selbstzweck hortet, sondern zu einem stabilen Energiesystem, das fähig ist, bewußt zu handeln. Wir werden zu einem Magnet, der diejenigen, die erleuchtet sind oder es sein wollen, anzieht. Worum es sich dreht, ist die Art und Weise, in der die Energie aus uns fließt. Ein Energieaustritt in anderer Form als in Stärke und Vertrauen kann nichts anderes zurückbringen als Schmerz und Unbehagen. Ein menschliches Wesen, das authentische Macht erlangt hat, wird deshalb seine Energie nur in Form von Liebe und Vertrauen ausströmen lassen.

Wodurch zeichnet sich ein Mensch, der authentische Macht erlangt hat, aus?

Eine Person mit authentischer Macht ist bescheiden. Das hat nichts mit jener falschen Bescheidenheit zu tun, die sich herabläßt, mit sozial tieferstehenden Schichten zu verkehren. Es ist die Haltung eines Menschen, der niemanden ausschließt, der sich vor der Schönheit jeder Seele verneigt, der in jeder Persönlichkeit und deren Taten die auf der Erde inkarnierte Seele erkennt. Es ist die Harmlosigkeit eines Menschen, der das Leben in allen seinen Formen schätzt, würdigt und verehrt. Wer macht sich keine Sorgen um die Erde? Es sind die Demütigen, die der Erde noch nie Harm zugefügt haben.

Was bedeutet es, harmlos zu sein?

Es bedeutet, daß wir so stark sind, daß uns schon allein der Gedanke abstößt, einem anderen Geschöpf Schmerz oder Harm zu bereiten. Wir sind nicht fähig, unsere Macht zu zeigen, indem wir einem anderen Wesen etwas zuleide tun, weil eine solche Haltung nicht Teil unseres Bewußtseins ist. Ohne echte Demut können wir eine solche Art von Macht nicht besitzen, da wir Macht verlieren, wenn wir fühlen, daß wir in einer Lage oder mit Menschen zusammen sind, die uns keinen Respekt abverlangen.

Ein demütiger Geist ist mit der Welt vertraut. Die Menschen sind ihm nicht fremd, sie sind seine Gefährten auf der Erde. Ein demütiger Geist fordert nicht mehr, als er braucht, und was er braucht, bekommt er vom Universum.

Ein demütiger Geist begnügt sich mit der Erfüllung seiner authentischen Bedürfnisse und belastet sich nicht mit künstlichen Bedürfnissen.

Bescheidene Menschen sind frei zu lieben und so zu sein, wie sie sind. Für sie gibt es keinen künstlichen Standard, den sie erreichen müssen. Die Symbole der äußeren Macht haben keine Anziehungskraft für sie. Äußere Macht verleitet sie nicht zum Wettstreit. Das bedeutet nicht, daß sie nicht stolz auf ihre Werke sind, oder daß sie nicht ihr Bestes geben, oder daß sie nicht von den Leistungen ihrer Mitmenschen angespornt werden, wenn dies der Lage angemessen ist.

Wettbewerb bedeutet, gemeinsam mit anderen nach etwas zu streben, ein gemeinsames Ziel zu haben, gemeinsam etwas zu erreichen versuchen oder sich gemeinsam auf die Suche nach etwas zu machen. Wenn dieses Etwas, nach dem wir suchen, Ansehen, Geltung oder eine Gold- statt einer Bronzemedaille ist, motiviert uns unsere Persönlichkeit zu diesem Wettbewerb. Wir trachten danach, auf Kosten anderer Macht zu gewinnen oder unsere Überlegenheit über andere Menschen zu beweisen. Wir streben nach äußerer Macht. Indem wir nach dieser und jener Belohnung trachten, suchen wir Zustimmung und Anerkennung in der Welt zu finden, statt sie zuerst bei uns selbst zu suchen. Wir legen unsere Selbstachtung in die Hände anderer. Selbst wenn wir jede Goldmedaille erringen, die die Welt zu vergeben hat, haben wir keine Macht.

Wenn das, was wir suchen, die Freude des Gebens ist, eines Gebens ohne Einschränkung, wenn wir freudig und bewußt alles, was wir haben, an die Bemühung verschwenden, die wir gemeinsam mit den anderen Seelen schaffen, dann ist unser Wettstreit Ausdruck unserer Seele. Wenn die Bemühung, die zeitlich als letzte endet, denselben Wert hat wie jene, die als erste endet, wenn die Qualität der unsterblichen, zeitlosen Seele statt der zeitgebundenen Persönlichkeit gewürdigt wird, wenn unser Geben nicht von unserer Furcht, verletzt zu werden, behindert wird, wenn es keine Rolle spielt, was und ob wir etwas dafür erhalten, werden wir die Macht eines demütigen Geistes kennenlernen.

Eine Person, die authentische Macht erlangt hat, weiß zu vergeben. Vergebung ist nicht eine Frage der Moral. Es ist eine energetische Dynamik. Die meisten Leute, die vergeben, wollen nicht, daß jene, denen sie vergeben haben, vergessen, daß sie ihnen vergeben haben. Diese Art der Vergebung ist eine Manipulation und keine Vergebung. Sie manipuliert die Person, der vergeben wird. Sie ist ein Mittel zur Erlangung äußerer Macht über einen anderen.

Vergebung bedeutet, daß wir die Last einer Erfahrung nicht mit uns herumtragen. Wenn wir die Entscheidung treffen, nicht zu vergeben, bleibt die Erfahrung, die wir nicht vergeben, an uns haften, es ist als ob wir freiwillig dunkle Sonnenbrillen tragen würden, die alles verzerren. Wir sind dann gezwungen, das Leben Tag für Tag durch diese verzerrenden Linsen zu betrachten, die wir selbst gewählt haben. Wir wollen, daß auch die anderen die Welt auf diese Weise sehen, weil es für uns die wirkliche Welt ist, die jedoch nur wir so sehen. Wir blicken durch die Brille unserer eigenen vergifteten Liebe.

Vergebung bedeutet, daß wir nicht die anderen für unsere eigenen Erfahrungen verantwortlich machen. Wenn wir uns nicht selbst für das verantwortlich fühlen, was wir erleben, werden wir jemand anderen dafür verantwortlich machen, und wenn wir mit unseren Erfahrungen nicht zufrieden sind, werden wir versuchen, diese durch Manipulation jener Person zu verändern. Sich beklagen ist zum Beispiel genau diese Dynamik: Wir möchten, daß jemand anderer für unsere Erfahrungen verantwortlich ist und die Dinge für uns in Ordnung bringt.

Sich beklagen ist eine Form der Manipulation, doch es steht uns frei, einen Schritt weiter zu gehen, der zur Wahrnehmung und Mitteilung ohne Manipulation führt. Es geht nicht um das Sich-Mitteilen, sondern um die Intention dahinter. Bevor wir unsere Erfahrungen anderen mitteilen, sollten wir uns fragen, aus welcher Absicht heraus dies geschieht, und ob wir uns davon etwas Bestimmtes erhoffen. Wenn wir andere an unseren Erfahrungen teilhaben lassen, um uns zu beklagen, so ist dies eine negative Form. Wenn wir jedoch selbst die Verantwortung für unsere Erfahrungen übernehmen und andere in Form einer geistigen Gemeinschaft daran teilhaben lassen, so ist dies dasselbe wie Vergebung.

Wenn wir jemand anderen für unsere Erfahrungen verantwortlich machen, verlieren wir Macht. Wir können nicht wissen, was eine andere Person tun wird. Wenn wir daher davon abhängig sind, daß uns eine andere Person die Erfahrungen liefert, von denen wir glauben, daß sie für unser Wohlergehen notwendig sind, leben wir ständig in der Furcht, daß diese nicht eintreffen werden. Der Anschauung, daß jemand anderer für unsere Erfahrungen verantwortlich sei, liegt die Idee zugrunde, daß Vergebung etwas ist, was eine Person einer anderen gewährt. Wie können wir einer anderen Person dafür vergeben, daß wir selbst die Entscheidung getroffen haben, aus unserer Macht herauszutreten?

Wenn wir vergeben, befreien wir uns und die anderen von kritischer Beurteilung. Wir werden leuchtender. Wir klammern uns nicht an negative Erfahrungen, die die Folge von Entscheidungen waren, die wir trafen, als wir lernten. Wir bedauern sie nicht. Bedauern ist die doppelte Negativität des Haftens an Negativem. Wir verlieren Macht, wenn wir etwas bedauern. Wenn sich der eine wegen seiner Erfahrungen grämt, während der andere imstande ist, darüber zu lachen, wer von den beiden ist dann lichter? Wer ist ohne Harm? Das Herz, das tanzt, ist das unschuldige Herz. Der eine, der nicht lachen kann, trägt eine Bürde. Es ist das tanzende Herz, das harmlos ist.

Das bedeutet nicht, daß wir nicht aus unseren Erfahrungen etwas lernen, was wir dann im Augenblick der Entscheidung anwenden. Das ist verantwortungsbewußte Wahl. Wenn wir nach besten Kräften und Können alles tun, wozu wir imstande sind, gibt es nichts, was von einer Seele noch verlangt werden kann.

Ein Mensch mit authentischer Macht ist klar in seiner Wahrnehmung und klar in seinem Denken. Klarheit ist die Wahrnehmung der Weisheit. Klarheit bedeutet fähig zu sein, die Illusion zu sehen, zu verstehen und sie spielen zu lassen. Sie ist die Fähigkeit, hinter den Taten der Persönlichkeit die Kraft der unsterblichen Seele zu sehen. Sie ist die Fähigkeit zu verstehen, was es ist, das danach strebt, ins Sein zu treten – die Gesundheit und Integration der Persönlichkeit und die Evolution der Seele. Sie ist die Fähigkeit, nicht-physische Dynamik-Formen zu erkennen, die in der Welt von Zeit und Materie in Erscheinung treten. Sie ist das Verstehen der Gesetze des Karma und der Anziehung und das Erkennen ihrer Beziehung zu unseren Erfahrungen. Klarheit bedeutet fähig zu sein, die Rolle der verantwortungsbewußten Wahl zu erkennen und in jedem Augenblick dementsprechende Entscheidungen zu treffen.

Klarheit ist die Fähigkeit, die Seele in der physischen Welt wirken zu sehen. Sie ist das Ergebnis unserer Wahl, durch Weisheit anstatt durch Furcht und Zweifel zu lernen. Klarheit gibt uns die Möglichkeit, unseren Mitmenschen anstatt ver- und beurteilend mitfühlend zu begegnen. Sehen wir nicht das Karma, das andere für sich schaffen, indem sie die Ströme des Zornes und des Geizes wählen? Haben wir nicht dieselben Entscheidungen getroffen? Haben wir uns nicht verletzbar gefühlt? Haben wir nicht unsere Hand gegen andere erhoben? Klarheit führt zu wahrer Nächstenliebe, sie erlaubt der Energie des Herzens zu fließen.

Klarheit verwandelt Schmerz in Leiden. Sie sieht die Dynamik der Persönlichkeit, die die Ursache des Schmerzes ist, und die Beziehung zwischen dieser Dynamik und der Evolution der Seele. Sie ist die Wahrnehmung, daß alles für Ganzheit und Vollkommenheit bestimmt ist und daß jeder Aspekt letzten Endes dem Lernen dient. Eine Persönlichkeit mit authentischer Macht sieht die Vollkommenheit jeder Lage und jeder Erfahrung für die Entwicklung jeder Seele und für die Reifung jeder Persönlichkeit, die an diesem Prozeß beteiligt ist. Sie sieht überall Vollkommenheit, im Kleinen und im Großen. Wo sie auch hinblickt, sieht sie die Hand Gottes.

Klarheit läßt Furcht verschwinden. Sie ermöglicht uns, den vertikalen Pfad zu wählen und auf ihm zu bleiben. Sie gibt uns die Möglichkeit, die Dynamik, die unseren Süchten zugrunde liegt, zu verstehen — welchem Zweck unsere Süchte dienen und wie sie wirken — und erlaubt uns, Entscheidungen zu treffen, die ihnen Macht wegnehmen und uns geben. Klarheit bewirkt, daß wir nicht nur eine Kraft bekämpfen, die wir nicht verstehen, wie zum Beispiel eine Neigung zu Alkohol, zu einer Droge oder zu Promiskuität, sondern eine Dynamik, die wir aufgrund ihrer Ursachen und Wirkungen verstehen. Sie erlaubt uns, bewußt zu wählen und zu verstehen, was und warum wir wählen.

Klarheit erlaubt uns, die Welt der physischen Materie als das zu sehen, was sie ist, als ein schulisches Umfeld, das von den Intentionen der Seelen, die es teilen, gemeinsam geschaffen wird. Auf diese Weise können wir die Auswirkungen der Intentionen erkennen, die die persönliche Wirklichkeit eines jeden Menschen auf allen Ebenen formen. So können wir zum Beispiel sehen, in welchem Ausmaß die Beziehungen zwischen den Nationen von der Energie der Persönlichkeit geformt wurden, und in welchem Ausmaß von der Energie der Seele, wobei wir feststellen werden, daß die Energie der Seele auf dieser Ebene fast völlig fehlt und auf vielen anderen auch.

Klarheit läßt uns erkennen, daß der Entscheidungsprozeß, der in jedem Menschen stattfindet, mit der Evolution der Gattung verbunden ist, und auf welche Weise. Sie zeigt uns, daß wir durch die Entscheidungen, die wir treffen, an der Entwicklung einer gemeinsamen Energiedynamik teilnehmen, wie zum Beispiel der Archetypen, der kollektiven menschlichen Ideen über das Weibliche und das Männliche, über Priestertum und heilige Partnerschaft. Durch Klarheit können wir sehen, daß unser Beitrag zur Evolution unserer Seele genau den Entscheidungen entspricht, die wir in jedem Augenblick treffen, und daß diese Entscheidungen in die physische Wirklichkeit eingebettet sind, die wir mit unseren Mitmenschen teilen.

Ein Mensch, der authentische Macht hat, lebt in Liebe. Liebe ist die Energie der Seele. Liebe ist die Energie, die die Persönlichkeit heilt. Es gibt nichts, was nicht durch Liebe geheilt werden kann. Es gibt nichts außer Liebe.

Liebe ist kein passiver Zustand. Sie ist eine aktive Kraft. Sie ist die Kraft der Seele. Liebe kann mehr als Frieden stiften, dort wo Streit herrscht. Sie verändert die Art des Seins. Sie bringt Harmonie und ein aktives Interesse für das Wohlergehen anderer Menschen. Sie bringt Betroffenheit und Fürsorge. Sie bringt Licht. Sie schwemmt die Ansprüche der Persönlichkeit hinweg. Im Licht der Liebe gibt es nur Liebe.

Es gibt eine Beziehung zwischen Liebe und Macht und der Verwandlung der Qualität der Erfahrungen, die sich in ihrer Gesamtheit innerhalb der Erdenschule ereignen. Der Machttypus, den wir in uns selbst zu transformieren bestrebt sind, ist derselbe, der allgemein auf der Erde verwandelt werden muß. Es gibt unzählige Menschen, die von Gewalt angezogen werden, sei es in Gedanken oder in Taten. Das rührt zumeist daher, daß das Individuum sich machtlos oder als Opfer dünkt und daher für eine kurze Zeitspanne ein Gefühl der Macht über andere empfinden will, doch echte Macht ist auf diese Weise nicht zu finden.

Nur durch die Entwicklung unseres Bewußtseins und durch verantwortungsbewußte Entscheidungen können wir den Abstand schaffen, der zwischen uns und unseren negativen Emotionen notwendig ist, um Heilung zu erlangen, so daß die Gewalt sich nicht mehr durchsetzen kann. Um Gewalt zu heilen, bedarf es der Liebe.

Liebe ist die Energie der Seele, deshalb schenkt das Geben und Empfangen von Liebe, die Erfahrung eines Lebens in Liebe, der Persönlichkeit die Erfüllung. Die Persönlichkeit ist daher ständig bestrebt, diesen Zustand zu erreichen. Unbewußtes Streben nach Liebe kann Zorn und Angst bewirken. Das ist der Fall, wenn die Persönlichkeit nicht klar erkennt, wonach sie strebt, zum Beispiel wenn sie süchtig ist.

Wenn wir uns in sexuelle Abhängigkeit begeben, streben wir nach Liebe. Es ist die Illusion, die uns glauben läßt, daß wir nach etwas Weiblichem oder Männlichem streben. Wir streben nach Liebe, doch wollen wir das nicht zugeben, noch uns damit befassen. So entsteht Zorn in uns, weil eine Energie, die geboren werden will, kein Ventil findet.

In emotioneller und spiritueller Hinsicht ist es unmöglich, eine sexuelle Beziehung einzugehen, ohne bestimmte emotionelle Muster zu aktivieren, doch enden diese unweigerlich in einer Sackgasse, wenn es zu keiner tieferen emotionellen Bindung kommt. Brutalität und Frustration auf der einen Seite und psychische und physische Erkrankung auf der anderen sind die Folge, wenn eines der Grundmuster verletzt wird. Rufen wir uns in Erinnerung, daß wir immer das bekommen, was wir haben wollen.

Liebe erbitten, bedeutet die Energie der Seele erbitten und bewirkt, daß wir uns einander verpflichtet fühlen. Es ist nicht möglich, jemanden auszubeuten, dessen Wohlergehen uns am Herzen liegt.

Wenn wir versuchen, anderen unsere Art zu denken und die Dinge zu sehen aufzuzwingen, heischen wir nach Liebe, doch bahnen wir uns mühsam einen Weg durch die Wünsche unserer Persönlichkeit. Wir sind auf der Suche nach äußerer Macht und werden nur Leere finden. Wer nach

Herrschaft strebt, herrscht über niemanden, sondern entledigt sich selbst seiner Macht. Je stärker das Gefühl der eigenen Machtlosigkeit ist, desto stärker ist unser Bedürfnis nach äußerer Macht. Eine liebende Persönlichkeit will nicht herrschen, sondern unterstützen und helfen. Liebe ist der Reichtum und die Fülle unserer Seele, die sich durch uns ergießt.

Demut, Vergebung, Klarheit und Liebe sind die dynamischen Formen der Freiheit. Sie sind das Fundament authentischer Macht. Sie sind die Dynamik der Freiheit.

17

Vertrauen

Jede Seele, die auf die Erde kommt, bringt Gaben mit. Eine Seele inkarniert nicht nur zu dem Zweck, ihre Energie zu heilen und auszugleichen, ihre karmischen Schulden zu bezahlen, sondern auch um ihre Besonderheit auf spezielle Weise einzubringen. Jede Seele trägt durch die besondere Konfiguration der Lebenskraft, die sie darstellt, zu den Anforderungen der Erdenschule bei. Dieser Beitrag erfolgt bewußt und absichtsvoll.

Bevor die Seele inkarniert, erklärt sie sich bereit, bestimmte Aufgaben auf der Erde zu übernehmen. Sie schließt mit dem Universum einen heiligen Vertrag, bestimmte Ziele zu erreichen. Sie unterwirft sich diesem Abkommen mit der Fülle ihres Seins. Wenn es einer Seele gelingt, ihr Ziel zu erreichen und den Vertrag einzuhalten, so drückt sich dies in einem reichen und erfüllten Leben der Persönlichkeit aus, der von den anderen Wesen, ob physisch oder nicht-physisch, Anerkennung und Verehrung gezollt wird.

Jede Seele übernimmt eine besondere Aufgabe. Diese Aufgabe kann darin bestehen, eine Familie zu gründen oder durch Schreiben Ideen zu verbreiten oder das Bewußtsein einer Gesellschaftsschicht zu verändern, wie zum Beispiel der Geschäftswelt. Es kann sich aber auch um die Aufgabe handeln, das Bewußtsein von der Macht der Liebe auf nationaler Ebene zu erwecken oder zur Evolution des Bewußtseins auf globaler Ebene beizutragen. Welche Aufgabe oder welcher Vertrag es auch immer sein mag, zu dem sich unsere

Seele verpflichtet hat, sämtliche Erfahrungen unseres Lebens dienen der Erweckung der Erinnerung an diesen Kontrakt, den es zu erfüllen gilt.

Eine Persönlichkeit ohne authentische Macht kann die Aufgabe ihrer Seele nicht ausführen. Sie siecht dahin in einem Gefühl innerer Leere. Sie ist bestrebt, ihr Dasein mit äußerer Macht auszufüllen, doch findet sie darin keine Befriedigung. Dieses Gefühl der Leere, daß etwas fehlt oder falsch ist, kann nicht durch die Erfüllung der Wünsche der Persönlichkeit geheilt werden. Das Eingehen auf Bedürfnisse, die sich auf Furcht gründen, bringt uns unserem Ziel nicht näher. Gleichgültig wie erfolgreich die Persönlichkeit in der Erreichung ihrer Ziele auch werden mag, diese Ziele reichen nicht aus. Früher oder später wird die Persönlichkeit nach der Energie ihrer Seele dürsten. Nur wenn sie den Pfad zu beschreiten beginnt, den ihre Seele gewählt hat, kann sie ihren Durst stillen.

Das Erlangen authentischer Macht und die Erfüllung der seelischen Aufgaben auf der Erde stehen daher nicht miteinander in Widerspruch. Ersteres ist notwendig, um die Mission der Seele durchführen zu können, und während wir auf die Erfüllung des Vertrages unserer Seele mit dem Universum zusteuern, erreichen wir gleichzeitig authentische Macht. Wir wachsen gemeinsam mit der Aufgabe, die unsere Seele auf der Erde zu erfüllen hat. Wir entwickeln uns in dem Maße, in dem sie sich entwickelt.

Wenn eine Seele inkarniert, wird die Erinnerung an das Abkommen, das sie mit dem Universum getroffen hat, unscharf. Sie fällt in einen Schlummer und wartet darauf, durch Erfahrungen geweckt zu werden. Diese Erfahrungen sind nicht unbedingt die Erfahrungen, für die sich die Persönlichkeit entscheiden würde. Nichtsdestoweniger sind sie nötig, um das Bewußtsein von der Macht und der Aufgabe der Seele in der Persönlichkeit zu wecken und sie auf diese Weise auf ihre Aufgabe vorzubereiten.

Was ist es für ein Gefühl, sich an die Aufgabe unserer Seele zu erinnern?

Wenn wir uns im tiefsten Grunde unseres Wesens mit dem, was wir tun, identifizieren können, wenn unsere Arbeit befriedigend und sinnvoll ist und uns und anderen dient, wenn sie uns nie ermüden läßt, sondern unserem Leben süße Genugtuung schenkt, dann ist unser Tun, so wie es sein sollte. Eine Persönlichkeit, die sich der Arbeit ihrer Seele widmet, schäumt über vor Lebensfreude. Sie kennt keine Negativität und keine Angst.

Alles hat für sie Sinn und Zweck. Sie findet Gefallen an ihrer Arbeit und an anderen. Sie erfüllt ihre Arbeit und findet darin Erfüllung.

Der Umgang und die Beziehung mit den Eltern, mit dem Partner und mit allen, denen wir im Laufe unseres Lebens − von den Milliarden Seelen auf unserem Planeten − begegnet sind, dienen nur dem Zweck, in uns das Bewußtsein dessen zu wecken, wer wir sind und welche Aufgabe wir hier haben. Die Einsamkeit, mit der wir zu kämpfen haben, der Schmerz, den wir erleiden, sind die Tore zum Bewußtsein, so wie die Enttäuschungen, die Schwächen und die anderen Irrtümer unseres Lebens. Sie alle bieten uns die Gelegenheit mehr zu sehen als die Illusion, die dem Ausgleich und dem Wachstum unserer Seele dient.

Jede schmerzvolle oder negative Erfahrung birgt in sich die Gelegenheit, die Angst, die ihr zugrunde liegt, zu bekämpfen und die Entscheidung zu treffen, durch Weisheit zu lernen. Die Angst wird nicht sofort verschwinden, aber sie wird sich auflösen, wenn wir unsere Arbeit mutig fortsetzen. Wenn uns die Angst keinen Schrecken mehr einjagen kann, hört sie auf zu bestehen. Wenn wir uns für eine bewußte Entwicklung, für ein Lernen durch Weisheit entscheiden, werden unsere Ängste, eine nach der anderen, auftauchen, so daß wir sie mit innerem Glauben vertreiben können. Auf diese Weise verjagen wir unsere eigenen Dämonen.

Von unseren Führern und Lehrern wird uns ständig Licht angeboten. Sie sprechen uns in jedem Augenblick Mut für unser Wachstum und unsere Entwicklung zu, doch haben sie keinen Einfluß auf die Art unserer Erfahrungen, durch die wir lernen und wachsen. Dies ist auch dann der Fall, wenn wir mit ihnen auf direkte Weise in Verbindung treten können. Unsere Erfahrungen lenken uns entweder nach rechts oder nach links, und wir werden unserem Lehrer diese oder jene Frage stellen. Haben wir einen Schritt nach links getan, so wird unsere Frage völlig anders sein, als wenn wir einen Schritt nach rechts unternommen hätten, und somit wird auch die Wirklichkeit, die sich uns durch diese Frage erschließt, völlig anders sein.

Der Seele steht nicht nur ein einziger optimaler Weg zur Verfügung, sondern viele. Mit jeder Wahl schaffen wir sofort zahlreiche neue Wege, von denen einer dann optimal ist. Mit anderen Worten, der optimale Pfad unserer Seele ist die Wahl der Bewußtheit, der vertikale Pfad. Sobald wir uns einmal dafür entschieden haben, kommt es zu verschiedenen Formen der Durchführung.

Welchen Dienst leistet uns dann eine nicht-physische Führung?

Sie ist eine Partnerschaft, die uns herausfordert, mit dem vollen Ausmaß authentischer Macht und verantwortungsbewußter Entscheidung zurechtzukommen. Sie bedeutet nicht, daß wir unsere Einwilligung geben, manipuliert zu werden, sondern daß wir es zulassen, daß man uns den vollen Umfang unserer Macht zeigt und wie wir sie benutzen können.

Wenn die Bestimmung dessen, was gut für uns ist, einzig und allein von unserer Persönlichkeit abhängt, könnte es sein, daß wir dem Reichtum, der auf uns wartet, im Wege stehen. Wissen wir, was das Universum für uns bereithält, wenn wir unsere Beschränkungen ablegen? Führen wir uns vor Augen, daß wir unsere gesamte Wirklichkeit auf eine bestimmte Weise errichten, wenn wir zum Beispiel beschlossen haben, unsere schöpferische Kraft ausschließlich zum Erwerb eines Vermögens zu verwenden, und unser Leben daher nur in Hinblick auf diesen einen Zweck gestalten. Das Universum ist dann nicht in der Lage, uns so zu helfen, wie es dies tun könnte, wenn wir Vertrauen zu ihm hätten, weil es unsere Wahl nicht beeinflussen darf. Was jedoch, wenn wir in einem sozialen Umfeld besser aufgehoben wären als in einem wirtschaftlichen? Mit anderen Worten, was ist, wenn das Unternehmen, das wir gründen wollen, eigentlich ein Weg zu etwas ist, was wir noch nicht erkannt haben? Dieses Etwas ist jetzt ausgesperrt, weil wir die Hand auf der Klinke einer Tür haben, die wir unbedingt öffnen wollen und die nirgendwohin führt.

Wir müssen loslassen und vertrauen. Lassen wir den schöpferischen Kräften ihren Lauf, um zu sein, wer wir sind. Den Rest besorgen unsere nicht-physischen Lehrer und das Universum.

Nehmen wir die Hände vom Lenkrad und sagen wir zum Universum: »Dein Wille geschehe!« Überlegen wir uns, was das bedeutet, und legen wir unser Leben in die Hände des Universums. Sich einer höheren Form von Weisheit zu überantworten, ist der letzte Akt in der Erlangung authentischer Macht.

Lange bevor wir als Gattung uns bewußt wurden, daß es eine Dimension gibt, die der Bereich der nicht-physischen Führer und Lehrer ist, wurde jedes menschliche Wesen auf wunderbare Weise von vielen nicht-physischen Lehrern geführt. Und dies geschieht auch heute noch. Doch durch die Erlangung multisensorischer Fähigkeiten sind wir zum ersten Mal in der Lage, dies zu erkennen. Wir können unseren nicht-physischen Lehrern einen Namen geben und eine persönliche Beziehung zu ihnen aufbauen, doch wie unsere Erfahrung auch sein mag, sie wird immer dazu beitragen, daß wir uns in Richtung höchster Weisheit entwickeln.

Denken wir daran, daß uns Unterstützung zuteil wird, daß wir nicht allein auf dieser Erde wandeln. Erfreuen wir uns der Gesellschaft unserer nicht-physischen Lehrer und Führer, ohne uns den Kopf darüber zu zerbrechen, was wir fragen könnten und sollten. Nehmen wir diesen Bund an und leben wir in seiner Schönheit. Fürchten wir uns nicht vor Abhängigkeit. Was ist falsch daran, vom Universum abhängig zu sein? Ob nun das Universum unser Lehrer ist oder die göttliche Intelligenz, wir tun, was wir tun, für uns selbst, und das Universum und unsere nicht-physischen Lehrer und Führer helfen uns dabei. Das Handeln selbst können sie uns nicht abnehmen, das ist nicht möglich. Genießen wir die Abhängigkeit. Geben wir unseren Führern und Lehrern die Erlaubnis, näher zu treten.

Nehmen wir einfach an, daß wir, wenn wir um Führung und Beistand bitten, diese sofort zu fließen beginnen. Vielleicht müssen wir uns erst entspannen, um dafür empfänglich zu werden, sei es, daß wir etwas essen oder eine Spazierfahrt unternehmen müssen, oder was auch immer, um unseren Geist so weit zu entspannen, daß wir hören und fühlen, doch gehen wir weiter von der Annahme aus, daß die Führung im selben Augenblick einsetzt, in dem wir darum bitten.

Versuchen wir, das Leben als eine wohlorganisierte Dynamik zu betrachten. Vertrauen wir dem Universum. Vertrauen bedeutet, daß die Umstände, in denen wir uns befinden, nur zu unserem Besten arbeiten. Dabei gibt es kein Wenn und Aber. Es ist einfach so. Lassen wir von unseren Bestimmungen ab und vertrauen wir darauf, daß uns das Universum versorgt, und das wird es auch. Lassen wir von allem ab. Lassen wir unser höheres Selbst seine Aufgabe vollenden.

Geben wir uns die Erlaubnis zum Beten. Oft kommt es vor, daß sich Menschen in Umständen befinden, in denen die Verletzung oder der Schmerz so groß sind, daß sie aus eigener Kraft nicht vergeben können, dann genügt es, daß sie beten, daß ihnen die Gnade zuteil werde, vergeben zu können.

Ohne Gebet ist es unmöglich, authentische Macht zu erlangen. Es reicht nicht aus, zu wollen oder zu beabsichtigen oder zu meditieren. Wir müssen beten. Wir müssen sprechen. Wir müssen bitten. Wir müssen glauben. Das ist Partnerschaft.

Betrachten wir unser Handeln als ein Eingehen einer Partnerschaft mit der göttlichen Intelligenz, einer Partnerschaft, in der wir unsere Anliegen in dem Bewußtsein mitteilen können, daß es eine Intelligenz gibt, die für das, was wir sagen, empfänglich ist und uns hilft, in unserem eigenen energetischen und materiellen Umfeld jene Dynamik zu schaffen, die uns zur Ganzheit führt. Wir brauchen nicht zu glauben, daß wir alleine sind, vielmehr werden wir auf eine Weise geleitet, die für unsere Heilung und die Erfüllung unseres Vertrages am wirksamsten ist.

Unsere Intentionen und Meditationen sind ein Teil dessen, was im Kontext des Gebetes stattfindet. Scheuen wir uns nicht, in unseren Intentionen und Meditationen zu sagen: »Und ich bitte um Führung oder Hilfe«, und erwarten wir sie auch. Abgesehen von dem Grad an verantwortlicher Wahl von Energie und wie wir diese in Materie umsetzen, trägt die Abhängigkeit vom Gebet dazu bei, Gnade zu erwirken. Durch das Gebet treten wir in eine persönliche Beziehung mit der göttlichen Intelligenz.

Jedes Gebet hat Macht. Kein Gedanke ist geheim, denn jede Form von Energie wird gehört. Durch unser Gebet ziehen wir Gnade an. Gnade ist unverseuchtes, bewußtes Licht. Gnade ist Göttlichkeit. Beten bringt Gnade, und Gnade beruhigt uns. Das ist ein Zyklus. Gnade ist das Beruhigungsmittel der Seele. Mit der Gnade kommt die Gewißheit, daß unsere Erfahrungen notwendig sind, und dieses Gefühl des Wissens beruhigt uns.

Leben wir entspannt von Augenblick zu Augenblick. Tun wir, was wir tun müssen jetzt, in diesem Augenblick. Über das, was wir Zukunft nennen, brauchen wir uns keine Sorgen zu machen. Das soll nicht heißen, daß wir nicht bei jeder unserer Entscheidungen auch die Folgen in Betracht ziehen, denn das ist es, was wir unter verantwortungsbewußter Wahl verstehen. Es bedeutet, in jedem Augenblick bewußt zu wirken und zu schaffen. Verschwenden wir nicht unsere Macht an die Wenn und Aber unseres Lebens. Ihre Zahl ist endlos. Sammeln wir unsere Macht für das Jetzt, für die Gegenwart. Bewahren wir unsere Macht für den heutigen Tag, den wir auf Erden verbringen, und sorgen wir uns nicht um den morgigen.

Nutzen wir alle unsere weltlichen Verbindungen, aber nicht aus Angst oder Furcht. Tun wir, was wir tun müssen, zu unserem eigenen Nutzen. An uns liegt es, den richtigen Zeitpunkt, eine klare Motivation und Vertrauen zu finden. Lassen wir uns bei der Wahl des richtigen Zeitpunktes von unserer Intuition leiten. Lassen wir sie wirken, fragen wir uns, was wir fühlen, und handeln wir dann. Lernen wir Schritt für Schritt die Freiheit kennen, die entsteht, wenn wir uns von unserem Herzen leiten lassen, und nicht von dem Gedanken, was herauskommen wird.

Wir dürfen nicht annehmen, das Universum funktioniere wie der Mensch, noch uns darauf versteifen, daß es dem Verständnis, das wir von ihm haben, entsprechen soll. Wir sollten uns eher mit dem Gedanken vertraut machen, daß es nichts auf der Erde gibt, was keinen Wert hat, daß es unmöglich ist, eine Form des Lebens zu schaffen, die keinen Wert hat. Deshalb ist es unmöglich, eine Handlung zu vollziehen, die nicht irgendeinen Wert hat. Vielleicht sind wir nicht fähig, dies zu erkennen, doch das ist nicht von Bedeutung. Wir müssen nur darauf vertrauen, daß zu gegebener Zeit auch das letzte Stück seinen Platz in unserem Puzzle finden wird und wir dann klar sehen werden.

Durch Vertrauen können wir unsere negativen Aspekte zum Vorschein bringen, um sie zu heilen. Es ermöglicht uns, unsere Gefühle durch unsere Blockaden hindurch bis zu ihrer Quelle zu verfolgen, um jene Aspekte ans Licht des Bewußtseins zu holen, die der Ganzheit widerstreben und in Angst leben. Der Weg zu authentischer Macht erfordert, daß wir uns all unserer Gefühle bewußt werden. Das Ausgraben und Heilen unserer negativen Aspekte mag uns endlos vorkommen, ist es aber nicht. Unsere Schwächen und Ängste unterscheiden sich nicht von denen unserer Mitmenschen. Verzweifeln wir nicht, wenn unsere Menschlichkeit erwacht.

Fühlen wir unsere Intentionen in unserem Herzen. Fühlen wir nicht, was uns der Verstand sagt, sondern was uns das Herz sagt. Dienen wir nicht den falschen Göttern des Verstandes, sondern unserem Herzen, dem wahren Gott. Gott können wir nicht in unserem Intellekt finden. Göttliche Intelligenz ist im Herzen.

Öffnen wir uns unseren Mitmenschen. Hören wir, was wir für sie und sie für uns fühlen. Die Interaktionen zwischen uns und ihnen bilden die Basis unseres Wachstums. Wenn wir uns vor dem, was wir in uns oder in anderen finden werden, fürchten und auf das hören, was andere zu sagen haben, mißachten wir die Chance, die Macht unseres Herzens, die Macht des Mitgefühls, zu entdecken, die uns vom Universum geboten wird. Erst wenn wir den Mut haben, menschliche Beziehungen einzugehen, sind wir fähig zu wachsen.

Mitgefühl ist wechselseitig. Der physische Körper wird durch die Energie des Herzens wohltuend belebt und gekräftigt, während er von den Energieströmen mit niedrigerer Frequenz, wie Zorn, Wut, Furcht und Gewalt, zerrissen wird. Wenn wir zu anderen grob sind und uns von unserem Herzen abwenden, dann leiden wir genauso wie sie, wenn wir jedoch den anderen mit Mitgefühl begegnen, so sind wir auch gut zu uns. Sobald sich unser Bewußtsein erweitert und sobald wir wahrnehmen, was wir fühlen, wird uns die zweifache Wirkung des Mitgefühls bewußt und auch der Schaden, den wir dem eigenen Körper zufügen, wenn wir ohne Mitgefühl handeln.

Bekämpfen wir unsere Ängste. Die Angst vor dem Wachstum und vor der Verwandlung des Selbst ist die Ursache dafür, daß wir aus der gegenwärtigen Lage ausbrechen wollen und nach einer anderen streben. Wenn wir fühlen, daß wir immer das haben wollen, was wir nicht haben, daß uns das Gras auf der Weide der anderen immer grüner erscheint als auf der eigenen, dann müssen wir uns mit diesem Verhaltensmuster auseinandersetzen. Bekämpfen wir es bei jedem Auftauchen, indem wir uns klarmachen, daß wir, immer wenn es auftaucht, nicht im jetzigen Augenblick sind, nicht in unserer gegenwärtigen Energiedynamik, sondern daß wir lecken und Energie ausfließen lassen in eine Zukunft, die nicht existiert.

Halten wir jedes Mal inne, wenn wir negative Gefühle haben, nehmen wir sie zur Kenntnis und entladen wir sie. Fragen wir uns, was wir fühlen, und was die Wurzel dieser Gefühle ist. Beginnen wir sofort nach der Wurzel zu graben und vergessen wir nicht, während wir sie herausziehen, gleichzeitig auch die gute Seite zu sehen und uns zu erinnern, daß es eine tiefere spirituelle Wahrheit gibt, die hier am Werk ist, daß unser Leben kein Zufall ist und daß wir unter Vertrag stehen.

Achten wir auf die Worte, die wir benutzen, und auf unsere Taten, auf unser Leben, wer wir sind und wie wir unsere Macht gebrauchen. Mit anderen Worten, wir gehen durch das, was wir sagen, Verpflichtungen ein, wir sind das, was wir sagen, denn wir stecken unsere Kraft hinein und formen es dementsprechend. Wenn unsere Absicht unklar ist, oder wenn wir vermuten, daß sie nicht die einzige ist, sollten wir uns fragen, was eigentlich wirklich vorgeht. Prüfen wir unsere Motivation. Das sichert uns automatisch Beistand und Hilfe, so daß wir mit unserer Einschätzung der Lage nicht allein sind.

Vertrauen erlaubt uns zu geben. Geben ist reich. So wie wir geben, wird auch uns gegeben werden. Ist unser Geben von Urteilen eingeschränkt und geizig, so wird sich dies auf unser eigenes Leben auswirken. Was wir anderen tun, wird uns getan werden. Das ist das Gesetz des Karma, und wie wir lieben und anderen dienen, so werden wir geliebt und wird uns gedient werden. Wenn wir Liebe und Mitgefühl ausstrahlen, werden wir Liebe und Mitgefühl empfangen. Wenn wir Furcht und Mißtrauen ausstrahlen und den Wunsch haben, die Menschen nicht zu nah an uns heranzulassen, werden wir auf Negativität stoßen, denn das ist es, worum wir bitten.

Vertrauen schenkt Segen. Wenn wir darauf vertrauen, daß das Universum in jedem Augenblick für die Bedürfnisse unserer Seele sorgt, und daß uns die Führung und Hilfe von seiten unserer nicht-physischen Lehrer und Führer immer zur Verfügung steht, sind wir fähig, uns der Beziehungen zu unseren Mitmenschen zu erfreuen und auf die niedrigeren Frequenzen der Manipulation und des ›Beschützertums‹ zu verzichten. Zu erwachen ist ein gesegneter Zustand, kein schmerzlicher. Er ist segensreich. Er ist ausgewogen und voller Harmonie und Liebe. Er ist all dies und noch mehr. Der vertikale Pfad ist ein Pfad der Klarheit, nicht des Schmerzes.

Vertrauen erlaubt uns zu lachen. Wir können genausogut lachen und spielen, während wir wachsen, anstatt ernst und überwältigt zu werden. Spirituelle Partner benutzen die Perspektive des Unpersönlichen und helfen einander, die Bedeutung ihrer Erfahrungen von diesem Standpunkt aus wahrzunehmen. Sie können sich lachend an der Schönheit, dem Reichtum und der Spielfreudigkeit des Universums ergötzen. Sie haben Freude aneinander. Sie sehen die Frustrationen, die aus den Wünschen der Persönlichkeit resultieren als das, was sie sind, nämlich ein Lernprozeß für die Seele.

Alles, was wir Tag für Tag tun, dient der Erschaffung des Angemessenen und Vollkommenen. Machen wir uns diesen Prozeß bewußt. Das ist Vertrauen. Obwohl alles, was uns begegnet und was wir in jedem Augenblick tun, für die Entwicklung unserer Seele vollkommen paßt, wird die Form unserer Lebenserfahrungen nichtsdestoweniger von den Entscheidungen bestimmt, die wir treffen. Die Wahl liegt bei uns, ob wir in Groll versinken, von Ärger aufgefressen oder von Kummer verzehrt werden wollen, oder ob wir uns von diesen Energieströmen niedrigerer Frequenz befreien. Ob wir uns für Negativität oder für unser Herz entscheiden, jede Wahl dient in vollkommener Weise der Entwicklung unserer Seele. Alle Wege führen nach Hause.

Auch wenn wir Zorn, Gram, Groll oder Neid wählen, werden wir die Lektion der Liebe lernen, aber wir werden sie durch Schmerz und Leid und durch ein Gefühl des Verlustes lernen. Daß wir uns nicht entwickeln, ist nicht möglich. Wir befinden uns auf der Suche nach authentischer Macht. Wir können diese Suche nicht aufgeben. Wir haben nur die Wahl zwischen bewußter und unbewußter Suche. Durch die Art, wie wir den Schwierigkeiten des Lebens begegnen, haben wir die Möglichkeit, uns die volle Macht unserer Seele dienstbar zu machen. Das ist der bewußte Pfad zur Erlangung authentischer Macht.

Warum sollen wir uns für den vertikalen Pfad entscheiden, da wir doch die Erde als Schule schließlich hinter uns lassen werden, weil unsere Entwicklung so weit fortgeschritten ist, daß wir Persönlichkeit und Körper nicht mehr brauchen, noch die Illusion, in der Furcht und Unsicherheit zu existieren scheinen?

Diese Entscheidung bleibt uns überlassen. Der Pfad, den wir jetzt beschreiten, ist dem Universum nicht unbekannt. Die Schmerzen und Qualen, die wir erleiden, können wir als

Wegweiser betrachten, die entlang des Pfades, den wir gewählt haben, aufgestellt sind. Ist unsere Wahl zum Beispiel auf den Lehrpfad der Eifersucht gefallen, so werden wir die Angst vor Verlust erfahren, weil wir fürchten, das zu verlieren, wovon wir glauben, daß wir ohne es nicht leben können, denn diese Erfahrungen gehören zu dem Weg des Lernens durch Eifersucht. Auf dem Lehrpfad des Zornes werden wir den Erfahrungen begegnen, die mit Ablehnung und Gewalt verbunden sind. Wählen wir den Pfad der Liebe, so werden wir erfahren, geliebt zu werden, usw., denn die Wahl eines bestimmten Pfades ist gleichzeitig die Wahl bestimmter Erfahrungen. Vom Standpunkt des Universums aus gesehen, betreten wir kein Neuland.

Ob wir die Suche nach äußerer Macht fortsetzen, die nirgendwohin führt, oder ob wir beschließen, authentische Macht in uns aufzubauen und den Entwicklungsweg einzuschlagen, auf dem sich unsere Gattung jetzt befindet, bestimmt die Erfahrungen, die wir zur Evolution unserer Seele und der Menschheitsseele beitragen. Dieser Beitrag wird immer angemessen und vollkommen sein, egal wofür wir uns entscheiden. Das ist richtig. Doch warum sollen wir den unbewußten Weg des Lernens wählen? Haben wir auf ihm jenes Gefühl der Sicherheit, Befriedigung und Erfüllung gefunden, das wir suchen?

Was wollen wir dazu beitragen, während unsere Gattung und jeder einzelne von uns persönlich den Übergang von der Wahrnehmung des Universums durch die fünf Sinne zur multisensorischen Wahrnehmung vollzieht, während die Evolution, die auf der Erforschung der physischen Wirklichkeit durch die fünf Sinne beruht, von der Evolution abgelöst wird, die durch verantwortungsbewußte Wahl und mit Führung und Hilfe der nicht-physischen Lehrer und Führer erfolgt? Fühlen wir uns wohl bei dem Gedanken, daß das Universum feindlich, tot und nicht mehr ist, als unsere fünf Sinne entdecken können? Was sagt unser Herz zu dem Gedanken, daß das Universum lebendig und mitfühlend ist, und daß wir gemeinsam mit ihm und den anderen Seelen von großer Macht und Licht die Wirklichkeit schaffen und durch diesen Prozeß Erfahrungen sammeln?

Sehen wir uns die Zukunft an, die möglicherweise unserer Welt bevorsteht, die auf der Energie der Persönlichkeit aufbaut, und sehen wir uns die Zukunft an, die sich für eine Welt entfalten würde, die auf der Energie der Seele erbaut ist. Für welche Zukunft entscheiden wir uns?

Lassen wir es zu, daß wir uns bewußt werden, was wir fühlen. Erteilen wir uns selbst die Erlaubnis, in jedem Augenblick das positive Verhalten zu wählen. Wenn wir uns der negativen Energie bewußt entladen, wenn wir unsere Intentionen von dem bestimmen lassen, was unser Herz uns sagt, wenn wir uns von unseren Ängsten befreien und uns für die Heilung entscheiden, bringen wir unsere Persönlichkeit mit unserer Seele in Einklang und beginnen uns zu einem Lichtwesen zu entwickeln, das über authentische Macht und innere Sicherheit verfügt und Ganzheit erreicht hat. Demut, Vergebung, Klarheit und Liebe, die Gaben des Geistes, schlagen Wurzeln und beginnen zu knospen, und die größte Gabe des Universums wird von uns angezogen: Menschen mit offenen Herzen.

Werden wir nicht zu einer Seele in einem Körper, sondern zu einem Körper in einer Seele. Streben wir nach unserer Seele. Streben wir noch weiter. Der Impuls von Schöpfung und authentischer Macht, der Punkt zwischen Energie und Materie, das ist der Sitz der Seele. Was bedeutet es, diesen Punkt zu berühren?

Es ist aufregend, spirituell zu reifen!

HEYNE BÜCHER

RATGEBER ESOTERIK